U0824298

智合
INTELLIGEAST

2023

China's Legal Market Observation

中国法律市场观察

· 智合研究院 编著

法律出版社 LAW PRESS·CHINA
北京

图书在版编目(CIP)数据

中国法律市场观察.2023 / 智合研究院编著. -- 北京:法律出版社,2023
ISBN 978-7-5197-8023-4

Ⅰ.①中… Ⅱ.①智… Ⅲ.①法律-工作-中国-2023 Ⅳ.①D92

中国国家版本馆 CIP 数据核字(2023)第 113329 号

中国法律市场观察(2023)
ZHONGGUO FALÜ SHICHANG GUANCHA (2023)

智合研究院 编著

策划编辑 周 洁 林 蕊
责任编辑 周 洁 林 蕊
装帧设计 李 瞻

出版发行 法律出版社
编辑统筹 司法实务出版分社
责任校对 王晓萍 张翼羽
责任印制 胡晓雅
经 销 新华书店

开本 787 毫米×1092 毫米 1/16
印张 20.25 **字数** 367 千
版本 2023 年 6 月第 1 版
印次 2023 年 6 月第 1 次印刷
印刷 三河市龙大印装有限公司

地址:北京市丰台区莲花池西里 7 号(100073)
网址:www.lawpress.com.cn
投稿邮箱:info@lawpress.com.cn
举报盗版邮箱:jbwq@lawpress.com.cn

销售电话:010-83938349
客服电话:010-83938350
咨询电话:010-63939796

版权所有·侵权必究

书号:ISBN 978-7-5197-8023-4
定价:88.00 元
凡购买本社图书,如有印装错误,我社负责退换。电话:010-83938349

本书编委会

编委会主任

吴剑霞

智合合伙人、智合律所管理事业部联席副总裁，长期深耕法律行业，智合旗舰领导力课程“律所领导力与发展战略课程”（Law Firm Leadership and Management Course，LLMC）、“律所高管人才计划”（Law Firm Executive Management Program，LEMP）课程负责人，主持编写《中国律所访谈·四十周年纪念版》《中国法律市场观察》系列等出版物、行业观察报告，采访过数百位中国律所主任或高级合伙人，对法律服务行业有深度见解。华东政法大学知识产权硕士。

编委会副主任

董宇洲

智合合伙人、智合研究院高级研究员，专注于中外法律服务市场研究、律所管理研究，长期担任智合旗舰领导力课程“律所领导力与发展战略课程”（Law Firm Leadership and Management Course，LLMC）课程负责人，曾参与撰写《中小律所的科学管理实践——方法、思维与原理》《中国法律市场观察》《上海仲裁法律市场观察》等图书，参与编写《南京市律师行业发展报告》《贵阳市律师行业发展报告（2000—2020）》等行业研究报告。上海海事大学硕士。

编委会执行主任

朱彩云

智合合伙人、律所管理事业部执行总监。专注于法律服务市场研究与观察，深入洞察中国数百家顶尖律所，熟悉法律行业前沿话题，了解律所发展现状及痛点，并能有针对性地提出相应解决方案，为众多国内头部律所和区域代表律所提供关于律所管理、市场拓展、品牌增信等专业咨询服务，获得广泛认可。担任各省市司法系统、律协主办的主任论坛、律师学院特邀讲师。

吴梦奇

智合研究院研究员，曾采访国内众多一线律所主任、高级合伙人，撰写输出一系列行业观察、专访报道文章，并参与撰写《中国律所访谈：四十周年纪念版》《中国法律市场观察》等图书。武汉工程大学对外汉语学士。

编委会成员

蔡　爽

智合研究院研究员，擅长宏观数据分析，曾撰写输出多篇律所行业分析报告及行业观察文章。

孙麟飞

智合研究院研究员，曾任私募基金能源化工、新材料领域研究员，撰写50余份市场调研与行业研究报告。悉尼科技大学金融学硕士。

杨　丹

智合榜单评价事业部高级经理、智合研究院研究员，研究领域覆盖钱伯斯、The Legal 500、ALB、Benchmark Litigation、LEGALBAND等众多榜单，曾牵头负责百余个律所、律师榜单咨询项目。

许雪欣

智合研究院研究员，对于各大境外法律服务评级机构有深入了解，深谙众多评级机构的评级规则与要点，并参与撰写《智合榜单研报》。

于虹

智合研究院研究员，对各大境外评级机构具有深入了解与研究，熟知钱伯斯、The Legal 500、ALB、《商法杂志》、IFLR 1000、LEGALBAND等主流评级机构的评级标准与要点，并参与撰写《智合榜单研报》。东华大学英语翻译专业文学学士，获英文专业八级证书。

章耀云

智合研究院研究员，曾为国内众多一线律所主任、高级合伙人提供榜单咨询服务，撰写输出一系列榜单观察文章，并参与撰写《智合榜单研报》。华东政法大学法学硕士。

重启与加速，变革期的法律行业（代序）

春雷惊醒冬眠的蛰虫，谓之“惊蛰”，这是古人对于岁时规律抽象出的浪漫表达。在标志性的“春雷”以前，风向开始扭转，板结的土地逐步松润，各种细微的变化早已四处萌发。

2022 年，中国 GDP 突破 120 万亿元，同比增长 3%，GDP 超 2 万亿元的城市增至 7 座。比起 2020 年的 2.3%，这一数据有所回升，但年内全国乃至全球市场频发的“黑天鹅”事件，仍让市场整体对 2023 年的发展预期产生了一定的焦虑情绪。

焦虑，固然是激发对未来思考、警醒的最佳方式，但从 2 年前起，我们就已经不得不开始从遍布市场的焦虑里寻找与既有市场需求相匹配的发展新模式。而今，当严酷的客观现状抹平了焦虑带来的应激反应，行业参与者们开始回归理性，更多关注自身的生存、发展，关注如何通过合理的、系统的业务发展战略、内部治理形式、品牌赋能模型来为律所复苏提供帮助。简言之，“行有不得，反求诸己”成为应对不确定性新的解药。

2023 年的中国法律服务市场，亦应如是。无论是宏观市场的降速、区域市场的联动，还是管理维度层出不穷的探索、品牌维度日趋下沉的法门，都在指向一个越来越务实、越来越聚焦由内向外突破的新的行业环境。

在《竞争大未来》一书中，加里·哈默尔曾提到：“领先抵达未来主要是靠智谋而不是资源。智谋不是产生于宏伟巨制的战略发展框架，而是源于深切的使命感、共同的理想以及对于未来商机的认知。”

使命感、理想的趋同从不源于空想，未来商机也只有在充分认识、分析当下正在发生的事情之后才能窥见。

从以下四个层面的发展趋势里，我们可以初步窥见过去一年多里法律服务市场与律师行业正在发生的一些变化。这些变化可能乍看之下平平无奇，只是往年势头的延续，但在不断回溯历史、关注当下的过程中，总有人要率先尝试从时代的千万道乱流中摸索出预示未来发展的那几条主线。

一、宏观：新挑战下的机构创新热潮

尽管 2022 年 GDP 增速受疫情等因素影响较大，但根据部分机构对 2023 年中国 GDP 的预测，恢复后的增速也多维持在 5% 左右——考虑到疫情带来的波动，GDP 增速平稳放缓已是未来可预见的持续趋势。

相比经济，律师人数的增长显得更加乐观。从数据来看，从 2018 年起，在律师人数增长方面，中国律师行业进入了高速发展的“5 万人时代”，年均增速约为 12%。2022 年，全国律师总人数突破 60 万人，创收据测算也来到了 2000 亿元的标志性关口。

与此同时，头部律所虹吸的规模化势头仍在持续，Law. com International 的“2022 年全球前 200 大律所排名”（2022 Global 200）中，中国律所入围 11 家，其中有 7 家位列前 100。除去新上榜的 1 家律所外，其他 10 家中有 9 家实现了名次上升，提升幅度最大的达 28 位次。

但在规模体量维持高速扩张的同时，整个行业也迎来了更多兼具机遇与挑战的变量因素。具体而言，可以分为几方面因素。

（一）政策：更明朗，更严格

在党的二十大报告奠定新时代发展基调后，2023 年 3 月，国务院机构迎来新一轮改革，科学技术部迎来重组，新组建国家金融监督管理总局、国家数据局，中国证券监督管理委员会、国家信访局调整为国务院直属机构。调整后，科技创新的核心地位更加凸显，而对于金融监管、数据管理的加强亦体现出未来管控趋严的信号。

与以上趋势对应，律师行业面临的政策环境同时呈现明朗化和严格化的特征。明朗指的是法律服务对象、律所发展方向更加清晰，严格一方面反映在金融、数据等领域监管趋严带来的对中介机构更加严格的要求，另一方面反映在由于企业端对于法律服务期待值的上升而对律师服务提出的更高要求。

（二）经济：全球化与逆潮

2022 年，在反复遭受疫情冲击的情况下，中国经济仍实现了 3% 的增长，维持了全球经济发展引擎的中流砥柱作用。随着“一带一路”倡议的推广和“走出去”进程的加速，中国企业参与全球经济建设的深度、广度均有增加。

尽管如此，部分国家以应对竞争为由采取了“逆全球化”的发展方针，尝试构筑针对性竞争壁垒来遏制、阻碍中国经济的全球化进程。这客观上影响了中国整体经济和部分行业的发展速度，但也倒逼中国企业从中自力更生、发掘机会。早年以涉外业务见长的精英律所，也不得不调整其业务和地域布局，在变化中寻找新机遇。

（三）社会：人口红利的拐点

相较 2021 年的 0.3%，2022 年全国常住人口全年增长率仅为 -0.6%，首次迎来负增长。与此同时，60 岁以上老年人新增 1268 万人，超出新生人口 312 万人。人口增长的停滞、老龄化的加剧，都意味着我国正迎来人口红利的拐点，经济发展亦会逐步迎来对应的负面影响。

人口增长拐点对经济发展的影响在短期内可能并不显著，但从长远来看，人口红利的消失势必要求中国对于产业结构进行调整，劳动密集型产业将逐步退出中国市场，智力密集型产业将成为下一个经济发展引擎。同时，社会还需要在平衡公平与效率方面作出更多努力。对于律师行业，这一方面意味着更高、更严、更庞杂的要求，另一方面也是一个更广阔的舞台。

（四）技术：变革前夜

技术层面的影响要素分为两大板块：产业应用和技术升级。

产业应用方面，挑战在于链条升级和国际竞争对律师行业提出的高要求。以汽车行业为例，2023 年第一季度中国汽车出口 99.4 万辆，同比增长 70.6%，首次超过日本居于全球第一位，其中新能源汽车出口 24.8 万辆，同比增长 1.1 倍。这意味着经过长期扶持、研发，国内企业在多条产业赛道逐步实现厚积薄发，开始在产业链上取得竞争优势。随着此类产业对外输出的加速，未来中国律师或可发掘更多业务机会。

技术升级的层面，则是当前仍需提升的短板。2023 年年初，ChatGPT 爆火，也引发了对 AIGC 应用的讨论热潮。相较国外先进水平，当前国内 AIGC 产业整体层级尚不够完整，在底层技术和应用层面尚有较大差距。对律师而言，需要思考的是如何更好地发挥自身桥梁作用，帮助产业链相关企业取得技术突破、实现更高价值。

上述四重因素的交织影响促使法律行业向自身聚焦。这种“反求诸己”的趋势也和律师行业自身的种种革新紧密相关。

综观全球法律服务市场，欧美律所在发展增速方面逐步放缓。根据 The American Lawyer（AML）发布的 2022 年美国律所 100 强排名，总收入小幅提升 2.7%，但半数以上（59 家）律所出现收入下降现象，律师人均收入（PRL）、与权益合伙人人均利润（PPEP）均有不同程度下滑。群体裁员、缩编减招的现象也出现得越发频繁。与此同时，国际律所普遍开始布局 ESG 等前沿领域，并对律所各项发展要素进行优化，如性别多元化、人才结构优化。

回观国内法律服务市场，值得关注的是客户法律服务需求的进一步升级。受经济增长放缓影响，各行业的头部企业不再像过往那样积极扩张，而越发重视“降本增效”，对于律所的要求也越来越集中在服务质效和性价比两大层面。服务质效上，希望律所提供全链条服务的企业逐渐增多，这对律所综合服务能力、内部协作程度提出了更高要求；性价比方面，客户对于服务律所的选择更加谨慎，律所之间的投标竞争也随之变得激烈。

当然，需要降本增效的不仅仅是企业，也包括律所自身。为了更好地服务客户，也为了优化自身架构、提升竞争力，可以看到，2022～2023年，更多的创新性举措开始频频出现于各层级律所。

头部律所忙于战略布局和人才争夺，战略制定与战略共创性质的合伙人会议得到了更加频繁的举办和更加规律化的运行，服务于战略方向的人才引进计划、人才培养计划也使人才越来越被作为系统性工程在律所加以推进。此外，对于法律科技与前沿技术的应用也成为头部律所集中试水的重要发展方向。

中间律所的内部治理和规模扩张策略正在更新。头部律所的分所布局已经基本覆盖全国各地区，除少数以规模化战略持续快速推进的律所外，大部分头部律所正逐渐向“缓慢补全”过渡。而中间律所为了形成与头部律所的错位竞争和超车，出现了二、三线城市包围突破的新型规模布局战术。与此同时，过往由律师兼任各类管理、执行工作的模式不再适应律所内部治理的专业化要求，更多律所开始尝试招募非法律人士参与律所运营，这也为新兴律所发展赋予更多的可能性。

中小律所可以相对灵活地选择自行发展或并入其他律所，但疫情下经营成本高、抗风险能力差的问题进一步凸显。为此，一些地方的主管机构开始积极倡导和鼓励中小律所朝规模化、规范化的方向发展，鼓励中小律所通过联合、合并形式做大做强。

在一些细分维度，如新兴业务层面，曾被认为不成熟或待开垦的新兴市场开始崭露头角：ESG领域相关业务逐步有所发展，部分律所也开始寻求第三方机构的认证，用以证明自身在ESG领域的领先；合规不起诉和企业合规标准认证/体系搭建实践案例的出现，则说明了曾经空有讨论热度却无实际业务落地的桎梏已被初步打破，未来，建立合规业务研究部门、执行团队的律所将越来越多。

过往对这些领域进行提前布局、重点投入的律所开始取得回报，依托长期研究、行业活动构筑起来的专业形象渐渐赢得客户认可，为后续形成强竞争力品牌奠定基础。

二、区域：群雄并起，市场整合与多点联动

中国法律服务市场仍延续了以区域性市场为主导的割据形态。近年来有所不同的是，在城市群经济的刺激下，以京津冀、长三角、粤港澳、成渝、华中为代表的区域性法律市场不断爆发出新的活力。

与此同时，近年来法律服务产业集聚的趋势越来越明显，鼓励法律服务集聚发展的相关政策也越发丰富，部分地区的法律服务产业集聚效应值得关注。以形式划分，最值得关注的莫过于城市内部的创新性法律服务集聚区建设和区域内城际法律服务的一体化发展。

现有的法律服务同城产业集聚主要集中在自由贸易试验区，如中国（上海）自由贸易试验区临港新片区打造的"国际法律服务中心"、中国（广东）自由贸易试验区广州南沙新区片区打造的"高端法律服务集聚区"，以及江苏自贸区苏州片区出台的《关于支持法律服务业高质量发展的若干意见（试行）》。为打造法律服务产业聚集区，上述片区的管理机构各自出台了法律服务行业扶持政策，围绕机构落户奖励、办公用房扶持、人才保障与便利、高端法律服务奖励等方面给予片区律所支持。随着成都天府中央法务区、长春法律服务集聚区等更多地域的参与，同城法律服务产业集聚得到了更多在不同经济发展环境下进行验证的机会。此外，已经有多地律协开始尝试跨地域交流集聚区建设经验，为不同经济、市场条件下实施不同聚集区发展战略探索可行路径。

在区域协同和法律服务一体化发展这一层面：一方面，是北京、上海律所向下渗透、相互渗透幅度的加强；另一方面，则是当前国内数个大型城市群，即长三角经济区、粤港澳大湾区、京津冀经济区和成渝经济区都越来越高频地表现出"内部集聚"和"外部联动"的发展特征。

对于规模律所而言，随着各个区域市场内部的职能分工细化和城市定位明确，以往"单点控制"的布局方式逐渐落伍，具备区域内分所协同能力的律所将在未来区域市场的竞争中表现出更加强大的竞争力。

事实上，区域联动、内部资源整合在律所中并非新话题，近年来一直颇受关注，但2022年以来的外部形势变化仍大大加速了这一进程：无论是出于构筑内部资源高效调度能力的需要，还是为了提升区域影响力和竞争力，律所区域协同、一体化都是需要规模所尽早提上日程的议题。

基于这一趋势，一些律所已经开始逐步作出尝试，例如，盈科就尝试整合其在华中、华北、江苏等各个区域的多家分支机构，推进自身的区域一体化发展战略。在经济相对活跃的片区，如长三角，区域内律所的联动互通现象则发生得更为频繁，甚至出现了区域内跨地市的律所合作、合并现象。

诸多因素交织下，区域市场的崛起几成定然——国际评级机构可以作为一扇观察窗口：相较过往榜单中"红圈所"频频刷榜的常态，以钱伯斯、ALB、The Legal 500、Benchmark Litigation、IP Stars、IFLR 1000、LEGALBAND 等为代表的国际法律服务评级机构正越来越深入地向区域市场下探。

以钱伯斯为例：据智合法律评级价值创研团队统计，近年来钱伯斯已逐渐开展湖南、湖北、陕西、山西、宁夏、青海、甘肃、安徽、江西等地区的调研。2023 年，钱伯斯又进一步拓展了河南、河北、海南三大区域，使其公司/商事领域已覆盖中国除广西、西藏、新疆、黑龙江以及港澳台地区以外的全部地区。

与此同时，榜单上区域律所的身影也逐渐增多。以《钱伯斯大中华区指南 2022》为例，“劳动法”“能源与矿产资源”“环境法”“医事法”“保险法”“项目与基础设施”“破产重组”七个领域即有 9 家区域律所上榜。

三、管理：“高质量发展”的探索与落地

2017 年党的十九大首次提出了“高质量发展”，其“建设现代化经济体系必由之路”的内涵使其近年来越发受到重视，被各行各业频繁提及。

为什么“高质量发展”屡屡被强调？主要有以下两方面因素：

从外部来看，全球经济衰退正逐步对各国货币政策、国际资本流动产生影响，欧美国家的逆全球化及美国的持续性输入型通胀均给我国产业链发展、出口贸易带来了不利影响。

从内部看，核心技术缺失带来的产业链薄弱问题、年龄结构变化带来的人口优势下降问题、虚拟经济过热带来的经济“空心化”问题，以及供需不匹配、发展不均衡问题，都使过往相对粗放的高速增长状态难以维系。

相较经济快速增长时期行业普遍对发展速度的追求，随着经济增速的回落，发展质量成为下一阶段的重点。作为服务于经济发展的配套型产业，法律服务行业在不断探索和尝试高质量发展路径的同时，也对其内涵与外延有了全新定义。

一是高质量发展主体范围的拓宽。以往，坚持高质量发展的往往是行业头部的几家律所，由先进分子带动全行业在数据表现、开创性举措上更上一个台阶。而今，随着发展理念的更新和实际经济建设的需要，法律服务行业需要更加全面的、更多层级的高质量发展，由更多主体的参与实现优质法律服务对经济社会的助推效应，这也使高质量发展的主体范围步步拓宽。

二是高质量发展经验的推广。行业内一直不缺少对于律所高质量发展的讨论与实践，但长期以来，此类知识囿于种种因素难以得到有效的交流传播，因而整个行业对于高质量发展的认知始终参差不齐。近一年多里，更加频繁的线上培训、交流、研讨活动大大提升了律师与律师、律所与律所、律所与律协之间的沟通频率，也为彼此交流内容的拓展提供了机会。此外，律师自身领导力意识的觉醒以及对于律所管理运营

的重视都为更广泛、更普遍的律所发展经验交流铺平了道路。可以看到，律所层面的交流参访越来越多，律协组织的律所管理、战略发展类课程和活动也呈百花齐放态势，这些都成为高质量发展经验的推广契机。

三是高质量发展协作的增强。这里的协作不仅指律所与律所，律协与律协之间的交流，还包括了律协与律所之间更加密切的沟通和联动。2022 年 12 月，重庆律协专门针对律所发展发布了文件《重庆市律师协会合伙制律师事务所高质量发展建设指引》，从合伙机制、党团统战、人才队伍、业务规范等 7 个方面，为律所提供了“高质量发展”的参考范本。无独有偶，2023 年 5 月，杭州律协也发布通知，筹办“杭州市区县、中小律所高质量发展论坛”。类似的讨论协作与成果输出正在增多，大大加速了律所科学发展理念在全行业范围的普及。

除以上几方面外，不少律所亦在尝试从自身角度实现突破：法律运营工作的普及、知识管理体系的渗透、团队管理和建设能力的全面提升，目的都是在行业变革期寻求更高质量的发展。

四、品牌：回归“客户为本”和“专业主义”

最近数年，律所在品牌建设维度的探索层出不穷。无论是理论体系的重新梳理，还是借助各类新工具、新形式进行品牌建设，都有可称丰富的成果产出。

但 2023 年的法律服务市场似乎在品牌方面有了一些新的转向，具体而言，可以概括为从形式到内核的回归。

一方面，市场迎来了需求倒推的全面进步。2022 年，与疫情同时到来的封控刺激了律所通过更多新形式来拓展自身品牌、建立和增强市场影响力，而这种刺激并没有随着疫情的落幕而终结。步入 2023 年，律所的品牌打造在多重要素的交叉影响下仍将继续快步迈进。

另一方面，客户需求的转变驱使律所们更多地从客户维度进行思考，围绕“专业为本”“为客户创造价值”的核心思想重构自身品牌建设体系，采取更积极、更务实的态度推进品牌工作。

理念上的回归，投射到实践中则反映为更注重客户体验的品牌建设形式，技术手段的丰富，实践应用的革新，都是这种形式转变的具体体现。

技术手段层面，采取线上手段提供服务、执行业务的律所、律师越来越多，部分能够调度资金、资源支持的大所亦在积极自建数智化执业、服务平台。技术手段应用的丰富和增强：一方面，提升了客户获取法律服务的便捷性，优化了客户体验；另一方面也促使律所、律师加速适应越发信息化的服务方式，催动行业由内而外进行革新。

实践应用层面，针对客户需求定制的品宣模式日趋增多。在北京、上海、广州等一线城市法律服务市场的优秀律所，传统的律所介绍名册形式已在逐步被更为新锐的法律服务产品手册替代，便于客户从自身需求角度出发快速定位对应的法律服务产品，与之配套的法律服务产品大赛、法律服务产品路演也渐渐成为大所强所的“标配”。同时，律所也在积极推进案例汇编、专著出版等工作，结合公号文章、培训宣讲等形式向客户输出持续性影响力。

变化往往伴随洗牌，即便这种洗牌还未完全发生，品宣理念与形式的革新、专业主义的回归无疑给了许多中间律所弯道超车的机会。2023 年 1 月，智合发布了《2022 中国律所榜单指数报告》，综合梳理了近 500 家中国律所 2022 年在七大榜单（含综合性榜单、专业领域榜单）上的成绩，分析得出国际专业榜单机构对于律所业务实力的认可度。报告中一个明显趋势是，在中伦、金杜、君合等律所维持领先身位的同时，不少老牌律所掉出前 50 位的序列，各区域及业务领域“新秀”不满足偏安一隅，正在跃跃欲试进入全国前列。

对于这些律所而言，做好专业、做好客户服务，就是实现这一愿景、打造未来强所品牌的最好“破城锤”。

未来，随着品牌价值回归后的再提纯与实施落地，随着中间律所的不断突围，哪些更具品牌影响力的律所将脱颖而出，目前似乎还不得而知。唯一可以肯定的是，逆水行舟，不进则退，跟不上潮流的律所，就可能被下一个浪头吞没。

结语

智合研究院是智合旗下专注于法律产业观察与分析的行业智库，针对中国乃至全球法律市场的发展现状、行业趋势、前沿问题、政策走向等，进行基于理论与实证的研究与解读，为法律市场的监管机关、业界领袖、服务机构、专业人士提供信息参考和决策依据。

根据以上四方面趋势，我们将《中国法律市场观察（2023）》划分为“行业趋势”“战略布局”“运营管理”“团队建设”“业务前沿”“榜单研究”这六大章节，共计 45 篇文章。本书内容皆取自过往一年多里业内专家的观点、评论以及智合研究院的对应思考与总结。我们希望，本书能够为读者呈现多元化、本土化同时具有全球视野的法律行业观察视角，以为往后的行业发展拔丁抽楔、厌难折冲。

汤姆·彼得斯在《追求卓越》中提出了八个行为准则，其中“崇尚行动”被列在了第一位：“不管一家企业多大，多强，它每天都会面临变化和挑战。”

“挑战的发生，意味着不确定性的到来。此时如不采取措施敏捷反应，就等同于选择毁灭。”

对于刚刚步入成熟变革期的中国律师行业而言，贸然行动似乎是种风险颇高的“出头鸟”行为。但正如杰夫·贝索斯所言：当新的机遇到来，如果只有30%的把握成功，就必须开始行动，否则，等到成功率提升到70%，这个机遇很可能已经变成将要毁灭你的武器。

我们期待看到更多律所选择主动入局，将对于行业发展、律所管理的种种思考付诸实践——在每一发展阶段的初期，任一微小的举动都可能在未来演变成影响整个行业变动的关键因素，而这恰恰是“先行者”的意义所在。当越来越多的中国律所愿意去想象、去探寻律所未来的前进方向，并从中找寻到潜藏的趋势和变化，整个法律服务行业也必然会随之迎来更多的可能性，进而为所有律师、所有从业人员乃至是整个经济社会创造出更多价值。

目　录

CONTENTS

运营管理篇

团队建设篇

业务前沿篇

榜单研究篇

行业趋势篇

2023年中国法律服务市场：内生力的复现与升格*

吴梦奇 | 智合研究院

2015~2020年，全球法律服务市场保持接近3.4%的年均增速，市场总收入则由2015年的6038亿美元增长到了2021年的近7400亿美元。[1]

自2020年以来，行业外的一些因素不可避免地对法律服务市场产生了一些不利影响，但整体上看，全球化、规模化、专业化、网络化、外向化的发展方向并未有太大变化。

与此同时，中国法律服务市场一面承接全球市场传递而来的发展理念，一面在2022年里经历了前所未见的寒潮。随着2022年年底“虎归山林”，市场重迎开放态势已成板上钉钉，但国内国际经济形势的不确定性、放开后疫情与国外的并轨，乃至行业内外种种政策的交织之下，兔年的律师行业能否快速调整、因势利导，迎来新的“腾跃”？

一、2022年市场态势：潦水未尽，新芽已发

截至2021年年底，全国律师总人数超过57.48万人，相较于2020年年底的数据增长了5.2万余人。这一数据表明，疫情下的国内律师行业仍保持高速发展的“5万人时代”，如能继续按这一速度发展，即可如《全国公共法律服务体系建设规划（2021—2025年）》规划的那样，在2025年这一时点达到75万人的律师人数规模（见图1）。

---

* 本文首发于“智合”微信公众号2023年1月3日，文中数据收录截至2022年12月31日。

〔1〕 参见前瞻产业研究院：《预见2022：〈2022年中国法律服务行业全景图谱〉》，载微信公众号“瞻研究”2022年7月20日，https://mp.weixin.qq.com/s/bzueu7IvxdYt06AD9P4F8A。

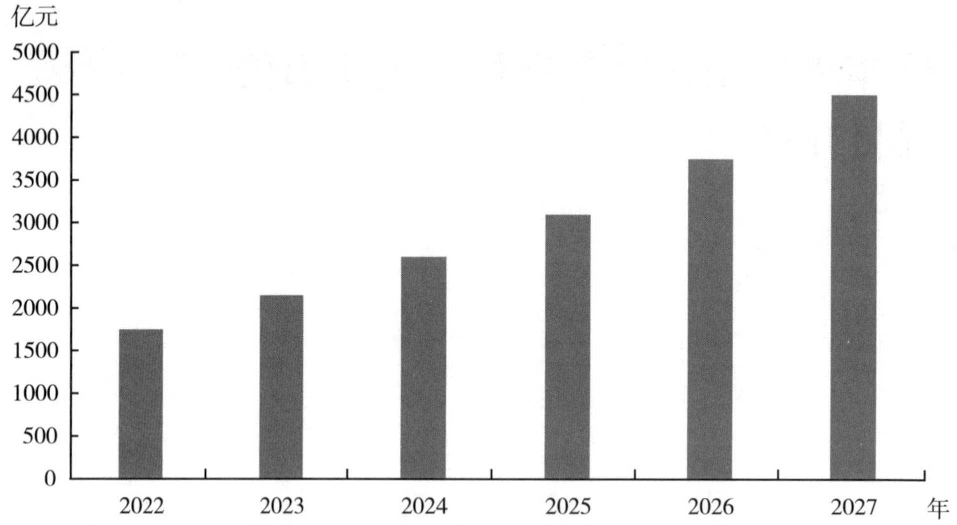

图 1　2022～2027 年国内法律服务市场规模预测

（资料来源：百度营销研究院：《2022 法律服务行业洞察》，载微信公众号“百度营销观”2022 年 10 月 13 日，https://mp.weixin.qq.com/s/cxNCRLYVOQ_UlCP4fEFhsg）

在市场规模方面，2021 年中国法律服务行业总体市场规模已经突破了 1500 亿元，且过往数年的平均增速超过了 20%。2022 年部分地区市场受到了一定冲击，但全国市场仍保持整体增长的态势，根据百度等机构的测算，如按 20% 的增速计算，2022 年全国法律服务市场的整体规模将突破 1800 亿元，5 年后的 2027 年则会接近 4500 亿元；按 10% 的增速计算，2022 年的市场规模也将接近 1700 亿元。市场体量的迅速扩张，与近年来企业和民众法律意识的不断提升、法律服务需求的迅猛增加离不开。

笼统地从整体创收数据来看，2022 年的法律服务市场可能仍保持整体增长的态势；但具体从外部环境、律所发展等角度来看，实际上经历了不少波折，迎来了许多变化。

（一）市场：整体增长下的局部动荡

受疫情反扑影响，上半年大部分律所的创收数据并不乐观，部分律所的收入甚至遭到腰斩，但在下半年市场反应过来并做出调整后，法律服务行业整体有所回暖。

与此同时，法律服务市场也不可避免地受到了国内外、行业内外多重因素的交叉影响，在整体增长的局面下迎来些许局部动荡。具体而言，主要包括以下几大事件及其后续发展带来的影响：

1. 俄乌冲突

俄乌冲突的大规模、高烈度和持久性在对区域格局带来巨大冲击的同时，也对全球政治经济产生了深远影响。

从微观来看，欧洲尤其是东欧地区的经济贸易步入低潮，国内对应领域的外贸业务也遭受了较大折损，对于法律服务行业的影响主要反映在所服务企业因战乱或区域制裁而遭遇的各类风险。与此同时，由于俄乌冲突与能源产业的高相关性，一些替代性能源市场或与能源紧密相关的产业（如新能源汽车）则迎来了新一轮的发展机遇。

从宏观来看，作为全球力量多极化趋势的局部体现，俄乌冲突并非孤立事件，给世界政治经济带来了更多变量和不确定性，撬动了更多已经存在的不稳定因素。例如，中美的双边博弈就因此而进一步加剧，典型如美方对国内芯片等产业的持续制裁、打击，这促使对应产业做出快速响应和调整，也使为其提供支持的法律服务行业必须做出更全面的考量和更合理的应对。

2. 区域疫情

对于律师行业而言，防疫管控一方面意味着非诉律师的服务对象经营压力增大、付费能力降低，另一方面也影响了诉讼律师正常的会见、开庭等工作，对律所、律师造成了较大的负面影响。

此外，防控措施带来的不便也促使法检机关、律所在工作方式、工作理念和生产方法等层面做出革新：随着各类线上办公工具和平台的引入，线上会议、在线开庭成为常态，为在岗/居家办公行为定制的系统性管理运营规则也逐渐得以应用。

3. 党的二十大召开

2022 年 10 月，随着二十大的召开，未来五年国家的发展方向和工作目标也逐渐明晰。二十大尤其是二十大报告中所体现的未来发展重点，对于未来发展方向的定调，都对国内后续经济发展有较大指导意义。

对于律师行业而言，下半年以来的工作重点已经由防疫转向“经济建设”，二十大所披露的相关信号，对于律所未来的战略规划制定、业务结构调整，对于律师未来的个人发展方向选择，都有较大指导意义。

（二）律所：发展思路调整与最新探索动态

2022 年的律所发展整体上仍然沿袭了近年来“开源节流”的主旋律。但在部分和环境紧密相关的场景里，律所也有一些选择性侧重和新探索。

1. “开源节流”的现实调整

此前数年，业内对于开源节流的看法仍侧重于长期层面。例如中伦等律所，其语境下的开源节流更多还是从管理层面参考企业经营的先进理念，以提升“权益合伙人平均利润”（Profits Per Equity Partner，PPEP）、“练内功”、虹吸优秀人才以降低平均成本等方式来进行律所建设。

但 2022 年，包括京沪大所在内的主流律所基本都遭遇了创收层面的直线下滑，以往可能只影响收益的人力成本等各项开支，此时有可能成为加速律所财务负担的关键因素。这迫使不少律所采取了被动性的“开源节流”措施，如削减活动经费、精简行政机构，乃至更进一步的裁撤人员和分所。具体而言，不同发展阶段的律所有不同的应对策略。

2. 不同发展阶段律所的应对

头部律所方面，整体上以稳健运营为主，在延续规模小幅上涨趋势的同时，加强了对顶尖人才的吸纳。值得一提的是，2021 年头部所之间的“人才战”聚焦在薪资，多家律所相继步入“3 万元起薪俱乐部”。而在 2022 年，薪资不再被突出，“人才计划”成为新的热点关键词——竞天公诚的“竞英计划”、段和段的“英雄榜”，以及其他律所已有或新设的人才吸引、激励计划即为代表。

相较于简单粗暴的底薪提升，这些人才计划具有着眼长远、全面提升的特点，也是律所进行现实性“节流”的一种方式。通过人才计划筛选下来的精英，对薪资的看重有所下降，对律所文化理念的认同则有一定提升，符合未来人才招募的发展方向——这一进程在 2022 年得到了一定程度的加速。

中间律所方面，去年智合已经观察到“两端加强、中间缩减”的行业发展趋势，2022 年，这一趋势得到延续，中间律所本身则出现了一定程度的分流：上游律所开始抓住机会，在行业格局的调整洗牌中有选择性地积极进行扩张，下游律所则出现了掉队或被兼并的情形。

中间偏上游律所虽然因为发展不完全而饱受疫情冲击，但它们往往也已经在规模体量上达到或接近了突破的临界点，疫情下头部律所的谨慎策略则给了其中有远见者充分的发挥空间：一方面，可以承接从头部律所流入市场的精英人员；另一方面，也可以吸纳中间偏下游律所或中小微律所里希望进一步发展或实现职业生涯跳跃的先进分子。

从实际行动来看，一些中间偏上游律所也抓住机会，在 2022 年度实现了较大幅度的人员增长。此外，考虑到头部律所分所布局多集中在省会城市，也有一部分中间偏上游律所选择积极在二、三线城市抢占市场，取得了一定的先发优势。当然，作为积极扩张的代价，它们后续也需要投入更多时间精力进行律所资源的统筹和再分工。

中间偏下游律所则相对面临更为艰难的局面：一方面，它们不具备足够的实力承接来自市场的优质律师资源；另一方面，相对较低的盈利率又使它们在疫情下的成本压力更大。与此同时，2021 年以来逐渐加剧的头部所集聚效应又迫使它们顺应趋势做出改变。重重压力之下，这类律所主要出现了以下发展路线：有的并入中间偏上游律所或头部律所，有的多家律所进行联动、合作以期熬过寒冬，还有的收缩业务领域并对律所构成进行精简优化——这些都是现下的发展现象，在 2023 年到来以后，许多临时性的“过冬”举措也将迎来尾声，中间偏下游市场的格局可能会迎来进一步的洗牌。

对于小微律所而言，在经历过 2020 年的突然重压后，2022 年的生存形势反而要比一些中间律所更为乐观，毕竟体量本身就限制了律所决策的灵活度。重压之下，小微律所可以以更小的思想和成本负担并入“大树”，一些缺乏长远目标的小微律所或个人所还可以适时蛰伏进入类似“冬眠”的状态，这都为中小律所提供了更多的求生（或自决）手段。

与大环境相比，区位因素在 2022 年反倒更像决定小微律所生死存亡的要素。在前大半年里，部分大城市的小微律所由于封控和中间律所扩张等因素，遭遇了更多发展变数，而在二、三线及以下城市，小微律所的生存土壤并无太大变化，部分逆周期性业务的兴起还带来了一定的发展机遇。尽管如此，随着 2022 年年底政策放开后环境的复杂化，小微律所仍需要采取一定的抗冲击举措。整体而言，小微律所在 2022 年全年里缺乏进一步发展的客观条件，但面临的生存压力也较中间律所稍小。

在规模体量之外，分配制度也影响疫情下律所的生存状态。2020 年以来，许多“一体化”的律所相比提成制律所遭遇了更大的挑战，这一方面是由于一体化律所承担了更高的公共成本，另一方面则是因为许多一体化律所的客户以企事业单位为主，在疫情下所受影响相对更大。2022 年，一体化律所们的应对相对有所提升，且重点往往放在了“加强运营人员管理、进一步提升一体化程度”这点上。此外，一些律所亦在积极探索一体化对于律所抗冲击的益处，话题的讨论度和热度都有增无减。

（三）行业前沿的探索

自 2020 年以来，外部环境的频繁变化在给律师事务所带来较大压力的同时也驱使律所对行业发展趋势、律所发展战略、新兴办公模式、突发危机应对、律师社会责任等方面进行更加深刻、更加全面的思考。经过一段时间的积淀和筹备，一部分思考已经逐渐转化为律所的管理行为和探索实践，在 2022 年得到落地。

一方面，2022 年的大多数时间里，偶发性封控仍在持续发生。

2020 年，律所们往往采取应急手段应对，如集中力量采购物资、组织律师成员参与抗疫活动或撰写发布防疫指南，在成本压力面前也能动用既往的资金储备渡过难关。2021 年，情况有所变化，一些律所开始有意识地对常态化防疫进行规划和实践，系统性的开源节流措施逐步出台。到了 2022 年，律所普遍认识到了疫情的长期性，线上办公平台真正得到了普及和常态化应用，法检机关各类线上平台的上线也大大提升了线上办理业务的便捷性——尽管许多业务仍难以单靠线上工作支撑，但这已经较大幅度提升了律所的“数字化”水平。此外，限于部分业务难以线上开展，律所们也普遍开始将 2020 年封控期间偶发的线上内训、线上宣讲行为常态化、系统化，形成了当下许多律所周期性的线上课程栏目，用于律所内部学习和品牌宣传。

另一方面，律所管理者们开始将更多精力投入在律所战略规划和前沿理念的探索实践上。

前者主要表现为管理模式和战略目标上的大胆创新，例如，某知名规模所就专门引入具备丰富经验的管理者，作为全国董事局主席推进全所层面的大中台一体化建设。后者则体现为一些新的工作、品宣方法及理念的落地，例如，中伦在其公众号开设“随身听”栏目，大成在国内率先修建“元宇宙大厦”并借由这一平台开展线上庆典。这些探索在步幅上有大有小，但都指向一个共同信号：在变动的环境下，国内律所的锐进者们仍在坚持逆势进行发展探索和布局。

二、业务发展：逆周期正热，新领域崛起

在外部形势变化且疫情仍在持续的大环境下，律所们在众多传统优势业务频频受挫的同时，也已经从 2020 年以来的突然打击中逐渐醒神，开始着力捕捉变化中偶尔隐现的发展机遇和业务风口。

整体而言，律所们在 2022 年对于业务的思考更多聚焦在维持业务系统的动态稳定，即在保证传统优势业务领域能够顶住压力得以存续的同时，积极布局新兴业务和逆周期业务，以增强律所在复杂变化环境中的抗冲击能力。同时，头部律所和一些中上游律所保持对高新科技产业的关注和资源倾斜，对具有发展潜力的新兴领域或热门领域，如医药健康、能源、环保、合规，也逐渐开始组建专门团队进行持续探索。

（一）逆周期业务：发展势头延续

环境波动越大，逆周期业务越火热——2022 年依旧像 2021 年一样延续了这条定律。具体而言，主要集中在破产重整和争议解决等领域。

1. 破产重整

2021 年就已经有华晨等众多知名企业先后步入破产程序，2022 年越发严苛的环境带来了更多元、更复杂的企业破产案例。以建筑领域为例，全国仅 2022 年 4～9 月破产重整的建筑企业就超过 330 家，以“中国建筑铁军”闻名的南通一建、二建、三建、六建及苏中建设更是在 2022 年年底宣告“全军覆没”。

破产案例的大量增加，既推动了破产重整领域的运作加速成熟，也因其日渐提升的复杂性、疑难度而对律师们提出了越来越高的综合素质要求。自2021年以来，大型破产重整案件就有向头部律所集中的趋势，2022年，这一趋势依旧得以延续。在IFLR等机构评选的破产重整律所榜单上，北上头部律所们也保持绝对优势。为了在破产领域取得竞争优势，开展企业共建、担任破产管理人协会职务的律所越来越多。

随着2022年年底的一系列变化，企业生存环境有所向好，但未来一段时间的外部动荡仍会为企业带来人员和经营方面的不确定性，可以预见，破产重整在2023年仍会保持一段时间的业务高峰。

2. 争议解决

争议解决方面，合同、金融方面的公司商事纠纷仍在快速增长。由于2022年的客观影响进一步浸润到了市场深层，许多大型企业也频繁陷入争议之中，这使客户对于法律服务的相关需求更加综合、更加严格。

此外，线上庭审的条件、技术已经逐渐成熟，尽管还需要解决网络安全性、抗干扰性等问题，但其便捷与高效客观上也使争议解决、仲裁业务在当前环境下所受到的负面影响越来越小。

值得一提的是，随着2022年12月最高人民法院《关于规范和加强人工智能司法应用的意见》的发布，信息技术与法律工作深度融合的趋势再一次被验证和重申。对于从事争议解决领域的律师而言，技术应用或许是下个周期里的致胜法宝之一。

（二）传统业务：可圈可点

1. 知识产权

随着2021年9月《知识产权强国建设纲要（2021—2035年）》的印发和《著作权法》《专利法》的先后修订施行，知识产权已步入字面意义上的强保护时代。2022年的知识产权领域延续了2021年的优秀表现，火花不断：锂电池行业，宁德新能源与珠海冠宇间争端不断；汽车领域，威马、吉利之争余波未平；版权IP方面，“谭谈交通”事件闹得满城风雨……频发的知识产权争议给律师们创造了丰富的业务空间。

除争议外，知识产权领域的合作也是知识产权律师、律所的一大潜在业务空间。例如，通信领域，华为就与OPPO、诺基亚等厂商展开专利合作。这些涉及知识产权的复杂交流事项，对律师而言也具备足够的开垦价值。在“双循环”持续深化的战略格局下，以知识产权为代表的科技创新领域将在很长一段时间里保持强劲发展势头，业务空间仍有待深挖。

2. 金融资本市场

相较于逆周期业务和新兴业务，资本市场等传统非诉业务在2022年的处境并不算乐观。截至2022年12月21日收盘，沪指、深成指和创业板指这三大股指于年内累计下跌15.70%、26.55%和30.67%。由于外部对市场复苏的预期普遍定在2023年下半年，可以预见的是，短期内资本市场仍会处在较大的增长压力和相对激烈的内卷竞争当中。

尽管如此，2022年头部律所在资本市场尤其是IPO领域的表现仍可圈可点：一方面，新能源、医药等热门的产业带动了领域内企业的IPO、融资事务，演化出不少表现不错的个股，例如，2022年大热的“宁王”宁德时代，其累计成交超1.7万亿元；另一方面，北交所的蓬勃发展为中小企业提供了一定利好，港股虽在2022年全年里频频遭遇超预期冲击事件，但也在11月初相继迎来压制因素的拐点，未来行情或有可期。

（三）新兴业务：当下可期

1. 医药健康

2020年以来，医药健康领域一直备受关注——一方面是因为疫情的直接相关和外部环境的间接影响，另一方面其实也是政策驱动的必然结果。

2022年2月，工信部、国家卫健委、国家医保局、国家药监局等九部门联合印发《“十四五”医药工业发展规划》，相较于“十三五”规划，“十四五”规划明确支持前沿技术探索，被业内视为鼓励从“快速追踪新药模式”（Fast Follow）向“首创新药模式”（First in Class）的转变，同时在国际化发展方面圈出了更明显的目标；5月，国家药监局发布《药品管理法实施条例（修订草案征求意见稿）》；7月，第七批国家组织药品集中采购产生拟中选结果，采购文件明确引入“备供企业”机制，也使“集采常态化”的趋势进一步明晰；12月，《药品网络销售监督管理办法》正式施行，对药品网络销售管理、平台责任履行、监督检查措施及法律责任作出了规定，网络售药逐渐步入规范化、合规化、严监管的新时期。

此外，2022年11月医疗新基建“大放水”的消息也引起一定关注，预计2023年下半年至2024年，我国医疗市场将进入医疗设备采购高峰期。

不难看出，这些新动向中许多都与律师行业的发展机会有关。国内头部律所们已经普遍组建了医药健康专业团队，也通过各种方式积极参与医药行业的相关建设，例如组织参与行业重要论坛和年度峰会（汉坤参与首届2022LCOUNCIL大健康行业合规年度盘点峰会）、进入知名医疗健康企业的外聘律师库（浩天入围联仁健康医疗大数据外聘律师库）、参与编制标准文件（大成参与编制医药健康行业首个ESG管理团体标准），等等。

2. 能源环保

自我国提出“碳中和”的发展目标和对应规划后，企业在能源环保方面的法律服务需求就处于稳步上升态势。2022 年，一些新政新规的落地使能源环保领域迎来了更多关注：国家层面如国家发展改革委、国家能源局发布的《“十四五”新型储能发展实施方案》《氢能产业发展中长期规划（2021—2035 年）》，九部门联合印发《“十四五”可再生能源发展规划》；区域层面如 2022 年 6 月上海发改委发布的《上海市 2022 年碳达峰碳中和及节能减排重点工作安排的通知》……2022 年全国能源工作会议还特别指出，打赢碳达峰、碳中和这场硬仗，主阵地在能源，主攻方向在于加快绿色低碳发展。这些政策方针都使能源环保领域的发展前景越发明晰。

除此以外，2022 年的部分大事件也给能源环保领域添了一把柴。国际能源市场的波动对国内企业既是挑战，也是转型和走出去的良机，这给服务企业的律所同时带来了发展机遇和提升专业实力的挑战。

在律所层面，除一些既往即专注于能源环保领域的律所、团队外，头部律所对于这一领域的重视也大大加码。一方面，头部律所们参与了新能源汽车、动力电池等热门行业“当红辣子鸡”企业包括 IPO 在内的众多法律服务项目，如金杜助力岚图完成的中国新能源汽车行业迄今规模最大的首轮融资、君合助力广汽埃安完成的近年国内新能源汽车行业最大单笔私募融资等；另一方面，“碳达峰”“碳中和”“ESG”等主题也频频出现在律所的发展战略和实际行动当中——如大成与 LCOUNCIL 联办 ESG 论坛、中伦发起 ESG 研讨会、中联组织律师参与 ESG 相关标准编写工作。

3. 企业合规

企业合规在近几年一直备受关注。作为一个庞大体系，企业合规可以覆盖反腐败、反垄断、反洗钱、进出口管制、知识产权、数据安全、劳动用工、税务、环境保护等方方面面，且内涵可以不断扩大交叉，具备极大的发展空间，也非常考验律师、律所的专业能力与组织能力。2022 年以前，律所、律师对于合规的探索更多围绕最高人民检察院的企业合规改革试点展开，具体性的业务尚未有所铺开，这也是许多律所持积极观望态度的原因。

但在 2022 年，局面已然出现了一些变化。法检系统层面，最高人民检察院的试点工作于 4 月全面展开，加速了企业合规的司法实践运用进程；行业层面，国内首部中小企业合规管理体系标准——《中小企业合规管理体系有效性评价》团体标准于 5 月发布，各类相关的标准、研究也在逐渐铺开，对于“企业合规官”的定义也经由实践探索正在加速明晰。这都体现出合规正一步步走向实践。

在律所层面，各类企业合规相关的讲座、活动仍在持续进行，一些律所也顺应时势组建了合规法律事务部。更具突破性的事件在于，部分律所已经参与并成功代理了一些地方性的企业合规案件、合规不起诉案件，或是帮助企业完成合规体系建设、贯标 ISO37301 合规管理体系标准，等等。此外，律所们也在积极参与企业合规相关行业标准的制定、修改。

三、2023 年展望：外力趋缓，内因决胜

根据国家统计局披露，2022 年国内生产总值 1,210,207 亿元，按不变价格计算，比上年增长 3%——这一数据相较于 2021 年的 8.4% 直接腰斩还多。

但以事后眼光来看，2021 年中的世界银行也很难预测到 2022 年迄今会出现如此多的变数。这些变数一部分已经在 2022 年年内迎来转折或终结，另一部分则会在 2023 年继续沿袭和变异。

顶着重重不利因素的我们，至少已经熬过了相对黑暗的一段时光。包括世界银行在内的多方机构也都认为国内经济形势早则 2023 年下半年迟则 2024 年即会迎来复苏与回升。在吴晓波对 50 余位经济学家的调研里，“2023 宏观经济向好”也得到了 80% 以上的认同度。[1]

经济环境的回暖对于法律服务行业而言显然是一个不错的消息。但 2023 年的法律服务市场在整体乐观的局面下，仍会受到内外两方面多重因素的交替作用，律所、律师的种种选择与做法仍会影响自身在 2023 年乃至往后数年里的发展。

（一）外部：国际环境趋势与国家大政方针

外部因素主要包括国际、国内两大层面。

国际层面，未见拐点的俄乌冲突、持续恶化的南欧局势、日渐加深的中美博弈，都是 2023 年律师行业发展的潜在影响源。

俄乌方面，行至 2022 年年末的乌克兰战场仍是一片泥淖。这场看似局限在欧洲一隅的对弈已经演变为实质上的多股力量间相互牵扯。对于国内的外贸企业而言，不稳定的局势始终是常规经营里的最大风险要素。对服务企业的律师而言，如何帮助企业有序经营、规避风险，仍将是战中乃至战后一段时间的重要课题。

作为俄乌冲突的延伸，科索沃地区的局势在多方势力的参与下日益剑拔弩张。尽管 12 月 29 日塞尔维亚宣布清除路障并取消战备状态，但科索沃地区的根本性矛盾仍然存在，未来仍可能擦枪走火。这也给包括国内企业对欧贸易在内的多种经济行为增

〔1〕 参见巴九灵：《这是 50 位经济学家眼中的 2023 年》，载微信公从号“吴晓波频道”2022 年 12 月 23 日，https://mp.weixin.qq.com/s/1E98asz62-BCed7JugsJ-g。

添了变数。

在芯片等高新技术产业，中美关系的变化也使国内企业遭遇更多挑战。但这方面挑战背后也意味着相关企业的发展窗口期。考虑到对外开放战略的延续和“一带一路”倡议的稳步推进，对于律所、律师而言，如何运用法律手段帮助企业积极出海、度过低谷期、突破发展瓶颈、实现发展目标，将是极大提升自身价值的一种手段。

国内层面，党的二十大及中央经济工作会议相关成果对未来发展的定向是目前律师行业的重要参考系。

二十大报告中对高新绿色产业的提倡、对法治建设持续推进等因素进行了强调，这既为律师行业布局未来发展的重点领域提供了参考，也要求律所、律师提升自身管理执业的规范化水平、加强规范化建设。此外，与律师行业发展关联的还包括涉外领域的交流与“人民律师”的养成，在2023年，有条件向外发展交流的律所可以审时度势、抓住机遇，而所有律所都需要在公益法援和社会责任方面投入更多精力，为律师行业的长远健康发展助力。

2022年12月，中央经济工作会议在京举行，对2023年经济工作作出全面部署，提出了财政政策、货币政策、产业政策、科技政策和社会政策五个方面的重点任务。

其中，稳增长仍被作为重要关键词摆在突出位置，而“加力提效”则成为财政政策的基调：“在操作方向上，积极的财政政策的侧重点会从投资拉动为主，逐步转向以消费拉动为主，以消费带投资、促投资，形成消费、投资并重齐动的新发展格局。”[1]

大的发展方向下，对小微、科创、绿色领域的扶持，推动“科技—产业—金融”良性循环，鼓励支持民营经济发展壮大等方面都与律师行业存在直接关系，意味着政策鼓励律师行业服务小微企业、服务高新产业。此外，中央经济工作会议还提出要持续加力吸引外资并加大现代服务业开放力度——这对于希望“走出去”的律所来说无疑是一大利好。

总体而言，经历了2022年的波折，2023年外部环境对律师行业的影响呈现出“大体向好、局部变数、长期稳进”的特征。

（二）内部：律所矛盾与行业规划

在律师行业内部，2023年主要的发展趋势可能会集中在三个层面：人才竞争加剧、资源分配倾斜以及对层级壁垒的冲击。

人才竞争加剧主要表现在来源的复杂化。一方面，尽管行业和律所的配套设施都

---

〔1〕 参见新华社：《中央经济工作会议十大要点权威解读》，载中国财经网，http://finance. china. com. cn/news/special/2022zyjjg zhy/20221217/5916286. shtml。

在日趋完善，但在经济前景不够乐观的当下，律所既不如法检系统稳定，也不如金融等行业高回报，这使底层新人和顶层行业精英更倾向于向其他方向流动；另一方面，律师行业本身的规模化、集聚化、行业化发展趋势也使律所越发渴求吸纳精英人才、打造精英团队，预计有更多律所会在2023年开展更具吸引力的“英才计划”、尝试引进更多优秀的头部精英与跨行业人士，行业头尾都会变得越来越“卷”。

人才结构的变化必然带来资源分配方面的调整。一方面，随着头部律所规模化、品牌化、综合化战略的推进，高端人才、高端客户、高端业务等优质资源向头部律所聚集、为头部律所虹吸的趋势也越发明显，头部律所与其他律所的差距也随之进一步拉大；另一方面，为了更好地利用好分配这一杠杆调整所内矛盾、更好地响应客户越来越综合化的法律服务需求，律所也在尝试从内部下手，对分配模式、激励机制进行进一步优化，明星律师、内部市场等概念将在2023年得到更多来自律所层面的重视。

以上两大趋势都会给律所尤其是非头部律所带来更大的竞争压力。为了对抗、抵消乃至利用这种压力，一部分律所必然会尝试采取差异化的竞争手段以突破自身层级，向更优势的律所梯队跨越。2022年，业内已经出现一些尝试性的案例，如江苏联盛的多所跨地域合并、部分律所正在进行的跨所优势业务互补，2023年，“差异化竞争”预计将作为重点课题出现在更多律所的合伙人会议上。

此外，不能忽视的是各地律协积极制定的行业规划、发展战略。从目前已发布的相关文件来看，推动行业规范化制度化发展、推动公共法律服务建设基本是全国性的两点共识，这种趋势在二十大和《关于进一步规范律师服务收费的意见》等文件发布后已经得到了进一步验证。以上海律协为例，其理事会在进行2021年度工作报告时就提出，未来将推动律协管理团队的相对职业化改革，并尝试推动律协管理完全专业化改革，在此基础上研究并提出律师工作委员会制度改革和机制优化方案。来自监管侧的压力使律所必须认真对2023年的内务建设、社会责任履行进行提前规划和资源调度。

2022年年初，我们曾提到国内律师行业粗放式的发展阶段已近尾声，内部力量的整合与专业水平的提升渐成潮流。2023年伊始，相较于外部因素对行业的影响和冲击趋于平缓，这种来自行业内部的驱动力量正变得越来越明显。这可能带来一个新问题：对于不同层次律所而言，突破当前层级显然是第一要务，但对于已处头部的同一层级律所而言，在抗外部冲击能力已无法拉开差距的前提下，对内部要素的重新审视和重塑能否成为其继续保持领先的关键要素？

身处变化之中的我们暂且无法断言。唯一可以确定的是，对行业内形势分析更频、认识更深、行动更早的律所，很可能在2023年里取得发展先机。

4 组数据，5 个趋势，步入成熟期的法律服务市场*

吴梦奇 | 智合研究院

行业生命周期理论认为，从行业出现到其完全退出社会经济活动，往往会经历幼稚期、成长期、成熟期和衰退期。

如以 1979 年律师制度恢复为起点，过往四十余年里，中国法律服务市场已经走完了蹒跚摸索的“幼稚起步期”，在“高速增长期”的快车道上也奔行已久。法律服务行业总体市场规模在 2021 年突破了 1500 亿元[1]，律师人数保持了年均 5 万人以上的增速，20 余家律所规模突破千人[2]，甚至诞生了万人级别的大所。

在高速发展的同时，行业内部也经由长期探索、试错，逐步形成了而今相对成熟稳固的专业标准、市场格局与竞争壁垒。无论愿不愿意承认，属于法律服务市场的“成熟变革期”正在到来。关于这点，或许可以从以下五大现象中管中窥豹。

一、GDP 增速放缓，“稳增长”要求律所向内突破

2010 年以来，中国保持了经济上的快速发展，但与此同时，GDP 增速也因为经济体量扩大等因素而逐步下降（见图 1）。2012 年，我国全年 GDP 约 52 万亿元，较上年增长 7.86%；10 年后的 2022 年，我国全年 GDP 突破 120 万亿元，较上年增长 3%。尽管 2022 年 GDP 增速受疫情等因素影响较大，但根据部分机构对 2023 年中国 GDP 的预测，恢复后的增速也将维持在 5% 左右，排除疫情带来的干扰因素，GDP

---

* 本文首发于“智合”微信公众号 2023 年 2 月 13 日，文中数据收录截至 2022 年 12 月 31 日。

〔1〕 参见前瞻产业研究院：《预见 2022：〈2022 年中国法律服务行业全景图谱〉》，载微信公众号“瞻研究”2022 年 7 月 20 日，https://mp. weixin. qq. com/s/bzueu7IvxdYt06AD9P4F8A。

〔2〕 参见汤森路透 ALB：《榜单公布 | 2022 ALB China 中国最大 30 家律所》，载微信公众号“汤森路透 ALB”2022 年 11 月 21 日，https://mp. weixin. qq. com/s/Khl aByeeDLX3rOveRTJ1OQ。

增速平稳放缓已是未来可预见的持续趋势。

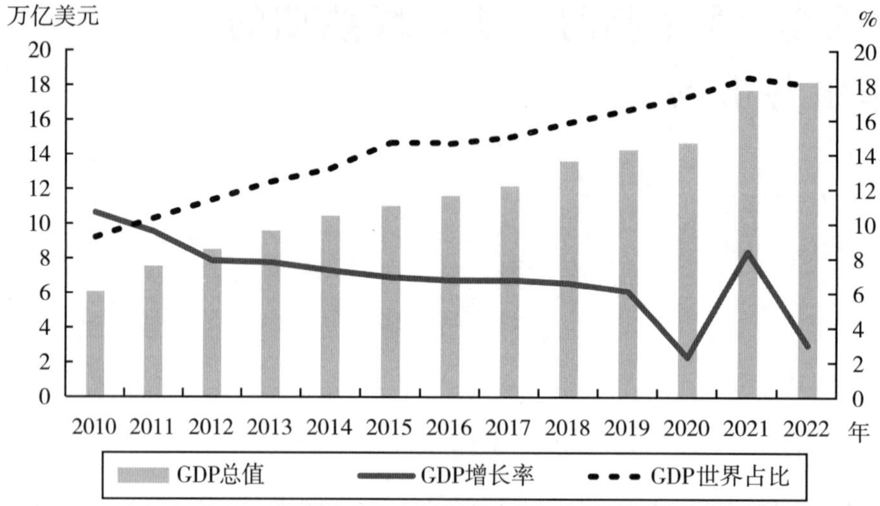

图1 2010～2022年我国GDP增长情况

2022年以来，以“稳”为核心的经济发展方针逐步确立实施，稳增长、保就业成为时代主旋律，也标志着我国经济正转入稳步发展期。经济的放缓也意味着企业将更计较法律服务的质效。对律所而言，“稳增长”的大势意味着再难像过往许多成功案例一样，仅依靠经济发展带来的大量业务机会就实现律所自身的突破式、跨越式发展，而是需要思考新的竞争方法，另辟蹊径。

二、律师“年增5万人”，经济影响滞后促使律所慎行求稳

2017年，全国律师人数为36.5万人，2018年，这一数字增长到42.3万人，标志着律师行业步入年增5万人的时代。2018年以来，行业保持了年均5万人左右的增速，与此同时，增长率的下滑相对GDP增速的下滑并不明显（见图2）。考虑到法律行业对经济反应的滞后性，未来律师人数的增速可能会进一步下降。

作为服务行业，律师行业本身即服务于经济发展，在经济发展持续降速的情况下，律师人数并未与之保持同频，说明当前法律服务市场的发展态势整体滞后于经济态势，这也是一种警兆：市场总量始终受制于经济增长，经济对市场的影响可能迟到但从不缺席，如果律所、律师仅聚焦行业本身的增长趋势而盲目扩张、布局，在冲击到来时也就需要付出更沉重的代价来“埋单”。当前，部分嗅觉敏锐的律所已经开始调整思路和战略。

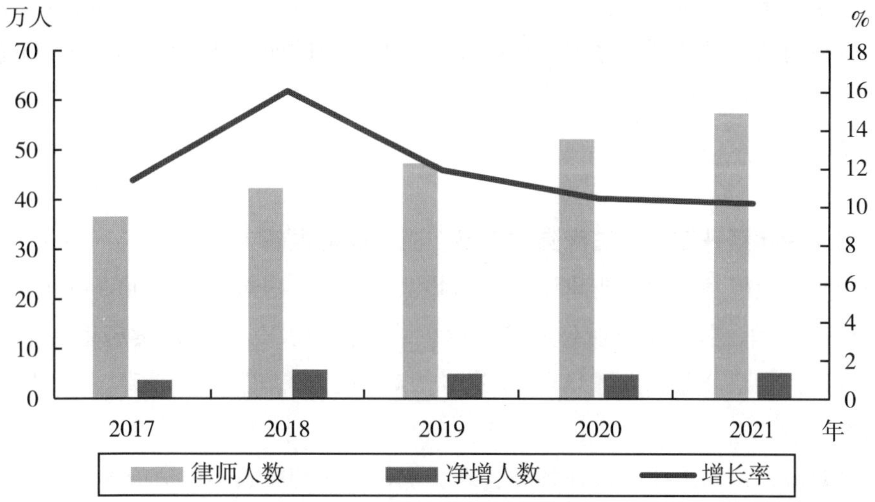

图 2　近 5 年全国律师人数增长情况

三、头部律所规模化布局进程放缓，力求高质量发展

受新执业律师不断涌入等因素的影响，2022 年，律师行业的规模化进程仍在持续，知名律所大多保持人数上的快速正增长，其中部分规模所还表现出极强的虹吸效应。但与此同时，大部分头部律所的规模化进程则呈现出逐渐放缓的趋势：一方面，这些头部律所的平均人员增速普遍低于规模所或地方所；另一方面，它们近年来新设的分支机构也屈指可数，其中不少还是着眼政策而非经济方向。智合《2022 中国律所榜单指数报告》进入“200＋律所圈”的 13 家律所中，有 8 家在 2022 年内未开设新的分所（见表 1）。

表 1　中国律所榜单指数“200＋律所圈”2022 年分所设立情况

律所	新增分所	律所	新增分所
中伦	/	金杜	/
君合	/	环球	/
大成	/	锦天城	东京、长沙、海口
竞天公诚	/	德恒	雄安
方达	/	汉坤	海口、武汉
观韬中茂	青岛、洛隆	金诚同达	/
天元	武汉		

对于非头部律所而言，快速扩张规模是补齐与头部所差距或“弯道超车”的一

种手段，但对于头部所而言，规模已无法带来质变，因而选择收缩外部阵线，将更多精力投放在内部建设和创新之上。正如几乎所有行业的变革都由头部启动，随着更多律所加入勤修内功的行伍当中，法律服务市场也会逐渐被带动，沉淀变革期的特征将日益明显。

四、内部治理体系升级，非法律岗位增多，驱动架构更新

相较于在规模发展和专业建设方面的共识，律所在内部治理方面的侧重点各有不同。2022 年年内，各家律所在公众号文章、采访报道及其他公开渠道里更多提及了以下关键词：党建公益、人才培养/引进、战略制定、制度建设/改革、信息化/数字化、品牌建设。

与之对应，过往由律师兼任各类管理、执行工作的模式不再适应律所内部治理的专业化要求，这驱使更多律所开始招募非法律人士参与律所运营，如湖南天地人律师事务所聘请执行主任，或是聘请资深法律从业人士从事专职管理——如浩天聘请蒋琪担任其董事会主席。此外，疫情背景也加速了律所的数字化建设，使线上工作平台逐步普及，不少律所已经开始对行政人员的分工进一步细化。

五、市场重心南移，产业、制度创新成发展新动力

2021 年度，国内共有 24 座 GDP 破万亿元的城市，其中长江以南的城市占了 2/3；GDP 排名前 10 的城市里，除北京外均为南方城市。截至 2021 年年底，律师人数过 3 万的省级行政单位共 7 个，其中北方仅北京、山东两地（见表 2）。此外，央企南迁和最高人民法院审级的下沉也部分削弱了北京一贯以来的法律服务中心地位。

表 2　律师人数过万的省/市分布情况　　单位：个

年份	律师人数过万的省/市	律师人数超过3 万的省/市数量	律师人数超过 3 万的省/市
2017	9	1	广东
2018	18	2	广东、北京
2019	18	4	广东、北京、江苏、山东
2020	21	5	广东、北京、江苏、山东、上海
2021	22	7	广东、北京、江苏、山东、上海、浙江、四川

以上种种预示中国法律服务市场的重心正在南移，不少业内人士也观察到了这一点。当行业处在快速发展期时，其资源往往会更倾向于向单一区域聚集，使该地域以一枝独秀的姿态快速发展，并将影响力辐射到其他区域。随着行业标准的形成、行业

壁垒的统一以及各个区域发展成熟度的提高，内部资源和影响力也随之开始向分布广泛的多个区域扩散——这往往被视作行业逐步向成熟期过渡的标志。国内法律服务市场正处于这一阶段。

考虑到头部律所在重点城市的布局已经基本完成，通过做增量实现高速发展已不再是头部律所带领行业实现突破的主要路径。对逐渐步入“成熟变革期”的律师行业而言，法律服务重心转移的影响一方面体现在驱动京沪大所加强分所建设，另一方面则体现为为当地律所提供了更多做大做强或实现差异化竞争的机遇。

以大湾区为例，粤港澳大湾区一体化建设进程不断加速，先进制造、信息通信、生命健康等高新产业形成集聚，为对应律师提供了丰富机会。同时，粤港澳大湾区律师执业资格发放、《深圳市福田区律师事务所合规管理指引（试行）》出台等创新举措也证明了区域发展对法律行业变革的助推效应。这些创新活动会调动律所更积极地展开差异化竞争。

结语

对许多律所、律师，尤其是刚刚步入市场的新人而言，行业高速增长期的结束和成熟变革期的到来并不是一件好事：那些先入局者早早完成了“原始积累”，自己如今直面的却是“红海”里的厮杀——竞争存量，难；开辟新局，亦难。

但变化本身又绝非坏事——平和发展或许能够催生绝对体量和话语权的行业巨无霸，但唯有百家争鸣的时代，激烈的思维碰撞和无处不在的探索实践才能打破一个个僵局。

百丈之堤可能溃于朝夕，涸辙之鲋亦可迎来新生，这是变革的魅力，亦是变革的挑战。

中国律师业的发展形势与律所战略选择*

孙学致 |

“中国律师业的发展形势与律所战略选择”这个题目很大。在缺乏严格的数据统计支持的情况下，谈形势和战略恐怕都不太妥当。所以，我下面谈的这些观点，主要来自我在一线对国内律师业有限的近距离观察，以及在我自己律所收获的一些经验。抛砖引玉，谈三点想法。

一、中国律师业的未来，到底是红海还是蓝海

我认为在现实维度下谈红海、蓝海是不合适的。**所谓蓝海是一个升维问题，律所只有完成从“三维空间”升入“四维空间”，才谈得上进入蓝海**。

现在普遍有一个基本观点，未来几十年，中国律师业还处在蓝海发展阶段。这个判断建立在一些数据上。2021 年中国创收排名前八的律所加起来的总创收只占当年全行业 1500 亿元总收入的 21%，表明中国律师业还处于从分散型竞争市场向低集中度竞争市场过渡的阶段。但其实，**服务行业本来就是一个分散竞争型的行业，很难形成绝对垄断**。

还有数据显示，2020 年美国律师业总创收大概占美国全国 GDP 的 1.52%，英国律师业占比为 1.67%，而中国仅为 0.16%。与它们相比，我们理论上还有 10 倍的发展空间。

数字是一回事，但感觉不会骗人，相信在座的各位包括我在内，并没有那种高歌猛进的痛快感，否则也不会坐在这里琢磨生存和发展的问题。

我统计过钱伯斯（Chambersand Partners）历年奖项情况：2014 年到 2021 年这 7 年间，获奖律所几乎都集中在京沪两地，北京占大头，上海占小头，其他地区加起来

---

* 本文为山东省第七届律所建设论坛上吉林大学法学院教授、吉林功承律师事务所独立管理人孙学致老师演讲实录。

数量不超过个位数。

其中，金杜、方达、中伦、君合等律师事务所在获奖总数上遥遥领先，共占据总获奖数的 43.2%。7 年来，钱伯斯共颁发 898 项奖，这些律所就占了 388 项。全国大约 3.7 万家律所中，每年能获得钱伯斯奖项的律所一直是这四十几家。也就是说，**钱伯斯的榜单长期被这 0.1% 的律所占据，99.99% 的律所从来就没有够到钱伯斯的评价标准线上来**。《亚洲法律杂志》（ALB）、《商法》（CBLJ）等其他榜单，我略看了一下，大概也是如此。

钱伯斯的评价有没有说服力呢？起码拿我所在的律所与这些家比较，我觉得还是能说明问题的。我所在的律所在东北算是一家比较上进的所，7 年间钱伯斯、ALB 和《商法》连续给了我们区域一等律所的评价。但把我们做的主要产品逐一拿出来和钱伯斯榜单上的单项奖相比，坦率地讲，无论是业绩规模、客户层级，还是业务的复杂性、影响力、客单价等，我们仍有不小差距。所以，我觉得钱伯斯的评价还是有说服力的。

头部市场、头部客户、先发优势和人才高地，这些因素聚合起来，成就了这 0.01%。因为缺乏数据，这 0.01% 律所的创收总额占全国律所多少不好讲，但它们长期稳定地占据榜单，一定程度上还是能说明，在高端业务和常规业务的品质竞争中，0.01% 的律所与 99.99% 的律所存在壁垒，京沪部分律所与本区域及国内其他地区的律所存在壁垒。**其他 99.99% 的律所在各自的市场区域内仍处于竞争的胶着状态**。

后疫情时代，竞争肯定会更加激烈。涉外业务恐怕要大幅度下滑，那些做涉外业务的头部律所、涉外律所中会有相当多的律所从国外市场转向国内，从 A 类业务下沉到 B 类业务。同时，律所数量、律师数量还在不断增长。几乎每一项重要业务都会遭到围抢，拼价格、拼关系、拼投入。

暴利时代已经结束，平价甚至低价时代已经来临了吗？回答这个问题只需要盯住一个指标——律师人数从 57 万增加到 75 万这个过程中，1500 亿元到 2000 亿元创收的同比增长速度到底有多快。假如只在上下徘徊，或者增幅很低，那我说的“低价时代”恐怕就真的来临了。

在东北这种以国企、政府客户为主的地区，财政能力越来越差，价格被压得越来越低，律师业一定是进入增长的停滞期了。一旦增长停滞了，服务质量必然下降：**第一**，更多优秀律师尤其是年轻律师会向关内一线城市转移，会有更多好的法学院毕业生转向其他行业，保障服务质量的人才基础将更加薄弱。**第二**，随着客单收益率的降低，为了维持住现有的收入水平，合伙人不得不把业务进一步下沉，客户数量增多了，会耗费更多律师资源和合伙人的精力，存量客户和新增客户的服务质量都会降低。**第三，**服务质量不断下滑，客户会变得更加挑剔，报价会更低，再加上同行的低价竞争，就形成了一个恶性低价竞争的闭环。绝大多数律师、团队、律所就是在这样的旋涡里反复旋转，越卷越厉害。除非你愿意降低预期，甘愿躺平，否则，谁也别想舒适。

东北的情况也许只能说明欠发达地区的市场前景。一线城市和沿海发达地区的情况会更乐观吗？如鱼在水，冷暖自知吧。总之，仅就现状而言，我不认为律师业已经驶入蓝海。这不意味着律师业没有蓝海，**而是法律服务的现状使这个行业还不能跨越到蓝海里面去。律师业的服务水平需要整体升维。**

二、回归客户中心主义价值观

法律服务业的蓝海市场，是由市场和客户对法律服务给予高度的价值认同而决定的。

市场有需求，但我们的供给能力不足，客户对服务产品有付费意愿，但可能认为我们的服务还不值这个价。借用一句话，现阶段我国法律服务市场的主要矛盾是，市场和客户对法律服务的更高要求与律师业服务能力发展不充分、不平衡之间的矛盾——**律师行业还没有足够的能力为客户提供与其发展水平相匹配的服务价值**。

从宏观方面看，律师这个职业阶层在整合社会政经资源、推动立法和制定政策、影响裁判和保护私权等方面，社会影响力还很弱，客户更多的是在工具、程序的意义上使用律师，没把律师视为一种不可或缺和必须依靠的社会资源和专业力量。

从微观层面看，律师行业在职业信仰方面，还没有从骨子里建立起真正的价值观，整个行业都急功近利，怎么搞钱快就怎么来，无所不用其极。尽管大家都把“专业主义”“客户中心主义”挂在品宣上做幌子，真正肯在研发产品和服务客户上下笨功夫的律所有几家？回顾国内律师业近几十年的发展，规模化、专业化营销、法律技术与人工智能、经理人制度、品牌战略，等等，哪个是以质量管理作为发展逻辑的？都是组织逻辑、营销逻辑、渠道逻辑、工具逻辑。这些发展模式都没错，事实也证明它们确实极大地推动了律师业的快速增长。

但在服务质量、产品质量这个基本层面，律师行业又有哪些进步呢？**没有真正确立以客户为中心的专业主义价值观，就无法抗拒短期经济利益的诱惑，不会把注意力放在钻研业务上，放在客户服务身上。**

某个高度专业化、一体化的律所合伙人和我讲，因为专业细分度高，一线业务都交给律师去做，合伙人亲自下场的越来越少，精力都扑在营销上。创收确实上去了，但律师的工作压力越来越大，疲于应付，没有时间和精力精研业务，又得不到合伙人的具体指导，服务质量不升反降。合伙人明知道客户不满意，可在创收压力下，很难回后半场踢球，只有维持现状。

这位合伙人反映的问题具有普遍性。**律所一体化的初衷，是依靠更先进的组织形式为客户提供更好的服务。但如果一味追求创收增长，一体化律所的服务质量反而会下降，导致这种现象的原因恰恰是一体化制度本身：一是计点分配制**，合伙人为了不拖其他合伙人后腿，必须拼命创收，保证创收水平不低于平均点数值水平，于是就没法集中精力做好质量管理；**二是律师雇佣制**，用工效率高，成本约束小，本来是优势，可是却"纵容"合伙人放手去搞案源，造成律师单位时间工作量越来越大，质量反而下降。

本来是一个质量驱动型的组织，反而变成了利益驱动型的组织，有意思吧？**没有对客户中心主义价值观的坚守，律所无论采取什么样的组织形式都避免不了滑向这个方向**。

这些年来，整个行业都在进行逐利的竞争，而不是质量的竞争。不管你情愿不情愿，都会被裹挟进来。放眼望去，只见竭泽而渔，不见退而结网。所以我说，今天律师业的红海和内卷，律师界的浮躁和恐慌，法律服务价值的低水平徘徊，一言以蔽之，逐利主义是根源。

律师界必须回归到捍卫权利和客户中心主义的价值观上来，才可能专注地、高质量地提供有价值、有内涵的法律服务，客户也才能认可、尊重我们的服务，用高水平的付费为法律服务业奉上一片蓝海。

价值观的形成和坚守，一靠人，二靠制度。**归根结底，是靠人**。**这其中，律所合伙人的作用非常重要**。

前几年，我在一些场合曾说过，律所的领导者们不要有精神洁癖，不要一味强调所谓共同价值观去回避组织制度建设问题，组织就是要解决不同价值观的人如何一致行动的，所以首先要重视律所的制度建设。这个观点我现在要做一点修正：制度建设对律所这种非典型组织而言是天然的短板，补齐这一块无疑会极大地提高律所的法律服务能力。但是，法律服务的生产方式和生产关系决定了，无论如何律所都是一个弱（管理）组织，制度无论多完备，合伙人和律师如果没有共同坚守的价值观，制度形同虚设，稳定也是以能赚到钱为前提的。

中国的律师事务所发展时间还短，第一批创始合伙人到现在多数还没退出去，一个发展周期都还没走完，还处在剧烈的调整和变化过程中，离形成稳定的、可预期的传统还有非常远的距离。律师之间还在相互博弈：**利益博弈、权利博弈、制度博弈**。

传统是靠人的稳定和一代代的传承逐渐生成的。现在的律所还在割年轻律师的韭菜，在赚年轻律师的劳动价值与薪酬之间的价差。当年轻律师的成长速度和贡献高于其收入时，经过一两年，一定会离开。知识成果最有价值的部分不是显性的文书表单流程，而是隐性的复杂的知识、经验和天赋的交融。

人才不稳定，始终在流动，律所如何传承？律师拿不到足够的报酬，怎么可能认认真真地将知识成果沉淀在律所里？没有知识的沉淀，没有客户的沉淀，没有稳定价值观的沉淀，律所的传统怎么可能形成？有人拿企业的用人观反驳我，说人员流动对律所是有效率的，年级高一些的律师走掉会节省出大量成本，可以聘用更多低年级律师。这还是围绕钱转的思路，不是客户中心主义。生产标准化产品、学习曲线不高的企业可以这样做，律所不行。客户需要好的值得信赖的律师，这个成本律所得担着。这是价值立场问题。

共同的价值观不是所有律所成员天然就有的，但核心合伙人应当有。整个组织要形成共同价值观，或者更准确点说，要保持共同价值观下的一致行动，主要靠律所核心合伙人的领导力。领导力是一个大话题，就不展开谈了。我曾讲过，**一家律所的命数是由两个因素决定的，一是所在的地域，二是领导者的局限性**。这个话我不修正。**如果核心合伙人对法律没有信仰，对客户中心主义的价值观没有坚守，总拿创收和分配说事儿，这一定是一家庸俗的律所，制度是不可能发挥作用的，更不可能有诚意为客户创造价值**。

全靠契约维系的律所组织是脆弱的，制度设计得再完备，也只有箍上主任的领导力和律师的价值观这两块板子，才能知道律所这只桶能装多少水。

三、律所发展模式与产权瓶颈

组织仍然是可能带领律所进入高维空间、获得蓝海市场机会的支撑。国内这些年律所组织发展的基本模式其实概括起来无非两种：**第一种是实用主义**，即以营销为中心的商业化发展模式；**第二种是所谓“原教旨主义”**，即执着于律师职业的专业性本质构建律所组织的发展模式。

营销型发展模式的优势在于：它认识到以智力和人身属性为本质的法律服务，学习曲线的下降非常缓慢，很难在短时间内形成规模经济。同时，律所本身还存在客户端、渠道端、资源端难以打开的弱点。营销型的发展模式是以“外科手术”的方式解决这个问题——**先不考虑律所内部的组织建设，而是在不改变传统律所合伙制模式的前提下，先把市场打开，手段就是规模化**。

中国律所的规模化，本质上是一种营销手段。首先，它区别于全球律师行业传统

意义上的规模化概念。传统的律所规模化是产能扩张型的规模化，比较典型的例子是美国。20 世纪 70 年代到 90 年代，美国律所进入迅速规模化阶段，《斯坦福法律评论》2004 年发过一篇论文，专门研究了这个阶段美国律所规模化的规律，文章的基本结论是：因为这一阶段经济形势好、市场好，所以合伙人产生了大量的剩余产能，他们消化不了这么多增长的资源，于是分给下面的律师去承办。律师利用这些资源迅速成长，不但能消化掉这些工作，而且还创造出新的客户机会，把律所的蛋糕做得更大，于是就派生出更多新的合伙人。**这种传统的律所规模化，是一个内生的不断扩张的规模化过程，是一个产能自然增长过程中派生出来的组织现象**。而我国的律所规模化则是通过把不同律所合并在一起形成的。**其次，律所规模化和商业企业的规模化也不同**。商业企业规模化的内在规律是学习曲线或经验曲线的作用——当企业的学习曲线，即投入产品研发、投入人才培养的成本达到一定峰值时，变得可复制了，就开始下降，产量和生产效率提升的速度开始高于人员规模增长速度，用工成本不断降低。这时，企业把规模做得越大，单位产出的成本越低，企业的效益就越高。智力型服务组织做不到这一点，它们的学习曲线上升缓慢，服务可复制性差，所有规模化的律所，其创收增加与律师人数通常成正比，但人均创收却普遍都被拉低了，生产效率并没有提高。所以，**中国律所的规模化与普通商业企业尤其是制造业的规模化也不是一回事**。

中国律所规模化的主要效能是扩大品牌影响力，带来市场外延的扩大、资源的聚拢、内部市场空间的扩大，同时也为律师、律师团队进一步增加营收提供了更广阔的市场空间和可能性。**律所规模化不是自然形成的过程，而是人为建构或者说是营销化扩张的过程**。要么利用品牌影响力把京沪以外区域的律所“翻牌”合并进来，要么由第三方投资人通过商业化组织模式——经理人团队、营销团队或网络平台把大量律所和律师组织到一个品牌下面。除了给律师的发展提供了品牌和市场条件，投资人也在管理费、中介费和公共案源收入基础上获得投资回报。双赢的局面，何乐而不为呢？

规模化律所最大的问题是内部利冲严重，人员良莠不齐，市场正反两个方向的影响力都不小，团队和律师流动性大。

再说律所发展的“原教旨主义”模式，就是守着你自己认为律师业该有的样子去建设律所。**坚持选择最好的律师，服务最好的客户，保证产出最好的产品**。例如，虹桥正瀚、天同、建纬、靖予霖等执着于专业化的精品所，以及集聚了一大批高度专业化团队走常规发展路线的红圈所。吉林有一家专做信访的律所，他们认为律师就应该维护正义，维护弱势群体的权利，非常值得尊重。那些在刑事辩护领域捍卫当事人权益的律师，那些在婚姻家事领域长期深耕的律师，都是“原教旨主义”。但这些律所有共同特点：发展持续稳定，很难规模化，市场占有率不高。

无论是追求内涵式发展的“原教旨主义”模式，还是通过迅速规模化来追求外延式发展的营销模式，都有一个共同点，就是**都在想办法通过理顺产权关系，来支撑各自的组织发展**。

律所组织内部有两种产权。**一种是律师的私有产权，我称之为个别产权**。提成制律所或者叫合伙制律所的产权关系其实是“分别所有制”，就像夫妻分别财产制一样，合伙人之间是“夫妻”，但同时又是分别财产关系。**另一种则是律师事务所的公共产权**。提成制律所合伙人上缴的管理费是共有产权的主要客体，它决定了律所能形成多大的组织能力，包括专职经理人管理、人才培养、专业化的公共律师队伍建设以及品牌推广、客户拓展、IT、产品研发等中后台建设。

这些年来，几乎所有律所在组织制度上的改革都围绕如何突破合伙人的个别产权瓶颈，形成律所公共财政展开。我常说一句话：**无论是提成制还是公司化，只要能解决公共财政问题，就都是好的组织**。

比如，规模化律所，律师人数上万，每一个律师只要上缴5%的管理费，公共财政的基数就非常可观，有了这笔钱，律所就不必受个别产权制的掣肘，干很多组织建设发展的大事。就可以养一批职业经理人和中后台支持人员，形成一体化组织的维系。

再如，有些一体化律所，之所以选择计点制，是因为计点制把所有合伙人的创收都先装到公共财政里，优先支付公共支出，然后再按均摊到每一点上的利润值计算合伙人的分配收益。这样一转换，每个合伙人的所得里面都有其他合伙人的贡献，大家就不会过分计较具体案子是谁的，任何一笔案源收入都在每个人的点数里有体现——一体化的文化就是靠这个基础形成的。

无论是计点制的分配体制，还是提成制的分配体制，**只要通过某种组织模式解决了公共财政问题，都能推动律所发展**。简单合并形成的规模化是通过做大管理费盘子，由律所掌握这笔公共产权获得公共财政能力的。由第三方投资，通过其控制的经理人队伍或营销队伍推动实现的规模化，是投资人以其独立的产权为基础形成了公共财政投入。所以，律所改革一定是从公共财政入手，这是律所改革的核心。

但是，**维系好产权之间的关系是个高难度动作**。无论是规模化律所还是一体化律所，影响其发展格局的就是这个平衡关系该如何处理。对大多数提成制律所来讲，让渡一部分个别产权去形成更大的公共产权，可能比登天还难。

比如，第三方投资人控制的规模化律所，在律师法的背景下，律所的决策仍然是由合伙人大会决定的，投资人及其职业经理人无权干预。虽然通过契约可以形成一定制约，但不是法定权利。投资人的意志一旦和合伙人大会发生冲突，该听谁的呢？假如投资人拿钱做别的投资，不再或无力给律所投入了，会是什么局面呢？

再如，投资人激励职业经理人的经济基础是规模化本身，招的律师越多，职业经理人的股权收益和奖金就越多。假如规模化停滞了呢？经理人开始吃律师存量这一部分“蛋糕”，又会是什么局面？

又如，依靠营销团队来为律师提供市场资源的律所，营销团队是有独立利益的，如果他拿来的好案子在本所内部匹配不上好律师，这个资源、机会可能流失，就不排除营销团队到律所外去找律师资源。营销团队与所内律师经过长期合作，发现甲、乙两家团队好，丙、丁、戍都不行，肯定更愿意把资源投放给甲、乙两个团队，那么一体化需要的公平、持续的内部关系该怎么维系？硬性均分吗？

只要产权问题存在，任何模式都会出现矛盾。一体化、计点制看似解决了产权融合问题，但发展到一定阶段之后，某个合伙人的创收明显高于同点数的其他合伙人，比如，他一年创收4000万元，但是律所满点合伙人才能分到1000万元，无论他创收多少，最高也只能拿到1000万元。这时，是不是要给他涨点？点数涨上去了，过两年这个合伙人创收又急速下跌怎么办？再降下来，实行所谓的浮动计点制？那和提成制本质上还有什么差别？

以国内红圈所为例，虽然这些所也在一些中心城市设了分所，但规模都很有限，在当地影响也没有想象的好。**品牌主要还是靠总所**。为什么红圈所不利用品牌效应大规模扩张？两个主要原因：一个是总所以外找不到那么多水平和影响力与总所相当的律师，怕低水准的律师反噬律所的金字招牌；另一个是找不到那么多创收能力与总所合伙人相当的合伙人，分所合伙人越多，对总所合伙人的利润均值稀释得越大。说到底，还是产权问题。

所以，我的一个基本观点是，**在现行律师法环境下，产权关系是影响律所发展方向、制约律所组织进化的主要因素。产权关系不突破，刚性的组织结构就没有构建的基础，律所组织永远是一个“弱组织”**。

当然，作为生产知识价值并提供服务的组织，律所不可能发展成典型的科层制企业。知识价值的生产规律以及数字化时代的技术条件，决定了扁平化的、规模适度的律师团队可能是最合适的基本组织单位。**理想的律师团队应当是这样一种状态：及时根据客户需求和竞争环境的变化作出反应，充分释放律师生产知识和创新服务的热情和才智，迅速把知识转化为产品，把产品转化为客户价值。而理想的律所组织应当为律师团队提供充分赋能的机制，并能够把不同法律服务产品及其承载团队无障碍协同**

起来，以高质量的服务直达客户需求。

我相信，在数字化时代，经过长期建设发展，某些传统强所和达到很高规模化程度的律所，不排除进化为托举大量律师团队、律所品牌并融合其他智力服务型组织的生态型法律服务平台。

结语

律所发展的唯一戒律是不得背离律师天职，以客户为中心，为客户注入法律的力量，推动社会向更高的文明进步。**这是我们必须坚守的“原教旨主义”**。

西方组织管理学有两条路径：一条是德鲁克（Peter F. Drucker）主张的通过组织建设推动企业发展的路径，另一条是戴明（W. Edwards. Deming）倡导的以质量管理为中心的企业发展观。这两者没有高下之分，只是路径不同，但是对法律服务行业来说，我更倾向于认为，**组织对于律所的支撑是必要的，但或许也没那么强大，一切变革的目标最终指向的一定是高质量的法律服务**。

基于自由和专业的基因，律所是一个充满激情和创造力的组织，这样的组织在一个广阔的充分竞争的市场环境中，拥有天然的进化能力。只要真正做到以客户为中心，踏踏实实地深耕法律服务，我们都会找到适合自己的生存和发展的道路。

未来理想的律师组织形态未必是一家律所，更可能是某个生态型组织系统下若干律师服务团队和律师之间的协同联动。信息化、数字化技术正在形成这样的穿透力，能帮助客户迅速识别每个团队和每位律师的能力。**建设优良团队，树立专业标签，拓宽市场渠道，是我们当下以不变应万变的基本作业**。

理想的律所组织应该是自由人的联合体。律所竞争的高下，归根结底取决于价值观的高低和律所领导者的领导力，即不断地把正确的价值观灌输给每一个律师，用它来整合律所一致行动的能力。

律师业黄金时代的终结？
——后疫情时代律师业发展的冷思考

贾 鹏*

通常所见，快乐常不是我们所希望的快乐，而痛苦则远远超过我们所预计的痛苦。

——［德］叔本华

后疫情时代的三至五年内，由于外部发展环境更加恶劣复杂，反全球化势头正盛，战争和制裁的阴云密布，内部保增长的压力较大，中国律师业总体上将不会再延续之前高增长的状态，法律服务市场的上下波动发展将成为常态，律师业的黄金时代将一去不复返。

尽管不能完全归因于反复横跳的新冠疫情，但延续至今的疫情确实缩短了律师业从“高速”增长到“平稳”增长之间的过渡期，律师业的发展瞬间失速。而当下律师业不仅面临日益严峻的“内卷”，外部法律科技企业和其他模式创新企业也虎视眈眈，企图从法律服务市场中拿走更多。此外，律师行业的高风险和强监管时代的来临也让律师和律师事务所在执业过程中更加“如履薄冰”。

未来将会成为“超级律师”和“超级律所”的时代，这是市场选择的结果。对于绝大部分执业律师和律师事务所，只能在平淡之中追求卓越，努力让自己活得更好一些。

一、律师业黄金时代结束的标志

（一）执业律师人均业务收入增长曲线不再陡峭

以上海律师业为例，自 2007 年至 2021 年的 15 年间，律师行业业务总收入（律

---

* 贾鹏，上海国际经济贸易仲裁委员会、上海仲裁委员会仲裁员，律师，专注于 IPO 与私募股权投资、商事诉讼与仲裁、债务重组与破产相关领域的法律服务。

师行业总收费，相当于律师行业总营业额）增长超过 7 倍（从 40 亿元人民币左右增加到超过 300 亿元人民币），占上海市 GDP 的比例从 3‰上升至 7‰。

但因为执业律师总人数也增长了三倍多（从 10, 000 余名增加到超过 30, 000 名），导致律师人均业务收入（律师人均收费、相当于律师人均营业额）仅增长不到三倍（从 40 万元人民币左右增加到 100 万元人民币左右，若剔除通货膨胀影响的话增长就更为有限）。

另外，除个别年份外，虽然律师行业业务总收入经常保持在每年 10% 甚至更高的增长率，但律师人均业务收入的增长曲线不再陡峭，增长率时高时低，受当年的市场环境影响很大。比如，近三年以来，上海律师人均业务收入自 2019 年首次突破 100 万元人民币之后，便基本停滞不前，2020 年因为疫情还略有下降，2021 年有一定上升但十分有限。

显而易见，**15 年间上海律师人均业务收入增长的倍数也同其他大部分行业一样，仅跑赢了上证指数**（上证指数在 2007 年年底超过了 5000 点，2022 年 4 月最后一个交易日仅 3047 点。当然，这 15 年是资本市场律师的黄金时代），**但却没有跑赢上海的住宅房屋均价**（2007 年 12 月每平方米为 10, 292 元，2022 年 4 月每平方米超过 60, 000 元）。

更有意思的是，这个增长率也没有跑赢上海职工年度社会平均工资的增长幅度，2007 年到 2021 年，上海职工年度社会平均工资的涨幅接近四倍，从 2007 年度的 34, 707 元上涨到了 2020 年度的 124, 056 元（如果算上 2021 年度的涨幅，应该是 2007 年度的 4 倍）。

总体来说，在后疫情时代，无论是律师行业业务总收入，还是律师人均业务收入的增长都将难以维系之前的高增长态势。除了疫情，深层次的原因是外部发展环境更加恶劣复杂，反全球化势头正盛，战争和制裁的阴云密布；而中国整体经济增长速度也会放缓，这是律师业必须面对的事实。

（二）律师人数的天花板已经达到

每万人律师比指的是每万人中拥有律师的数量比例，是衡量区域律师人数是否饱和的重要指标之一。**我国的律师人数还将会在近几年内实现快速增长，2022 年将不会少于 62 万人，2025 年将超过 75 万人，到 2030 年，大概率可能超过 100 万人**。

乐观主义者（尤其是国家法律职业资格考试培训机构）认为，如果比照美国律师目前占其总人口数量 4‰到 5‰的比例，则中国律师的峰值“应该”达到将近 500 万人到 700 万人。但需要提一句，根据有关统计，美国的执业律师数量目前在 140 万人左右，到 2025 年也就会达到 150 万人。

但事实上，我们是否需要那么多数量的律师？这既取决于市场的发展，也和我国的政法制度、文化氛围等密切相关。美国毕竟是联邦制的普通法国家，有联邦和州两套法律体系，且美国国内有些过度的“司法文化”，并且拥有全球法律霸权（诸如长臂管辖）、全球规则体系制定者和众多的跨国公司，以及高度发达的资本主义市场经济环境，才是其律师人数较多的原因。

而如果同其他经济、文化和法律系统更为近似的东亚国家（同样是单一制国家、大陆法系国家、文化上都相对厌诉）相比，**中国的每万人律师数比例 2022 年已经基本与日本持平（万分之四），且已经接近了韩国的水平（万分之六）**。

但如果考虑到韩国的总人口数量实际上就比上海与北京常住人口总和多了五百万人左右，在经济发达程度基本相近的情况下，上海与北京每万人律师比已经达到了万分之十四（上海与北京的执业律师总数已经超过 7 万人，常住人口按 5000 万人计算），已然相当于韩国的两倍。

2025 年，不出意外的话，上海的执业律师数量将会达到 45,000 人以上，若仍按 2500 万人的常住人口计算，届时万人律师比将达到 2‰左右，已经是一个非常成熟且更加饱和的律师状况，每万人律师比将基本与德国持平。

另外，如果单独把上海、北京、深圳和广州的每万人律师比拉出来做城市间的比较，**北京和上海已经超过了香港和新加坡的每万人律师比，而深圳和广州基本与香港、新加坡的万人律师比相同**。

从好的方面说，万人律师比的增长直接反映了城市地位（经济、社会等发展水平）的升降，但同样可以得出结论，**执业律师数量在部分一线城市已经属于“饱和”甚至于结构性过剩状态，这些城市的律师业竞争也将会更加白热化**。

（三）执业律师“精英”的光环逐渐黯淡

2019 年“心动的 OFFER”（一档综艺节目）和《精英律师》（一档职场电视剧）的播出，在一定程度上向民众展示了“精英律师”的形象，满足了部分法科生对于内地红圈所“精英律师”的想象。但对于大部分执业律师而言，“精英”已经属于一个越来越难以触及的梦想。

从收入维度看，国家和社会将律师归入了“高收入群体”，这确实也无可厚非。一般来说，律师人均收入一般是律师个人人均业务收入的 40% 至 50%（未来的趋势是这个比例还会继续下降）。如果按照这个标准进行估算，2021 年上海执业律师的人均收入可能应在 40 万元至 50 万元，这一收入确实超过了上海职工年社会平均工资的 3 倍。

而且，尤其是对于那些起步就在国内红圈所或者准红圈（不是红圈，但胜似红圈）的优秀法律人才而言，这可能是在初入职场内一两年即可达成的目标；对于进入英国“神奇圈”（亦称“魔术圈”）或者华尔街律所驻京港沪代表处的更少数同学而言，这显然更加不是什么问题。

但这个收入水平并非大部分执业律师能够轻易获得的，如果考虑到普通执业律师为了拿到这些劳务报酬而付出的时间、精力、放弃的尊严以及上海排名全球前十的生活成本，就知道这“多收的三五斗”其实并没有什么成色，而且**对于上海大部分的普通执业律师而言，这个小目标一般需要10年以上的刻苦努力方能达到**。并且，更重要的是，一旦松劲，就会立即与这个小目标失之交臂。

从知识维度来看，法学专业长期属于就业率低下的“红榜”专业，也早已不是什么显学。而律师资格考试、国家统一司法考试到国家法律职业资格考试，资格准入考试的选拔属性越来越低，通过率越来越高。

国家法律职业资格考试的总体通过率基本稳定在20%上下，而在国家统一司法考试后期，个别地方的司法考试通过率曾接近于30%，而在法学专业学生中这一比例不会低于1/3。这与律师考试及国家统一司法考试初期每年10%不到的通过率不可同日而语。经济学的规律告诉我们：增加供给当然会进一步拉低身价，职业壁垒也没有想象中那么高。

从社会认同看，执业律师的社会认同度是逐步下降的。在一般民事和刑事领域，职业共同体的幻象随着公检法与执业律师之间职业隔离的进一步严格而近乎完全被阻断；如果说从人大代表、政协委员、青联委员的数量来看，执业律师的政治地位似乎见涨，但也仅此而已。

而在金融商事领域，律师商人化近年来也屡受诟病。表现在商务律师强调“商人”的角色更加突出，这种选择除了在经济收益上也许有一定好处，但在政治社会评价等方面总体上是弊大于利的。

二、律师业发展中面临的窘境

（一）执业律师不得不应对各路人马的挑战

不同于西方国家要求打破以律师为代表的法律职业垄断，要求出现更多的法律服务提供者的思路（这是2007年英国法律服务法改革的主要目标之一），中国几乎没有出现过以律师为核心的职业垄断阶层。

基于我国发展中国家的特定历史阶段和强大的历史惯性，在诉讼领域，律师从未专享过代理人或辩护人身份；而非诉讼领域，律师本来与会计师、税务师等就存在一些业务交集，律师事务所也一直受到法律咨询公司的挑战。近年来，又面临法律科技公司、“四大”会计师事务所（普华永道、德勤、安永、毕马威）以及其他替代性法律服务供应商（如合同管理服务商、预重整公司）的激烈竞争。由于我国实际上并不存在统一的法律服务监管机构或者相应的协调机制，在法律服务监管上条块分割，法律疏漏和冲突在所难免，这也为非律师事务所和律师从事法律服务提供了渠道。

比如，法院在破产管理人选任方面的思路就非常开阔。上海市高级人民法院在《关于重新编制上海高院企业破产案件管理人名册的公告》中，就破产管理人的范围，已经突破了《企业破产法》中关于律师事务所、会计师事务所、破产清算事务所担任管理人的规定，提出“鼓励专门从事破产清算业务的多类型机构积极参与申报，相关咨询机构、资产管理公司、财务顾问公司等其他从事破产清算工作的机构亦可参与申报”，律师事务所的竞争对手越来越多。

这导致的其中一个后果就是：尽管“四大”在试图通过与内地律师事务所结成“深度战略联盟”进入国内法律服务市场方面确实遭受了一些小小的挫折，但仍然能够通过其“体系”内部的咨询公司、清算公司、财务顾问公司，以及按照财政部要求已经完成“本土化”的会计师事务所（普华永道中天、德勤华永、安永华明、毕马威华振），根据《企业破产法》的规定，以法院指定或者债权人、债务人选定的方式成为破产管理人，继续进入中国的法律服务市场，变相或间接提供中国法律服务。因为破产程序总体上属于司法程序，破产管理人的执业行为也主要由法院系统监管，而破产管理人业务的核心，即重整和清算方案（除经营方案、财务测算、估值调整外）的确定，显然绝大部分属于实打实的中国法律服务。

诚然，包括法律服务业在内的咨询从业者之间的相互倾轧、相互渗透、互相竞争、互有来往不是什么新闻，这既是客户和市场发展的要求，也与相关行业之间存在的内在关联分不开。在这一点上，律师事务所也并非总处于守势。典型的如知识产权咨询服务，凡是在知识产权法律服务有较强实力的律师事务所，总会通过“合作”等多种方式，与专利及商标代理机构建立紧密联系；反之亦然，国内的专利代理公司、税务师事务所、会计师事务所多多少少也与相关的律师事务所存在千丝万缕的联系。

“四大”以及其他替代性法律服务机构的强劲发展表明，早在15年以前，“四大”基于英国2007年《法律服务法》所创立的替代性商业结构（Alternative Business Structures，ABS）机制，所形成的包括法律服务在内的咨询业模式创新——即为客户提供“一揽子”的战略、IT、并购、交易、投资、工程、商务、财务、审计、税务、法律（含法证调查）、评估、合规、劳动和人力资源管理、风险处置、债务重组、破产重整咨询等整体解决方案供应商的定位，辅之以“虚化总部、共享品牌、独立实体、业务协作、统一管理、本地运营、规避监管、各担风险”为目标的“咨询业混业经营模式”非常容易形成强大的市场地位和垄断优势，非常具有战略性、前瞻性、侵略性。

虽然上述模式可能忽视了背后的监管环境、道德风险，以及各个不同专业之间差异巨大的逻辑进路、服务目标、价值体系和底层思维，但以“四大”为代表的替代性法律服务机构确实通过此种模式在全球收购兼并了不少律师事务所，并夺取了不少法律服务市场，且在国内也有众多拥趸，一些律师事务所和咨询机构已经开始“依样画葫芦”，希望能够打造“闭环”的一体化泛法律服务机构。

简言之，法律服务业的“护城河”并没有律师想象的那么高，而且似乎“挖墙脚”的也越来越多。即使对于西方的同行而言，它们花费了几百年来建立的“职业壁垒”也似乎随时都有“大厦将倾”之势。律师业发展最大的威胁可能并不是同行，而是外行。

（二）律师事务所的“寡头垄断”时代已经开启

首先，中国律师事务所规模化的任务在某种程度上（仅基于人数和业务收入）已经基本完成。比如，在 American Lawyer Global100 的排行榜上，若根据律师事务所的律师人数规模统计，我国在全球前十大律师事务所中占有 6 席，其中排名最高的律师事务所来自中国，其拥有的人数已经超过了个别中西部省域所拥有的律师人数，宇宙中“唯二”的超万人律师事务所都是中国律所。而在全国各地拥有超过 1000 名执业律师的律师事务所近年来遍地开花。

但规模化的另一面正在逐步显现，行业集中度将变得越来越高。比如，以业务收入为标准，头部若干家律师事务所的市场地位在近年来得到了空前增强，尽管这种增强可能主要是由近年来律师事务所之间大规模的合并造成的。

其次，在业务领域上，尤其是部分细分市场领域，“寡头垄断”的形势已经初步显现。比如，在境内外发行上市、大型企业及上市公司破产重整、银行及金融衍生品、公募基金、私募股权投资、境内外重大并购重组、高端商事诉讼与仲裁、重大刑事辩护等若干领域，已经形成了头部若干律所的马太效应。它们资源禀赋极强、人才济济且梯队完整、分配方式成熟合理、专业美誉度稳定可靠，地域布局无懈可击，在国内市场上基本可以所向披靡。

虽然一方面中国确实需要这样的国际化大所参与国际竞争，这也就是司法部期望在 2025 年左右形成约 20 家的国际一流律师事务所的原因。但另一方面，这确实也加剧了国内法律市场的“内卷”，一些大所为了保持营业收入的增长，对原本“看不上”的业务主动压价，实施降维打击，也逐步蚕食了之前中小型律师事务所所承办的业务，使中小型律所的生存环境更加艰难。

（三）法律服务的“去魅”已经完成

去魅其实也可以定义为一个走下“神坛”的过程，政府进行的普法教育工作已经普到了“八五”，新中国恢复律师制度也已经超过了40年。律师所面临的客户越来越精明，法律服务的“去魅”已经完成，法律服务不再那么神秘和高不可攀。

首先，传统型、成熟型、标准化的业务才是法律服务市场的主流，“高精尖”的法律服务占比并不是很多（尽管是律师事务所利润和营收的主要来源），也并没有那么多的所谓创新型法律业务。也就是说，在目前的法律服务市场上，尤其面对中大型企业客户的时候，大部分的律师法律服务在专业、成本、模式上已经透明化，律师事务所和律师不再拥有通过“信息不对称”获得高额收益的资本。

其次，在疫情当下和结束后的一段时间，大部分企业为了节约财务成本和管理费用，降低看起来不那么必要的法律服务预算是肯定的，而这又可能导致同行之间的无底线的自杀式价格战给律师行业造成更大的冲击。有人认为，即便在所谓逆周期的经济环境下，有一些业务领域似乎面对的是“一片蓝海”。但是，一个简单的道理大家应该都懂，如果韭菜（客户）都没了，新的韭菜（客户）一时半会也长不出来的话，“皮之不存，毛将焉附”？

最后，近十年来，大型国企和民企、大部分外企都有专门且规模较大的内部律师（in-house）团队，越来越专业、越来越强大，也越来越理性、越来越挑剔。而这些客户一般主要需要外部执业律师提供三种服务：一是偶发的，特别高精尖和复杂的法律业务；二是需要短时间内耗费大量人力成本承做或者内部法务团队不愿承做的法律业务；三是法定的必须由外部律师承做的法律业务。对于其他经常性的法律业务，企业通常倾向于自行处理，不仅比聘用执业律师成本更低，而且更加高效和保密。

对于第一种法律服务，市场确实没有饱和，但是需要律师事务所在提供法律服务前期敢于不计一切地投入成本和人力，这其中的执业风险并非大部分律师和律师事务所可以承担；对于后面两种法律服务，市场显然已经处于深度买方市场的状态。一个突出的表现在于，大型央企和国企在选聘律师事务所时，往往把招投标模式发挥到极致；而民企和外企的询价过程比以往也谨慎得多、复杂得多。

内部律师的强大是律师业发展的必然，也确实为执业律师多了一条“退出”或者“上升”通道，执业律师也可以借助内部完成向高级管理层的转变，内部法务也可以随时“下海”转为执业律师。但是，强大的内部律师的出现，不仅消灭了一些市场化的法律业务，也使执业律师面临更大的专业挑战。当客户比你更专业的时候，你的路在何方？

（四）执业律师和律师事务所的强监管和高风险时代已经来临

这是个会得罪监管机构和业内同行的话题，就不过多表述了。总体而言，随着监管部门对于中介机构容错度的下降，执业律师和律师事务所面临的监管环境也将日趋严格；而随着律师面对的专业服务越来越复杂、律师事务所规模越来越不受控制，律师和律师事务所的执业风险也越来越大。

比如，在资本市场、金融衍生品、投资基金、破产重整等一些涉及公众及广大债权人利益的法律服务领域，以及在高端商事纠纷领域，近年来已经出台和修订了一系列针对中介机构的执业规范，也出现了各种各样对于律师事务所和律师的处罚和诉讼案例。

另外，业务领域的扩大也增加了律师和律师事务所的执业风险。比如，律师现在也能写招股说明书（首例律师参与撰写招股说明书获得受理的案例已经出现）了，收益增大的同时是风险的加大。

还有，一些律师事务所规模越来越大，但管理却并没有跟上，在 IT 管理系统、利益冲突审查、后台支持人员、营销团队等方面仍然舍不得投资。典型的如所内的利益冲突机制要么形同虚设，要么过于复杂无法操作。利益冲突机制本身是为了防止律师事务所过度扩张、保护委托人利益而给律师事务所施加的“紧箍咒”。律师事务所如果长久地忽略它，迟早有一天也会遭到“反噬”。

三、中国律师业向何处去

（一）总体判断：一个“不会太差”的行业

1. 底层需求

坦率来说，律师这个“古老”的行业应该还可以存在 50 年，至少对于刚入校门的法科学生来说，一般也不用担心饭碗危机（当然，近几年因为疫情法科学生的就业率确实有些惨淡，但疫情这种黑天鹅事件不应常有），法科学生还是有需求、有市场的。

因为人类有七情六欲，创造了各种组织体、事业、生意，人类也总是不断地追逐各种权力、金钱和利益，必然就会产生不可控的纠纷和风险。除了依靠武力、资源外，也通常需要法律维护自身的权益，所以律师这个职业会消亡得比较慢。

2. 上层建筑

除有上述的底层需求，人类社会几千年来，无论法律是否依附于政治、资本、民意或者宗教，权力、资本、民意和宗教都需要法律规则，法律总归还是上层建筑的一部分，端着法律这个饭碗，并且爱惜这个饭碗的人，一般都不至于过得颠沛流离——除非你一定要做唐·吉诃德式的人物。

只要法律还是上层建筑，于公而言，就还需要法官、警察以及各种公职人员；于私而言，作为“法律工匠”的律师仍然还是有一定地位的。法律体系仍将继续完善，法律规则也不可避免地持续复杂化、专业化，科技界搞出来的法律 AI 或者法律机器人也不能精确回答一切问题，律师尚有用武之地。

3. 市场规模

内地律师业将随着国内经济规模的增长持续增长。未来只要不发生战争和极限制裁，我国的经济规模即便没有高增长，仍然会随着惯性继续扩大，律师业的整体规模将继续随着 GDP 的增长继续稳步上升。将来有一天，如果我国的经济规模能达到美国的两倍，到时律师整体业务收入从目前的 2000 亿元人民币（系估算）增加到 2000 亿美元也是正常的。

上面这个估计其实还比较保守。2021 年，美国的 GDP 约为 23 万亿美元。有数据显示，美国法律服务业总产值（主要是律师业）占该国 GDP 的比例约为 1.5%，则 2021 年美国律师业总收入将会超过 3500 亿美元，即便按照 1% 计算，也超过了 2000 亿美元，而全球的法律服务业总产值据称在 8000 亿美元上下。

所以，简单计算一下，如果能够达到美国律师业务收入占国家 GDP 的比例（约 1.5%）水平，那上海律师业总业务收入还有在现有基础上翻一倍的可能。而如果我国律师业务总收入能占到我国 GDP 的 1%，全国律师业务总收入将超过 11,000 亿元人民币，即使达到 0.5%，这个数字也将是 5500 亿元人民币。这是几个多么让中国执业律师心驰神往的数字啊（可惜暂时只是如果）。

此外，也不能低估后疫情时期政府救市的决心和能力，可能会有更激进的经济刺激措施。2008 年经济刺激政策后房地产行业的狂飙突进，2009 年创业板开闸后资本市场的万众欢腾，2012 年后移动互联网的风起云涌，都让有幸跟着风口的部分律师事务所赚的盆满钵满。监管手中掉下来的“一粒沙”，落在每个执业律师头上都可能是“一座金山银山”。

另外，随着人口受教育程度的增加，个人法律服务业务的需求还会继续增加，如果哪个法律服务机构能够把面向个人的法律服务也就是 To C 端标准化、系统化、电子化，基于庞大的客户群体，那么将会有非常好的发展前景，也不至于一定要盯着极少部分高净值人群的私人财富管理业务。

4. 经济收益

从经济收益的角度，当然也可以画更大的饼，提出更高的目标，给那些野心勃勃、能力突出的超级律师事务所和律师，以及对律师职业充满憧憬的法律毕业生们。比如，根据 American Lawyer 的统计，美国顶级律所的年薪起薪普遍在 20 万美元以上，2021 年权益合伙人人均利润最高的律师事务所是 Wachtell，人均利润超过了 750 万美元。

而近年来，国内红圈所起薪已经普遍上涨至 40 万元人民币（按照 13 薪计算，不算年终奖），而合伙人人均利润接近于 400 万元人民币，执业律师人均业务收入普遍超过 200 万元人民币甚至更多。

这意味着什么？根据中国注册会计师协会的统计，在 2020 年度，仅有“四大”会计师事务所及内地个别会计师事务所的执业会计师人均业务创收超过了 250 万元人民币，注册会计师人均业务创收最高的为普华永道中天，超过了 400 万元。这说明，红圈所的人均业务创收已经逐步逼近“四大”，甚至有超越“四大”的趋势，这是具有划时代里程碑意义的事件。

可见，如果能坚持做 40 年律师，并且保证后 25 ~ 30 年居于红圈所权益合伙人的地位，实现王先生提到的“一个小目标”的概率还是很大的。当然，普通执业律师还是要实际一点，我们可以把目标降低至 0. 1 到 0. 2 个小目标，那终其一生也是有可能实现的。

（二）面向未来：积极拥抱法律科技

法律科技不是特别新生的事物，跟随 21 世纪初的互联网革命到现在也已有 20 年的光景了，出现了不少先驱者。但当下确实是到了所有律师不得不重视和面对的时候了。

疫情显然加速了全球所有法律从业者拥抱科技产品，尤其是互联网和数字科技的步伐，有些是主动的，有些是被动的。而毫无意外，在某些方面，中国法律人接受法律科技的步伐要远远超过西方发达国家的同行。在用 40 年走完了发达国家 400 年的发展路程后，国人特别痴迷“唯一不变的就是变化”这一箴言，对于一切新鲜事物总是保有最大的好奇心。特别是长期服务于 TMT 领域和互联网领域的律师，对此有非常深刻的感受。

首先，很直观的，频繁的居家办公和隔离让律师更加依赖于各类线上办公软件产品，大型的合伙人会议、研讨会等也纷纷采用了在线形式，线上的体验随着 5G 技术的普及，也比以前有了明显改善。

除非特别有必要，律师和客户也都倾向于直接在线讨论一切问题。现在，除了 IPO、破产及债务重组等少数业务领域的律师可能一直需要长年累月地出差，不太喜欢（也没有必要）呆在办公室之外，其他授薪律师也不是特别情愿跑到办公室打卡上班了。

永远睡不醒的年轻律师和律师助理并不喜欢挤早晚高峰的地铁或公交，拖家带口的资深律师需要花费更多时间照顾上网课的“熊孩子”，而大大小小的合伙人，如果不是在飞机、高铁上或者在去机场、高铁站的路上，偶尔来一次办公室也会对 CBD 高昂的停车费颇多怨言。

其次，也有更多的客户接受了线上法律服务的方式，比如一些常见的投资类尽职调查，通过在线的文件传阅和访谈即可进行，律师也不再为了追求客户体验，前往目标公司所在地现场，花费大量的时间在路上以及沟通索取目标公司的材料，而不去现场进行尽职调查以往只是个别红圈所的特权。

律师参与谈判、在投决会上汇报等完全可以在线上进行，客户也不会因此认为律师的服务质量较线下有所降低，其实也帮客户节省了不必要的差旅费。

至于主要服务个人客户的律师和律师事务所，早就将通过互联网及弹窗广告，即时通信工具、短视频平台等平台推送获得客源并在线服务运用的炉火纯青。

《三联生活周刊》最近发表的一篇文章中，对于律师事务所雇用非律师人士，主要通过网络平台进行销售、开拓案源并签署合同，律师作为中后端成员只负责承办案件，有非常绘声绘色的描写，但这其实已经是部分律师事务所的常态了，并不新鲜。

而且，其实中小型律师事务所在法律科技上，尤其是数字科技上的投资和运用在大所、强所面前根本就是小巫见大巫。一些大所、强所的销售和运营部门早已成熟地运用大数据等技术甄别潜在客户，以及向潜在客户推送特定内容；对案件走向进行分析预判以及进行案件管理等。金杜的云上律所搞得有声有色，让所有同行都“垂涎不已”，直呼有钱。

此外，监管部门和法院在数字化方面进行地如火如荼，投资巨大。证监会要求所有的底稿、申报资料完全电子化，各种官方检索平台也纷纷实现了线上化，律师也很容易通过第三方信用信息数据平台简化核查流程，抓取有用信息。

全国各地数字法院的建设更是日新月异，法院的立案大厅早已没有以往的熙熙攘攘。普通案件网上立案、收费、阅卷、举证质证、开庭、送达等全方位的流程已经十分完备，“给法官留言”的小窗口都有了微博或者微信公众号私信的即视感。

而破产案件的在线系统可以容纳上万人的债权人同时在线开会，进行表决，政府“维稳”的压力瞬间变小，法官和律师也不用过分担心人身安全。

一些原本就“社恐”的律师对这种全程在线的司法系统其实十分受用，毕竟隔着屏幕，无论法官如何强势，对方律师如何咄咄逼人，也都被屏幕损耗了一半能量。

上述这些变化，Richard Susskind 在十年前出版的第一版《法律人的明天会怎样》中就有过预测，在其六年前出版的第二版中再次进行了强调。而上述这些变化，其实是未来科技影响法律行业的“冰山一角”。一些行业先锋，还有另一些科技大佬，早就对颠覆律师行业有更为深刻的理解。有一篇文章指出，早在 2019 年，美国资本对法律科技企业的投资早以数十亿美元计算；另外一个研究报告则非常详细地研究了新兴法律服务业的多种业态。

总结下来，国内的这些法律科技企业（广义上的）比较成熟的模式主要有以下三类：

第一类还是主要是律师行业的供应商，挣律师和律师事务所的钱。比如前面提到的，为律所提供 IT 管理系统，为律所提供破产管理人业务系统，为律所提供案例及法律检索、简单的大数据分析工具，以及电子签名、取证、在线扫描、在线会议等。其目的是让律师从一些事务性工作中解脱出来，更好地投入纯法律的专业活动中去。也有人将前述系统归纳为“大数据分析与结构化”“律所数字化”“垂类工具”等类目。

第二类是线上法律媒体，也有人称之为“法律生态服务”。它们为律师和律所提供继续培训、广告和文宣推广、行业分析和评级等；它们为不擅长营销的律师行业打开了一扇窗，同时构成了法律服务市场评价体系的一部分。它们的背景非常多元，有律师同行创业的，有传统纸媒转型的，也有互联网大厂下海的，为我们律师行业的发展提供了各种新鲜思路。

第三类则是可能抢律师饭碗的法律科技企业，本质上仍旧是替代性法律服务供应商。比如，有的法律科技公司、咨询公司开发的合同管理系统，以及法律服务外包公司提供的日常法律服务外包服务，使传统依靠为客户提供常年法律顾问服务的律所面临很大的挑战。

当然，科技界和资本圈还是有一些其他野心勃勃的改造律师行业的计划，令人目不暇接。区块链、元宇宙、私域营销，各种新潮思想应有尽有，说不定哪天就会颠覆了整个律师行业。

确实永远不能忽视技术对行业的改变。比如，传统和保守的执业律师们始终认为，律师行业是雷打不动的线下体验行业，所有事情都必须通过面对面的接触才会形成信任关系和“直觉”。但是事实真的如此吗？

2021 年 6 月，谷歌发布了名为 Starline 的 3D 视频通话技术，这种技术让屏幕另一边的人看起来有体积、有深度和阴影，就像坐在你的面前一般真实。这种技术但凡有了比较低的大规模商业化运营，那“面对面”的法律服务似乎都没有必要。

对于法律科技，作为一个律师事务所的管理层，如果还想视而不见，则必然会犯战略性错误；对于一个普通执业律师而言，如果想在今后20年内过得还比较好，就要持续关注。一方面，对于能够解放律师双手，让律师从一些简单重复耗时费力的工作中解放的法律科技产品，我们要积极地拥抱和利用；另一方面，对于可能颠覆行业的，我们也要时刻保持警醒。

（三）律师事务所：抓住扩张和生存的最后机会

对于大所或者潜在大所而言，今后3~5年将是发展的关键期，有质量的规模化不仅是每个律师事务所自我发展的动力，也会被官方和市场所乐见。根据司法部发布的《全国公共法律服务体系建设规划（2021—2025年）》，到了2025年，中国版本的20强律师事务所将是未来中国律师事务所标杆级的存在。

早在2020财年，律师业务收入前10的国内律师事务所的总创收就接近520亿元人民币，占当年全国律师业总创收的比例应介于20%（全国律师业总创收以2500亿元人民币计算）至25%（全国律师业总创收以2000亿元人民币计算），这些超级律师事务所形成的行业集中度相当之高。而进入前10的业务收入门槛为18亿元人民币。

如果按照现在的发展趋势，大胆预测一下，到2025年，如果要进入中国律所的20强，仅从人数、业务收入、分支机构和境外办公室数量来说，执业律师总人数应不会低于1500人，总业务收入不应低于20亿元人民币，国内的分支机构不应少于20家，且至少需要在香港、新加坡、伦敦、纽约、洛杉矶、法兰克福、巴黎、东京等中心城市设立办公室。毫无疑问，今后几年，无论是基于降低成本还是扩张规模的需要，律师事务所之间的合并将会持续高位运行。

此外，在管理模式上，紧密型的合伙及公司化管理的律师事务所将是大所的主要发展方向。散兵游勇式的合伙制律所不仅内部不利于风险控制，外部也越来越得不到优质客户青睐。从内部来讲，松散式的合伙带来的团队稳定性较差，业务过于多元导致专业不够精深，服务质量也不稳定；从外部来讲，优质客户更希望以律师事务所为单位为其提供一站式的法律服务，即便是中小客户，面对经常变化的乙方承办律师也难言信任。

（四）执业律师：在一颗平常心之下完成个人奋斗

1. “钱景”

律师并不是一个盛产富豪的行业。如果有富豪的话，律界富豪的产生主要是源自他们个人在房地产、股权投资等方面的投资收益［比较典型的是在20世纪60年代中后期出生并先富起来的律师前辈，他们都习惯于“扫楼”，北京的四合院和上海浦东陆家嘴的一线江景房，都有他（她）们优雅从容的身影]，而并非律师费这种劳务报酬。

当然，也可以考虑去做超级大厂的 CFO、董事会秘书。一如 23 年前的 Joseph Tsai（蔡崇信），2 年前的 Jonathan Zhou（周志峰）或者新近的 Julie Gao（高准）。也有做房地产开发商、游戏公司 CEO 和上市公司实际控制人的，但这些年他们的下场都不太好或者争议比较大，这里就不提了。

有的人会讲，你前面才说过，当一辈子律师，实现王先生讲的一个小目标并非难事。对，那只是一个“饼”，现在设定前提条件的时候到了：

首先，还是希望你拥有良好的身心能够当一辈子律师，每年保证至少 2500 小时以上的有效工作时间，能够将无休止的加班和出差视为习惯，且不会创业未半便中道崩殂。

其次，你还是要先进各种圈。但实际上，各种圈的高级权益合伙人（划重点）和部分“独狼”式的律师界“扫地僧”，他们占执业律师人数的总比例在任何时候、任何情况下都不会超过 10%。简言之，小目标只属于执业律师金字塔尖的那一小撮。

2. “仕途”

在我国，执业律师政治家的理想宛如海市蜃楼一般。当然，在中国，有四类律师还是有可能成为政治家的，一是公职律师，二是副省级地方以上的律师人大代表、政协委员，三是地级市以上的律师协会会长，四是做过兼职律师的法学教授。

3. “社会活动家”

这是大部分位于塔尖的律师们最喜欢而且最得心应手的一种定位，可能亦商亦官、亦学亦律，长袖善舞，各行各业都畅通无阻。当然，司法部近年来也在认真打击律师界违规兼职，强调执业律师要专职执业，所以多少也挤压了一些这些优秀律师人才的生存空间。

所以，对于大部分普通执业律师而言，还是建议多走走“平凡之路”，避免被金钱迷失了心智，被名誉模糊了双眼，被权欲引入了歧途。其实只要足够努力，如果能成为专家型的律师，那实现“一个老婆（老公）、两个孩子、三套房子”这个并不十分普通的梦想都是有希望的。

结语

对年轻律师和“革命尚未成功”的律师再多说两句。

第一，如果你是一个悲观主义者且没有强大的精神支撑，请趁早退出律师行业。

因为你所见识到的人性的复杂、凉薄、险恶、扭曲以及商业社会的尔虞我诈、唯利是图，会轻而易举地摧毁你对整个社会和生活本来就不甚美好的想象，而且在执业初期，你能改变的很少。

心理需要强大到什么地步，可以去看看金·凯瑞主演的《大话王》。也可以在短视频平台上看看最近“德普诉赫德”案的庭审片段，可能以后你也会像那些小时收费很高的美国王牌诉讼律师一样，正儿八经地在神圣的法庭上询问德普夫妇一些无比尴尬的问题。

第二，初入职场的律师选择好的平台至关重要。在律师业内部，年轻律师应该多去实力较强的律师事务所或者律师团队任职，完成知识、经验和专业的积累。尽管那确实是并不友好的执业环境，充满压迫感，但是也不能否认那些超级律所给你今后的职业生涯所带来的光环。

第三，要大胆地走出“北上”，向其他一线城市寻找机会。“北上”的竞争过于激烈，优质既有客户资源几乎已经被瓜分殆尽，优质新增客户的获客成本极高，且已经成为头部律所或者超级合伙人之间的牌局。

年轻律师或者说进入市场较晚且没有客户资源的律师，仅凭专业积累、口碑营销、网络运营等已经很难在惨烈的市场竞争中胜出。只有一些新一线城市才有向上的机会，这些城市主要包括深圳、杭州、广州、苏州、天津，另外也可以关注重庆、成都和武汉，还有近年来红得发紫的海口。

第四，要突出自己的优势。早些时候，横向性的复合型律师更容易成功，比如外语流利、懂金融和交易、懂一些税法方面的知识。现在我们又看到市场上一些纵向性复合型人才更有优势，比如，好的专利律师，最好要有理工科背景。

后续法律服务将随着细分行业不断细化，不仅是资源禀赋需要，也是行业分工需要。执业律师不仅要懂专业，更要懂行业，不仅要懂法律，也要懂商业决策，执业律师的终身学习和自身特色将缺一不可。比如，同样是做股权投资，擅长生物医药领域和擅长先进制造业的律师属于不同的竞争赛道，大家都可以活得很好。

当然，一招鲜吃遍天，把某种风格做到极致也不是不可以。当“甜心教主”王心凌在乘风破浪的舞台上唱《爱你》的时候，将来就算变成“甜心奶奶”，她的表演也绝对是有市场的。

第五，最重要的是，一定要树立正确的价值观。

总之，后疫情时代，其实是一个令人担忧但又不是那么可怕的时代，也是一个不确定性胜过确定性的时代，可能也是螺旋式上升代替了线性发展的时代。对于律师江湖而言，群雄并起、草莽纷争的黄金时代确实将要落幕了。所有律师事务所和律师在紧跟国家发展大势和遵从经济发展规律的前提下，在律师服务业已经不可逆地变成“买方市场”且无法有效进行“供给侧改革”的前提下，除不断提高把握机遇能力和抗击风险能力外，最好还是“各安天命”“有所为有所不为”，稳字当头，好字优先，向质量和管理要效益，向专业和专注要回报，千万不要片面地尊崇“我命由我不由天”那样的箴言——毕竟那只是一部动画电影里面的台词。

体量稳增，头部虹吸：2022 年 31 省数据图景*

孙麟飞 | 智合研究院

“十三五”期间，我国律师工作取得长足发展，成绩显著。自“十四五”开局以来，在国家“到 2022 年全国律师总数达到 62 万人，到 2025 年全国执业律师达到 75 万人”的规划目标下，在律师人数方面，中国律师人数由 2016 年的 32.55 万人增长至 2022 年 6 月的 60.5 万人。在律所数量方面，全国律师事务所总数由 2016 年的 2.61 万家增长至 2022 年 6 月的 3.7 万家，律师行业供给规模进一步壮大，法律服务质量和水平不断提升。

一、国内律师行业整体概况

（一）人员增长幅度较大，律所数量增长相对平稳

在律师人数方面，截至“十三五”末，中国律师已突破 52.2 万人，“十三五”期间，国内律师人数每年都在以 10% 以上的速度递增。整个“十三五”时期共新增 15.69 万名律师。至 2021 年年底全国执业律师人数规模已达到 57.4 万人（见图 1）。另据司法部数据显示，截至 2022 年 6 月全国律师数量达到 60.5 万人[1]。

“十三五”期间，全国已有 50 万余人取得法律职业资格，但由于我国人口基数大，律师占总人口的比例仍旧很低，大大低于美国、加拿大、英国等发达国家。这种差距一定程度上反映出我国社会对法律服务的有效需求不足，而这种情况在中西部与农村地区体现得更为明显。

为使我国律师行业均衡发展，解决欠发达地区公共法律服务人员、基础设施等资源短缺问题。司法部印发《全国公共法律服务体系建设规划（2021—2025 年）》，提出到 2022 年，全国律师总数达到 62 万人，每万人拥有律师数达到 4.2 名。到 2025

---

* 本文首发于“智合”微信公众号 2023 年 2 月 21 日，文中数据收录截至 2023 年 2 月 21 日。

〔1〕参见中国新闻网：《司法部部长：截至 2022 年 6 月，全国共有律师 60.5 万人》，载中国新闻网，https://www.chinanews.com.cn/gn/2022/07-28/9814481.shtml。

年，全国执业律师达到 75 万人。形成与我国综合国力相称、与经济社会发展阶段相适应的律师业务发展格局，大力提升律师法律服务质量和水平。因此，未来 3 年，全国律师人数依然还会以每年 3 万左右的速度增长。

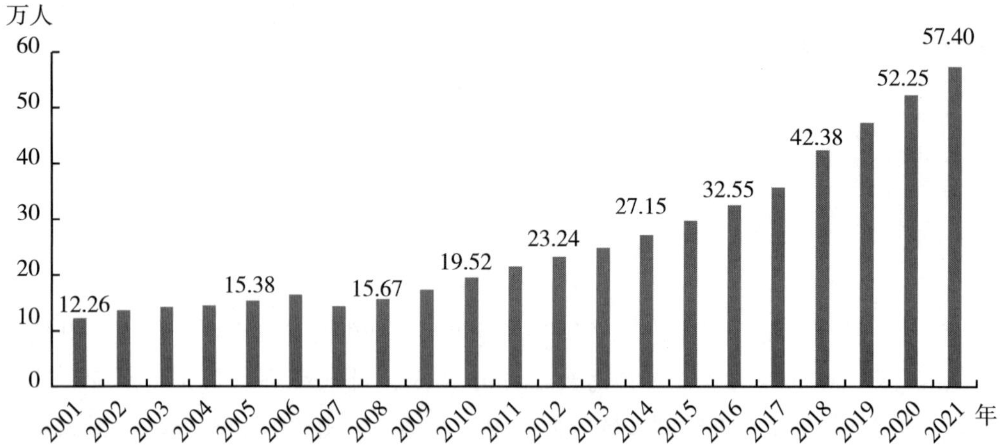

注：因篇幅所限，仅列出关键年份数据。

图 1　2001～2021 年全国执业律师规模

（资料来源：国家统计局）

在律所数量方面，全国律师事务所由 2016 年的 2.61 万家增长至 2020 年的 3.44 万家，2016～2020 年增速均超过 5%。至 2021 年年底全国律所数量规模已达 3.65 万家（见图 2）。另据司法部消息显示，截至 2022 年 6 月全国律师事务所数量已达 3.7 万余家。

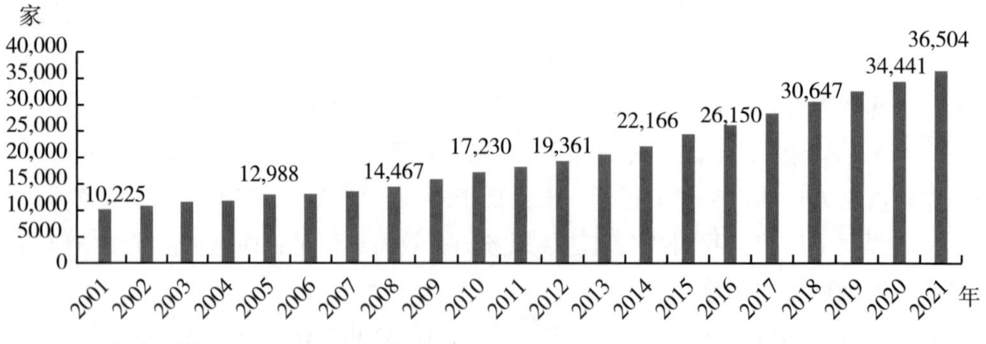

注：因篇幅所限，仅列出关键年份数据。

图 2　2001～2021 年全国律师事务所数量

（资料来源：国家统计局）

（二）东部沿海经济发达地区律师资源集聚程度较高

从区域分布来看，东部经济发达地区集聚了全国绝大多数律师。国内执业律师人数的增长首先在沿海和经济发达地区展开，再逐步向中西部省会城市蔓延。目前广东、北京、浙江、江苏、上海5省市依托优势地位，所拥有的执业律师数量占全国比重超过35%，如图3所示。

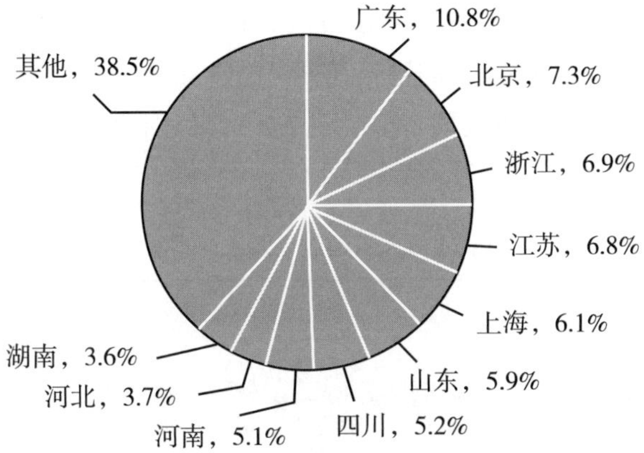

图3　2021年国内律师人数区域分布

（资料来源：国家统计局各省区市统计年鉴）

律所方面，中国律师事务所也多集中在经济较为发达的地区，2021年广东省有律师事务所3857家，占全国的10.6%；北京市有律师事务所3108家，上海市有律师事务所1776家，占全国的比重分别为8.5%和4.9%，如图4所示。律师行业作为服务行业，本身即服务于经济发展，律师业务亦伴随经济活动的需要而出现。我国中西部地区经济活跃度低、缺乏核心产业，法律服务需求量较少且律师业务难以出现增长点，这导致当前国内律师行业配置不均衡，城乡分布、地域分布差异等问题仍然明显。

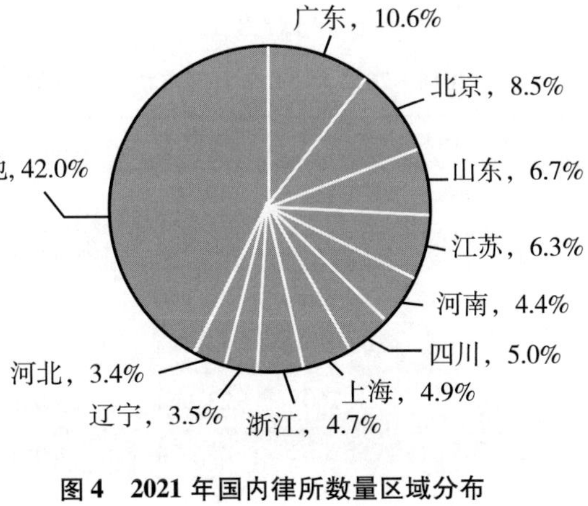

图4　2021年国内律所数量区域分布

（资料来源：国家统计局各省区市统计年鉴）

二、国内31个省区市[1]律师规模对比

“十三五”期间，执业律师人数超过万人的省市数量逐年增长，其中律师人数超过3万人的省市保持每年1~3个的增长速度。据不完全统计，截至2022年年底，执业律师人数过3万的省级行政区共8个（见表1），分别为广东、北京、江苏、山东、上海、浙江、四川、河南。

表1　执业律师人数超过3万人的省级行政区　　单位：个

年份	省级行政区	统计
2016	广东	1
2017	广东	1
2018	广东、北京	2
2019	广东、北京、江苏、山东	4
2020	广东、北京、江苏、山东、上海	5
2021	广东、北京、江苏、山东、上海、浙江、四川	7
2022	广东、北京、江苏、山东、上海、浙江、四川、河南	8

资料来源：各省区市统计年鉴。

注：整理、制表：智合研究院。

分省区市来看，近年来江苏、山东、浙江等多地执业律师规模有不同程度的增长。如表2所示，截至2022年年底广东执业律师总人数达到7.08万人，较2016年年末实现翻番，此外，据河南省司法厅信息显示，河南全省执业律师人数于2022年年底突破3万人大关，达3.1万余人[2]。

表2　2016~2022年31个省区市执业律师数量　　单位：人

省区市	2016年	2017年	2018年	2019年	2020年	2021年	2022年
广东	32,380	37,478	43,434	48,971	55,136	61,946	70,885
江苏	19,140	21,816	26,570	30,461	35,632	39,185	44,089
山东	22,043	34,437	26,986	29,960	31,468	33,960	37,655
浙江	22,201	24,530	26,912	30,784	35,302	39,647	-
河南	16,396	18,681	21,760	23,964	27,453	29,245	31,000+
四川	16,683	19,505	21,206	23,554	28,011	30,137	-

〔1〕 此处指未含我国港澳台地区的31个省、自治区、直辖市，全书下同。——编者注

〔2〕 河南省司法厅：《河南省现有执业律师3.1万人　发挥专业优势　提供优质高效法律服务》，载河南省人民政府网，https://www.henan.gov.cn/2022/08-12/2559908.html。

续表

省区市	2016 年	2017 年	2018 年	2019 年	2020 年	2021 年	2022 年
湖北	10, 314	11, 751	12, 639	13, 732	13, 958	14, 728	–
福建	8500	9151	9958	11, 126	11, 959	13, 304	–
湖南	12, 888	14, 067	16, 018	18, 265	18, 191	20, 481	–
安徽	8574	9923	12, 458	14, 234	15, 988	18, 418	–
上海	20, 515	23, 186	25, 412	27, 836	31, 679	35, 252	39, 077
河北	12, 407	14, 797	16, 591	18, 450	19, 970	21, 175	–
北京	26, 953	29, 297	32, 134	34, 907	37, 351	42, 163	39, 185
陕西	7774	8757	10, 271	11, 446	13, 161	14, 671	–
江西	4935	5585	6267	7269	8962	10, 433	–
重庆	8571	9791	10, 709	11, 917	13, 391	14, 580	16, 069
辽宁	10, 765	11, 065	12, 797	15, 033	16, 269	18, 105	–
云南	8963	10, 143	10, 995	11, 889	12, 580	13, 577	–
广西	6948	7534	8279	8902	10, 462	–	–
山西	8113	9090	8937	10, 229	10, 592	12, 131	–
内蒙古	5280	5919	7177	7596	8472	10, 889	12, 292
贵州	5773	6178	6603	7648	8137	9584	–
新疆	2988	–	–	5374	5828	5518	–
天津	5863	6634	7270	8229	8801	9778	–
黑龙江	5091	5378	5468	5999	6352	6940	–
吉林	4432	4809	5002	6578	6841	7473	–
甘肃	2980	3328	4181	4748	5433	5960	–
海南	1693	1942	2140	2676	3347	4140	–
宁夏	2049	2432	2768	3061	3787	3925	–
青海	873	935	1006	1110	1307	1463	–
西藏	282	–	–	–	–	724	–

资料来源：各省区市统计年鉴。

注：整理、制表：智合研究院。

增速方面，据各地区统计年鉴数据显示，“十三五”期间，海南、新疆、安徽、江苏、宁夏、甘肃、江西、广东等11省（自治区）的执业律师数量复合年均增长率（Compound Annual Growth Rate，CAGR）超10.0%。其中，海南省执业律师人数由2016年年底的1693人增长至2020年年底的3347人，年均增速达14.60%；广东省2016~2020年累计新增执业律师22, 756人，位居全国第一，详见表3。

表 3　2016～2022 年 31 个省区市执业律师新增情况

排序	CAGR/%	省区市	“十三五”期间新增执业律师数/人	2021 年增速/%
1	14.60	海南	1654	23.69
2	14.30	新疆	2840	-5.32
3	13.27	安徽	7414	15.20
4	13.23	江苏	16,492	9.97
5	13.07	宁夏	1738	3.64
6	12.76	甘肃	2453	9.70
7	12.67	江西	4027	16.41
8	11.23	广东	22,756	12.35
9	11.10	陕西	5387	11.47
10	10.92	四川	11,328	7.59
11	10.86	河南	11,057	6.53
12	9.99	河北	7563	6.03
13	9.92	内蒙古	3192	28.53
14	9.72	浙江	13,101	12.31
15	9.33	重庆	4820	8.88
16	9.08	上海	11,164	11.28
17	9.07	吉林	2409	9.24
18	8.61	辽宁	5504	11.29
19	8.46	天津	2938	11.10
20	8.41	青海	434	11.94
21	7.38	山东	9425	7.92
22	7.14	湖南	5303	12.59
23	7.11	贵州	2364	17.78
24	7.07	福建	3459	11.25
25	7.02	云南	3617	7.93
26	6.74	北京	10,398	12.88
27	6.24	湖北	3644	5.52
28	5.48	山西	2479	14.53
29	4.53	黑龙江	1261	9.26

续表

排序	CAGR/%	省区市	“十三五”期间新增执业律师数/人	2021 年增速/%
30		西藏	暂未统计	
31		广西	暂未统计	

资料来源：各省区市统计年鉴。
注：整理、制表：智合研究院。

三、国内 31 个省区市律所规模对比

（一）广东、北京、山东、江苏四地律所数量超 2000 家

受新执业律师不断涌入等因素的影响，律所数量规模也不断提升。如图 5 所示，截至 2021 年年底，广东、北京、山东、江苏四地律所数量超过 2000 家，其中：广东省 3857 家（2016～2020 年新增律所 860 家）；北京市 3108 家（2016～2020 年新增律所 635 家）；山东省 2434 家（2016～2020 年新增律所 494 家）；江苏省 2300 家（2016～2020 年新增律所 575 家）。

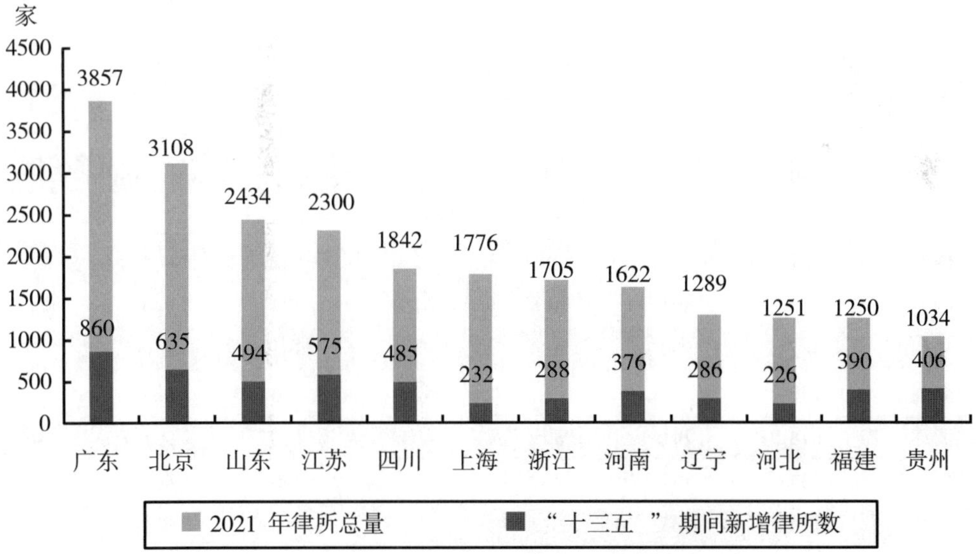

图 5　2021 年国内各省（市）律所总量及增长情况

（资料来源：国家统计局各省区市统计年鉴）

此外，根据各地司法厅、地方行业协会公布数据，截至 2022 年年底，广东省律所数量超 4000 家，山东省律所数量达到 2522 家，上海市律所数量达到 1845 家，详见表 4。

表4　2016～2022年31个省区市律所数量情况　单位：家

省区市	2016年	2017年	2018年	2019年	2020年	2021年	2022年
广东	2767	3050	3223	3418	3627	3857	4163
江苏	1612	1786	1882	2043	2187	2300	–
山东	1796	1931	2029	2165	2290	2434	2522
浙江	1348	1465	1518	1572	1636	1705	–
河南	1174	1222	1334	1436	1550	1622	1710
四川	1233	1329	1458	1539	1718	1842	–
湖北	717	806	852	901	963	1010	–
福建	751	838	918	1039	1141	1250	–
湖南	713	778	831	864	942	992	–
安徽	707	760	828	871	919	967	–
上海	1477	1469	1605	1657	1709	1776	1845
河北	977	1083	1151	1183	1203	1251	–
北京	2252	2411	2466	2735	2887	3108	–
陕西	510	550	592	654	713	756	–
江西	443	496	478	519	583	645	–
重庆	799	857	869	904	894	923	908
辽宁	930	996	1062	1142	1216	1289	–
云南	790	858	916	950	989	1024	–
广西	678	755	810	772	828	–	–
山西	687	705	758	812	832	902	–
内蒙古	453	491	546	615	673	744	806
贵州	485	559	658	775	891	1034	1150
新疆	739	–	–	520	526	531	–
天津	678	741	819	884	912	902	–
黑龙江	834	857	862	857	866	860	–
吉林	724	503	532	557	589	624	–
甘肃	333	358	399	434	473	507	–
海南	113	131	133	175	252	329	–
宁夏	126	141	146	159	194	200	–
青海	107	109	109	118	120	123	–
西藏	35	–	–	–	–	66	–

资料来源：各省区市统计年鉴。

注：整理、制表：智合研究院。

（二）律所增速明显低于律师数量的增长

增速方面，如表5所示，“十三五”期间，海南、贵州、宁夏、福建、内蒙古、甘肃、四川等11省（自治区）的律所数量复合年均增长率CAGR超6.0%。

从增速来看，律所数量的增长明显低于律师数量的增长。伴随律师行业供给增加、竞争加剧，集约经营是律所面对竞争的必然选择。头部律所人员规模快速增长，表现出了极强的虹吸能力来消化国内不断增加的执业律师。这从各地司法局、律协的规划上也看得出来。客户、业务、资源这些法律服务的机会，在向更加成熟、成建制的团队、律所集中。

表5　2016～2021年31个省区市律所新增情况

排序	CAGR/%	省区市	“十三五”期间新增律所数/家	2021年增速/%
1	17.40	海南	139	30.56
2	12.93	贵州	406	16.05
3	9.01	宁夏	68	3.09
4	8.72	福建	390	9.55
5	8.24	内蒙古	220	10.55
6	7.27	甘肃	140	7.19
7	6.93	陕西	203	6.03
8	6.86	四川	485	7.22
9	6.29	江苏	575	5.17
10	6.11	天津	234	-1.10
11	6.08	湖北	246	4.88
12	5.73	湖南	229	5.31
13	5.71	河南	376	4.65
14	5.65	江西	140	10.63
15	5.56	广东	860	6.34
16	5.51	辽宁	286	6.00
17	5.39	安徽	212	5.22
18	5.09	北京	635	7.66
19	4.98	山东	494	6.29
20	4.60	云南	199	3.54
21	4.25	河北	226	3.99
22	3.95	浙江	288	4.22

续表

排序	CAGR/%	省区市	“十三五”期间新增律所数/家	2021 年增速/%
23	3.90	山西	145	8.41
24	2.96	上海	232	3.92
25	2.32	青海	13	2.50
26	2.27	重庆	95	3.24
27	0.76	黑龙江	32	-0.69
28	-4.04	吉林	-135	5.94
29	-	新疆	-	0.95
30	-	西藏	-	-
31	-	广西	-	-

资料来源：各省区市统计年鉴。

注：整理、制表：智合研究院。

四、营收对比：东西部差异较大，上海人均创收超百万元

通过对部分省份及城市公布的近三年律师行业创收数据进行不完全统计，根据“地区律师人均创收=该地区全部律师事务所业务收入总金额÷社会律师总人数（专职律师与兼职律师总和，不包含公司律师、公职律师及法律援助律师等非社会律师）”对各地区社会律师人均创收进行排名，由于地区数据不完整、来源和口径也不统一，仅供参考，详见表6。

表6 各省（市）律师行业营收情况汇总

排序	省（市）	统计年份	总创收/亿元	社会律师人均创收/万元
1	上海	2020	297.4	101.6
2	深圳	2021	113.6	62.5
3	苏州	2021	33.39	56.8
4	广州	2021	96	55.1
5	无锡	2021	17	54.4
6	厦门	2021	21.2	53.0
7	南京	2021	47.21	52.1
8	青岛	2021	31.66	48.1
9	扬州	2021	5.19	43.7
10	武汉	2022	35.95	39.9

续表

排序	省（市）	统计年份	总创收/亿元	社会律师人均创收/万元
11	合肥	2021	21.98	36.3
12	山东	2020	100.03	31.8
13	重庆	2020	41.88	31.3
14	陕西	2021	34.5	28.2
15	西安	2021	13.63	27.4
16	四川	2021	63.73	25.4
17	河北	2021	31.65	19.1

资料来源：各地司法厅（局）、律师协会。

注：整理、制表：智合研究院。

根据司法部相关规划，2022 年律师创收规模将达到达 2000 亿元。可以预见的是，未来法律行业的创收总量将持续增长，法律服务由行业向产业化的发展，是业态升级的必然趋势，也是深化依法治国和城市发展的必然要求。

结语

当前，我国律师人数已达 60 万人，律所数量达 3.7 万余家，但不同地区间的发展差距仍然较大。未来，我国律所将逐步从过去的盲目发展转变为追求高品质的发展。未来律所之间的较量，一定会越来越体现在自身的核心能力上。面对竞争最应该有的心态，是为未来的变化做好准备，面对竞争，拥抱变化，谁建立了更强大的支持力量，谁就更有机会在下一轮律所竞争中胜出。

解读2023年花旗报告：全球法律市场的四重挑战

田　歌

2022年注定是动荡的一年，与2021年法律市场的强劲增势相比，2022年挑战重重。随着2022年步入尾声，花旗私人银行与咨询公司Hildebrandt Consulting联合发布了《2023年客户咨询报告》（2023 Citi Hildebrandt Client Advisory，以下简称报告），我们将从中探寻：

过去一年美国法律市场有哪些变化？

客户需求是增是降？

律所办公模式有何改变？

律所人员构成有何变动？

律所将如何提高收入和支出的运营效率？

全球法律市场正在面临怎样的机遇和挑战？

一、客户需求增长放缓，律所创收与利润面临压力

从前三季度的收入规模看，相较于2021年70%～80%律所的客户需求均增长5%以上的成绩[1]，2022年实现客户需求增长的律所少、需求增幅小。

报告数据还显示，客户需求与律所规模成反比：规模越小的律所，客户需求的增长越大。

在Am Law 1－50中，69%的律所均出现客户需求下降，平均下降1.9%。与此同时，这些律所在过去一年都进行了人员扩容——人员数量增长5.9%。人员增加和薪资上涨的双重因素，使其人力成本（薪酬）同比增长15.6%。

---

〔1〕 See Citi Private Bank Law Firm Group and Hildebrandt Consulting, 2022 Citi Hildebrandt Client Advisory, at https://www.privatebank.citibank.com/newcpb－media/media/documents/2022－Citi－Hildebrandt－Client－Advisory.pdf, Jan. 16. 2023.

虽然生产率（创收/专业人员数量）下降了7.5%，律师的年均计费小时仍达1625小时，这与2019年的年均计费小时1630小时相当，标志着律师们的生产力（计费小时）恢复到疫情前水平。

Am Law 51－100的律所，2022年前三季度的需求量下降0.4%（低于Am 1－50的1.9%），收入增长5.4%——项目量少而收入增加，说明部分项目的客单价有所提高。但是，其支出增长高达12%，远远超过收入的增长，势必造成利润压力。

令人意外的是，Am Law 101－200和200往后的律所，其前三季度的需求增长情况均优于Am Law 1－50的律所，每个细分市场仅出现小幅度下降。当然，它们也面临和Am Law 51－100律所类似的局面：

AmLaw51－100收入增长5.4%，但支出增长12%；

AmLaw101－200收入增长3.5%，但支出增长11.2%；

AmLaw200往后的律所收入增长4.5%，但支出增长12%。

二、灵活的工作模式，更大的管理挑战

随着“云办公”的加速普及，只需一台电脑、一部手机，人们就能随时进入办公状态，工作时间和场所更加弹性灵活。疫情期间，远程交流、线上会议等已成为“刚需”，改变更多“上班族”的工作模式。

混合工作模式（hybrid work mode）并非只是疫情之下的无奈之举，而是时代发展的必然结果。即使没有疫情，律师行业也应持续探索并实践新型工作模式。

但法律行业的高度协作性使律所在实行混合工作模式的过程中面临三个主要挑战：

如何有效促进青年律师成长？

如何在远程办公时仍然使整个律师团队保持协作并保有凝聚力？

如何在混合工作模式下满足客户业务需求？

在青年律师的培养方面，律师行业作为一个仍然依赖师徒制的行业，远程办公必将降低实时反馈的频次与效果，不利于老律师带教；此外，青年律师接受的在线培训效果也欠佳，这会影响其法律服务水平，严重者还会影响律所声誉甚至让律所面临赔偿风险。面对这些问题，律所需要积极改善远程办公模式在培养青年律师方面的缺陷。

报告还提出，居家办公的律师很难感受到律所凝聚力，这会增加跳槽可能性。所以，在采用混合工作模式时，律所领导者应该花更多精力建设律所文化、思考如何在律师间形成牢固的信任关系，并且持续关注如何在远程办公环境下促使合作律师之间

保持顺畅的业务交流。

此外，律所仍然面临从2021年持续至今的人才大战，许多律所要求律师一周内至少在办公室出勤三天，但制定比竞争对手更严格的规则很可能导致人才流失。

无论采用何种工作模式，最终目的都应该是满足客户需求。2023年，混合工作模式带来的问题将给予律师事务所更大的管理挑战，需要律所积极调整管理策略。

三、律所律师层级结构的重塑

2020年、2021年的律所平均裁员率在21%，与2019年的20%接近。30%的大型律所2022年上半年的裁员率均高于2021年同期。

83%的大型律所预计其权益合伙人数量将在2024年有所增加。大型律所中，合伙人的增长将主要来自内部晋升，其次是横向招聘。同时，横向招聘的比例持续升高，过去五年中，横向招聘合伙人的比例爬升至64%——这个数据已经比较接近内部晋升合伙人70%的比例。

当然，增长最多的是律师，93%的大型律所预计未来两年内律师数量会持续增加（见表1）。在眼下极具挑战性的需求环境中，仍有80%的律所在2022年夏天招聘了比去年同期更多的律师。57%的大型律所中新人律师（first - year）人数增多，同时，2/3的大型律所预计这种人员增长将一直延续到2024年。

表1　各律所对2024年不同类别员工变化情况的预估（较2021年）

单位：%

类别	下降	不变	增长
授薪合伙人（incomepartner）	9	24	68
顾问（counsel）	10	37	54
资深顾问（ofcounsel）	17	51	31
律师（associates）	0	7	93
临时工/合同工（temp/contract）	7	60	33
非合伙人律师（permanent/non - partnertrack）	3	31	66
律师助理（paralegals）	4	51	44
其他人员（other time keepers）	0	55	45

资料来源：Citi Law Firm Leaders Survey ©，Citibank，N. A.，July 2022。
注：整理：智合。

四、律所的开源节流——收入和支出的运营效率

（一）非律师专业人员：整体减少，但价格管理、市场人员等增加

国际律所的非律师专业人员包含价格管理专家、商务拓展/市场、项目经理、技

术人员、账务及应收账款、人力资源、财务、知识管理和法律秘书，共9大类。

通过对比2016年的数据，大多数律所在2021年选择增加非律师专业人员数量。50%以上的律所增加了价格管理专员、商务拓展/市场、项目经理、技术人员、账务及应收账款、人力资源、财务的人员数量，80%以上的律所增加了价格管理专家与商务拓展/市场人员的数量——反映出法律市场积极扩张的态势。但89%的律所选择削减法律秘书的数量，仅有11%的律所选择增加这部分人员数量，这或许与法律科技的应用有关系（见表2）。

表2　2021年律所非律师专业人员变化情况（较2016年）

单位:%

类别	减少	不变	增加
价格管理专家（pricing specialists）	0	14	86
商务拓展/市场（business development/marketing）	9	7	85
项目经理（project managers）	3	18	79
技术人员（technology staff）	20	2	78
账务及应收账款（billingand collections）	9	18	73
人力资源（HR/recruiting）	9	24	67
财务（finance）	26	17	57
知识管理（knowledge management/library）	26	26	48
法律秘书（legalsecretaries）	89	0	11

资料来源：Citi Law Firm Leaders Survey ©，Citibank，N. A.，July 2022。

注：整理：智合。

基于2021年的数据与当前环境，报告对2024年律所非律师专业人员的增减进行了预测。整体而言，2024年律所非律师专业人员将会有所收缩，但仍有超60%的律所将会增加价格管理专家、项目经理和技术人员的数量；40%左右的律所会增加财务及应收账款人员、人力资源、财务及知识管理人员；仅有7%的律所会增加法律秘书的人数，而大多数（76%）律所会削减此部门的人数（见表3）。

表3　2024年律所非律师专业人员预计变化情况（较2021年）

单位:%

类别	减少	不变	增加
价格管理专家（pricing specialists）	0	34	66
商务拓展/市场（business development/marketing）	4	43	52
项目经理（project managers）	0	37	63
技术人员（technology staff）	7	30	63

续表

类别	减少	不变	增加
账务及应收账款（billingand collections）	7	49	44
人力资源（HR/recruiting）	7	63	30
财务（finance）	7	63	30
知识管理（knowledge management/library）	7	59	35
法律秘书（legal secretaries）	76	17	7

资料来源：Citi Law Firm Leaders Survey ©，Citibank，N. A. ，July 2022。

注：整理：智合。

值得注意的是，虽然报告预计2024年专业人员的增长速率不会再如2021年一般强劲，但其预计削减力度也较为温和，或许这预示法律行业将迎来一段平淡但温和发展的时期。

（二）办公空间：固定办公室减少，共享办公室、协同工作空间增加

律师行业中，办公室租金已成为仅次于工资的第二大支出项目。根据报告对律所领导者的调查，64%的大型律所表示租期到期后将缩减办公面积。

权益合伙人办公室在数量上保持着相对稳定——70%的律所不会改变这部分办公室的数量；虽然数量上保持了相对不变，但大多数律所（72%）将会减少权益合伙人办公室的面积。

对于律师办公室来说，59%的律所将会减少这部分办公室面积。同时，一半的律所选择削减律师办公室的数量，另一半律所选择保持律师办公室数量不变或增加（只有15%的律所选择增加）。

与办公室的整体减少相对的是共享办公室和协同工作空间的增加：61%的律所选择增加共享办公室的数量，11%的律所选择增加共享办公室的面积；85%的律所增加了协同工作空间的数量，37%的律所增加了此部分的面积。

酒店式办公（hoteling）也在律师行业掀起了一股浪潮。截至2022年，30%的大型律所或多或少地实施过酒店式办公，同时这些律所都有计划在未来两年内增加酒店式办公的使用。尚未开始进行酒店式办公的律所，有45%计划在未来两年内开始尝试酒店式办公。到2024年，或许我们将看到更多律所进行酒店式办公。

律师办公空间的显著变化从侧面反映了律师市场的活跃程度与律师工作模式的变迁。

（三）变现能力：适用多样计费模式、折扣等

在2022年的通胀压力下，律师事务所正在以更高的成本运营。为了缓解营收压

力，各律所必须持续关注影响运营效率的支出和收入，提高变现能力。

1. 小时计费外的替代费用安排

2022 年，预计大型律所通过小时计费之外的计费模式（Alternative Fee Arrangements，AFAs）所获得的收入将占 2022 年总收入的 20.5%，2016 年这个比例仅为 16%。45% 的大型律所估计 AFAs 将在 2022 年占总收入的 20% 以上；而一年前，仅有 35% 的大型律所做出这样的预估，这表明大型律所越来越多地使用 AFAs 这种收费模式。未来两年，预计 71% 的大型律所将通过 AFAs 获得收入。

2. 预先商定的折扣（pre－negotiated discounts）

律所预计 2022 年 44% 的收入来自预先协商的优惠价，与 2016 年和 2021 年一致。39% 的大型律所预计 2022 年超过一半的收入将来自预先协商的优惠价。

花旗银行提供的样本显示，2022 年律所收入的 64% 来自 AFAs 或预先协商的折扣。

3. 继续改善计费和收款流程

过去 5 年间，73% 的大型律所增加了财务及应收账款人员数量以应对日益复杂的电子账单。这种趋势将在 2023 年延续，虽然 49% 的大型律所预计在 2021～2024 年保持财务及应收账款部门的人数不变，但仍有 44% 的律所计划增加这部门的员工人数，以持续改善计费和收款流程。

五、展望 2023：机遇和挑战并存

未来，全球其他法律市场又存在哪些机遇和挑战呢？

报告对全球几个主要法律市场面对的机遇和挑战进行了对比：美国和英国将持续被律所管理者视为增长型市场；欧洲则面临挑战，一些律所最近已经撤出巴黎，只有德国周围仍有一些乐观情绪；放眼亚洲市场，由于疫情影响，北京、上海和香港的法律市场仍面临挑战，新加坡市场存在机遇；加拿大和澳大利亚仍然面临美国律所对他们的人才竞争，但这种趋势应该会逐渐减弱。

就业务机遇来说，区别于前几年“并购/公司/交易”领域的强劲的增长动力，2022 年大多数律所对此领域的看法不一，但仍认为“私募股权和基金/投资管理”业务将持续增长。原本预期在 2022 年下半年增加的“破产和财务重组”的业务将于 2023 年增加，“监管/调查/合规”业务情况乐观，“反垄断”“ESG”的咨询业务也将增长。此外，多数律所认为“房地产”和“知识产权”的前景喜忧参半，“劳动和就业”也是极有挑战性的业务领域。

结语

回顾2022年，美国法律市场客户需求量增长整体放缓、许多律所盈利能力有所下降、市场紧缩的同时带来了一定的产能过剩问题、通胀压力下律所必须重视的营收效率问题……2023年经济衰退的可能性很高，如何在波动的市场环境下谋得发展，我们或许可以从前述数据分析中找到答案。

尽管法律行业在2022年和未来一段时间内仍将充满挑战，但我们相信，律师行业终将再次向市场证明它的韧性。

战略布局篇

政策指引，区域下沉
——2022 年上海“百人所”的扩张路*

蔡　爽 ｜ 智合研究院

在律所规模化发展的背景趋势下，百人所是个重要指标，其代表各地律所规模化发展的进程。就目前看来，百人所仍在以平稳的速度逐年增长，并且在很长一段时间内将会是各大律所规模化的第一个“小目标”。

2022 年 11 月 3 日，上海律协发布 2021 年律师行业大数据报告，报告显示：截至 2021 年年底，上海律所人数在 100 人（含）以上的共有 51 家，占全市律所数量的 2.87%。

我们以此为基础，结合司法部官方数据，对 2022 年上海市律师事务所规模进行统计，并从律师人数、分所数量、分所布局城市等方面进行了分析，数据显示：

截至 2022 年 12 月 26 日，上海共有律所 1845 家，同比增长 3.88%，与去年同期增长率 3.92% 基本持平；共有律师 33,929 人，同比增长 7.22%，相比去年增长率 9.4%，增长速度略有下降。

100 人（含）以上律所 53 家，同比增加 3.92%，占全市律所数量的 2.87%。

100 人（含）以上律所总人数为 13,168 人，占全市 38.81%。可见，上海 53 家百人所集结了全市超 1/3 的律师力量。

一、上海“百人所”概况[1]

过去 5 年，上海的百人所数量从 2018 年的 34 家增加到 2022 年的 53 家，在全市律所中的占比从 29.6% 增加到 38.8%，具体情况如表 1 所示。

---

* 本文首发于“智合”微信公众号 2023 年 1 月 4 日，文中数据收录截至 2022 年 12 月 26 日。

〔1〕 本报告内所有数据均来自公开渠道，包括全国律师执业诚信信息公示平台以及各律师事务所官网、公众号等，平台数据可能存在更新不及时的情况，因此凡有遗误或不当之处，敬希谅解，不胜感激。

表1　2018～2022年上海律师行业整体变化

年份	律所总数/家	律师总数/人	百人所数量/家	百人所占比/%	百人所律师总数/人	百人所律师占比/%	全国律师总人数/万人	平均增速/%
2018	1605	23,975	34	2.12	7088	29.60	42.3	/
2019	1660	26,520	37	2.22	/	/	47.3	11.82
2020	1709	28,914	47	2.75	8469	29.20	52.2	10.36
2021	1776	31,633	51	2.87	11,189	35.30	57.48	10.11
2022	1845	33,929	53	2.87	13,168	38.80	/	/

资料来源：智合调研及上海律协。

注：1. 2022年数据截至12月26日。

2. 整理/制图：智合。

根据全国律师执业诚信信息公示平台的信息，检索当前最新的上海“百人所”名单及人员规模情况，并结合往年数据，对比得出表2。（注：“/”指2020年律所人数未达到100人。）

表2　上海53家百人所人数变动情况

总所城市	2022年排名	排名变动	律所名称	2020年人数	2022年人数	人数变动	增长速率/%
上海	1	0	上海市锦天城律师事务所	1100	1305	205	9.32
北京	2	0	北京盈科（上海）律师事务所	806	1033	227	14.08
北京	3	0	北京大成（上海）律师事务所	486	584	98	10.08
北京	4	0	北京市中伦（上海）律师事务所	361	403	42	5.82
上海	5	1	上海申浩律师事务所	262	403	141	26.91
北京	6	-1	国浩律师（上海）事务所	346	399	53	7.66
上海	7	3	上海市汇业律师事务所	224	350	126	28.13
北京	8	0	北京市金杜律师事务所上海分所	242	324	82	16.94
上海	9	0	上海汉盛律师事务所	234	319	85	18.16
上海	10	-3	上海市海华永泰律师事务所	256	317	61	11.91
北京	11	0	北京金诚同达（上海）律师事务所	218	312	94	21.56
上海	12	0	上海正策律师事务所	214	303	89	20.79
上海	13	2	上海市方达律师事务所	199	289	90	22.61
上海	14	18	上海德禾翰通律师事务所	121	289	168	69.42

续表

总所城市	2022年排名	排名变动	律所名称	2020年人数	2022年人数	人数变动	增长速率/%
北京	15	2	北京市京师（上海）律师事务所	189	280	91	24.07
北京	16	-3	北京市隆安律师事务所上海分所	203	266	63	15.52
北京	17	-1	北京德和衡（上海）律师事务所	199	263	64	16.08
北京	18	/	北京恒都（上海）律所事务所	/	252	/	/
北京	19	0	德恒上海律师事务所	176	251	75	21.31
北京	20	0	君合律师事务所上海分所	171	250	79	23.10
北京	21	8	北京炜衡（上海）律师事务所	124	237	113	45.56
上海	22	0	上海君澜律师事务所	156	231	75	24.04
北京	23	-9	北京观韬中茂（上海）律师事务所	203	230	27	6.65
上海	24	1	上海市通力律师事务所	138	213	75	27.17
上海	25	/	上海兰迪律师事务所	/	211	/	/
上海	26	-8	上海邦信阳中建中汇律师事务所	178	204	26	7.30
上海	27	-6	上海市金茂律师事务所	163	184	21	6.44
上海	28	-4	上海市君悦律师事务所	146	173	27	9.25
北京	29	6	北京市竞天公诚律师事务所上海分所	116	169	53	22.84
北京	30	/	北京市汉坤律师事务所上海分所	/	169	/	/
上海	31	-5	上海融力天闻律师事务所	137	165	28	10.22
上海	32	/	上海日盈律师事务所	/	160	/	/
上海	33	-5	上海瀛东律师事务所	127	154	27	10.63
上海	34	2	上海市华荣律师事务所	105	152	47	22.38
上海	35	-12	上海明伦律师事务所	151	149	-2	-0.66
上海	36	/	上海市中联律师事务所	/	149	/	/
上海	37	-7	上海段和段律师事务所	124	147	23	9.27
上海	38	/	上海博和汉商律师事务所	/	142	/	/
上海	39	-6	上海市协力律师事务所	121	139	18	7.44
上海	40	-9	上海众华律师事务所	122	135	13	5.33
北京	41	/	北京市环球律师事务所上海分所	/	135	/	/
上海	42	/	上海市建纬律师事务所	/	133	/	/
上海	43	-16	上海瀛泰律师事务所	131	124	-7	-2.67
上海	44	-10	上海市华诚律师事务所	118	118	0	0
北京	45	/	北京国枫（上海）律师事务所	/	110	/	/
北京	46	/	北京安杰世泽（上海）律师事务所	/	109	/	/

续表

总所城市	2022年排名	排名变动	律所名称	2020年人数	2022年人数	人数变动	增长速率/%
北京	47	/	北京浩天（上海）律师事务所	/	109	/	/
北京	48	/	北京市通商律师事务所上海分所	/	109	/	/
上海	49	-12	上海融孚律师事务所	102	105	3	1.47
上海	50	/	上海普世万联律师事务所	/	104	/	/
北京	51	/	北京天驰君泰律师事务所上海分所	/	103	/	/
上海	52	/	上海至合律师事务所	/	103	/	/
上海	53	/	上海市新闵律师事务所	/	101	/	/
总计	/	/	/	8469	13,168	/	16.11

资料来源：智合调研及全国律师执业诚信信息公示平台。

注：1. 2022年数据截至12月26日。

2. 整理/制图：智合。

根据以上数据我们可以大致得出以下结论。

（一）上海律所的规模化增速超过全国平均增速

近两年规模化仍是律所发展的首要方向，大部分律所增速均超过全国平均增速，增速最快的为上海德禾翰通律师事务所与北京恒都（上海）律师事务所：德禾翰通从2020年的121人增至目前的289人，两年期间人数翻了一倍；而恒都2020年律师人数尚未破百，目前则已在上海百人律所人数排行榜居第18位，可见近两年恒都的重点方向之一是规模化。

（二）“百人所”排行榜变化较大，但是头部律所较为稳定

百人所排行榜变化较大，但是头部规模律所如锦天城、盈科、大成、中伦、国浩及申浩的排名较为稳定，虽然人数基础较大，但平均增速仍保持在12.31%。排名下降速度较快的前十位律所平均增速为8.11%，低于全国平均增速。排名变动在3名以内的律所，平均增速为18.46%，所以若要在排名中维持一定的稳定性，人数的增幅保持在18%左右较为稳妥。

适度的规模扩张有利于律所的市场布局及业务开展，但具体发展到何种规模，则由律所的战略目标及管理制度决定。

（三）上海百人所近一半总部位于北京

53家百人所的总所聚集在北京和上海，其中位于上海的共有31家，占比58.49%；位于北京的共有22家，占比41.51%。可见，北京律所的辐射力强，且在分所规模化运营方面也颇有成效。

二、境内分所数量前十位的上海律所

北京、上海为中国最重要的两大法律服务市场，但从律所规模、规模大所数量来看，北京略胜一筹。究其原因，与两地的产业结构、地方文化等息息相关。有律师认为，上海长期以来经济活跃且背靠长三角，律所仅立足于本地就有大量的业务机会，因此上海律所向外扩张的动力不足。

而2020年开始有所转变，受疫情的影响，线下流通受阻，许多原本可以流向上海的业务回流进了本地律所亦或是知名律所的本地分所。在人才竞争、区域竞争愈加激烈的当下，上海律所也无法拒绝规模化发展的趋势。除了人数上进行适度的扩张外，加强分所的建设是律所规模化、品牌化的重要举措。

（一）上海律所境内分所数量排行榜

表3为总所位于上海、人数过百且分所数量排名前十位的律所在境内的布局情况：

表3　境内分所数量前十位的上海律所及其境内布局

排名	律所名称	分所数量	境内分所
1	上海市汇业律师事务所	31	西安、乌鲁木齐、无锡、武汉、太原、苏州、深圳、青岛、南通、南宁、南昌、连云港、兰州、昆明、广州、大连、重庆、成都、常州、长沙、长春、北京、浙江自贸区、厦门、宁波、临港、合肥、杭州、海口、贵阳、南京
2	上海段和段律师事务所	29	郑州、西安、厦门、乌鲁木齐、太原、苏州、深圳、沈阳、青岛、宁波、南通、南京、绵阳、临港、昆明、济南、合肥、德阳、大连、重庆、成都、长沙、北京
3	上海市建纬律师事务所	29	郑州、银川、西宁、西安、乌鲁木齐、太原、深圳、青岛、南宁、南京、南昌、兰州、济南、贵阳、广州、东莞、大连、重庆、北京、包头、武汉、天津、合肥、杭州、海口、福州、成都、长沙、昆明
4	上海兰迪律师事务所	26	郑州、义乌、西安、乌鲁木齐、温州、太原、苏州、深圳、青岛、南宁、南京、南昌、兰州、昆明、济南、合肥、杭州、海口、广州、福州、大连、重庆、成都、长沙、长春、北京
5	上海市锦天城律师事务所	24	西安、乌鲁木齐、武汉、太原、苏州、深圳、南京、南昌、成都、长沙、长春、北京、郑州、厦门、天津、青岛、济南、合肥、杭州、海口、广州、福州、重庆、锦天城史蒂文生黄（前海）联营律师事务所

续表

排名	律所名称	分所数量	境内分所
6	上海市海华永泰律师事务所	23	郑州、银川、西安、乌鲁木齐、武汉、泰州、苏州、深圳、沈阳、青岛、南京、昆明、济南、哈尔滨、贵阳、重庆、常州、长沙、温州、宁波、杭州、成都、北京
7	上海汉盛律师事务所	19	郑州、张家港、无锡、乌鲁木齐、天津、苏州、石河子、深圳、沈阳、宁波、南宁、临港、济南、杭州、海口、大连、成都、长沙、北京
8	上海市协力律师事务所	17	厦门、杭州、福州、长沙、郑州、徐州、无锡、苏州、青岛、南通、南京、济南、淮安、贵阳、大连、重庆、北京
9	上海市中联律师事务所	16	郑州、武汉、天津、天府、沈阳、南昌、兰州、昆明、合肥、海口、贵阳、贵安新区、广州、大连、重庆、成都
10	上海申浩律师事务所	9	张家港、西安、天津、南通、南京、淮安、合肥、杭州、成都
总计	/	233	/

资料来源：全国律师执业诚信信息公示平台。

注：1. 2022 年数据截至 12 月 26 日。

2. 整理/制图：智合。

（二）分所布局时间

这 233 家分所都是在什么时候布局的？按照年份梳理后，得出图 1：

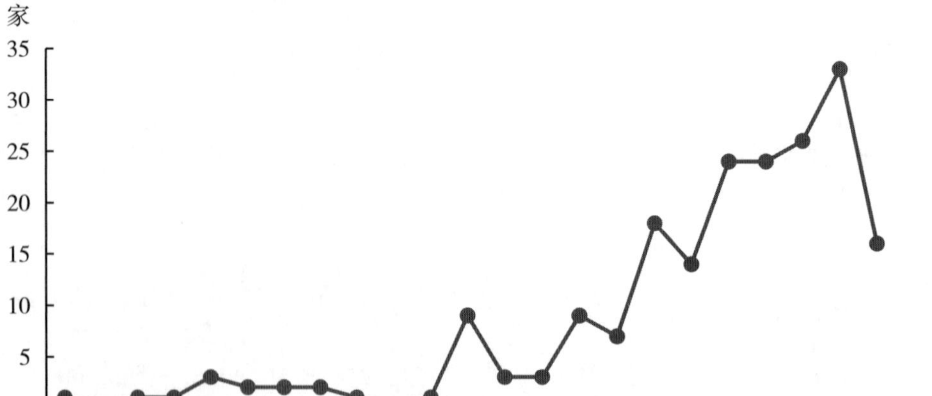

图 1　前十位分所布局年份统计

从数据来看，2010 年以前律所的规模化布局较为平稳，至 2011 年达到第一个规模化节点，锦天城、段和段均从此开始陆续加速其规模化发展的进程。而在 2016 年，除去锦天城、段和段这种典型规模所，建纬、海华永泰等律所也开始发力，这一年新设分所数量分别为 4 所和 3 所。2017 年整体略有降低，至 2018 年势头再起，此后三年均保持较高的增速。

2022 年 1 月 24 日，司法部发布《全国公共法律服务体系建设规划（2021—2025 年）》，提出“十四五”时期法律服务建设的主要目标之一是“律师事务所……等法律服务机构设置布局合理、结构优化、有序发展”，要建成 20 家“国际一流律师事务所”。

国家层面对于律所规模化予以支持与促进，可以预见未来三年内规模化仍是法律服务市场的主旋律。

（三）分所布局城市类型

我们将 233 家上海律所的布局城市进行了统计，图 2 为律所布局城市等级及其占比。

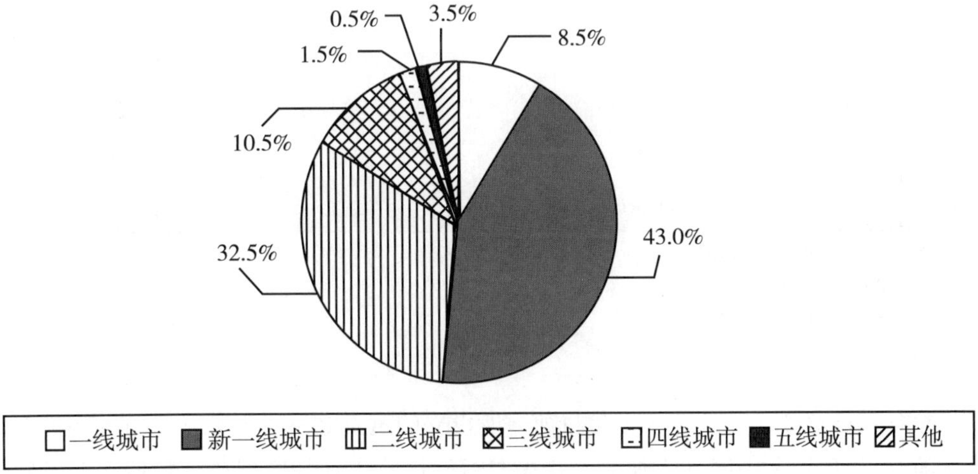

图 2　律所布局城市等级情况

从以上数据分析可得：

第一，区域竞争下沉至二、三线城市。

目前绝大部分分所布局集中在新一线城市和二线城市。无论是政策所推还是律所自身发展需求，律所的规模化布局都是目前律所发展的重点环节。在目前一线城市法律服务市场趋于饱和的情况，后续的布局可能会是国内二、三线城市的激烈竞争，国内第一家万人所盈科，已将布局潜入四线、五线城市，最新的一家分所开设在广东河源。

第二，分所建设受国家政策指引。

律所在选择布局方向的时候，除经济因素，国家政策对于行业宏观层面的指引也是重要的考量因素。目前行业布局趋势依然以“稳”为主基调，布局重点仍以“一带一路”沿线城市、大湾区等重点经济区域为主。以下地域成为布局重点。

1. 海南

随着海南自贸区的成立，各大律所也纷纷涌向海南，抢占地盘。目前分所数量排名前十的律所，其中六家均已在海南设立分所，具体情况如表 4 所示。值得一提的是，一些在海南布局较早的全国性律所在当地发展非常迅速，如德恒，早在 2018 年便提前在三亚布局，现已荣获“ALB2022 华南地区非本地律所（华南业务）十五佳”等奖项。

表 4　前十律所海南分所布局时间

律所	分所位置	设立年份
上海市汇业律师事务所	海口	2020
上海市建纬律师事务所	海口	2021
上海兰迪律师事务所	海口	2022
上海市锦天城律师事务所	海口	2022
上海汉盛律师事务所	海口	2021
上海市中联律师事务所	海口	2021

资料来源：全国律师执业诚信信息公示平台。

注：1. 2022 年数据截至 12 月 26 日。

2. 整理/制图：智合。

2. 经济新区

除海南自贸区，经济新区也是目前律所设立的重点之一。例如，上海的临港新片区，随着 2020 年《中国（上海）自由贸易试验区临港新片区促进法律服务业发展若干政策》的发布，上海本地优秀律师事务所在临港新片区设立同城分所的壁垒被打破，第一批便有 5 家律所获得司法局批准，段和段律师事务所更是拿到 001 号牌照，成为全上海第一家新片区同城分所。[1]

截至 2022 年 1 月 4 日，已有 16 家上海律所获批设立临港新片区分所，其中 2020 年当年有 5 家，2021 年 8 家，2022 年 2 家（见表 5）。

---

〔1〕 上海律协：《带你探秘，这些律所在临港新片区究竟做了些啥》，载微信公众号“上海律协”2022 年 8 月 9 日，https://mp. weixin. qq. com/s/K1T5AmIPCNyLBl6mO1D0Zg。

表 5 临港新片区分所设立时间及人数

律所名称	设立年份	律所人数
上海段和段（临港新片区）律师事务所	2020	12
上海金茂凯德（临港新片区）律师事务所	2020	4
上海联合（临港新片区）律师事务所	2020	7
上海融孚（临港新片区）律师事务所	2020	4
上海通力（临港新片区）律师事务所	2020	7
上海邦信阳中建中汇（临港新片区）律师事务所	2021	10
上海博和汉商（临港新片区）律师事务所	2021	1
上海格联（临港新片区）律师事务所	2021	7
上海汉盛（临港新片区）律师事务所	2021	13
上海虹桥正瀚（临港新片区）律师事务所	2021	7
上海汇业（临港新片区）律师事务所	2021	6
上海金茂（临港新片区）律师事务所	2021	3
上海明庭（临港新片区）律师事务所	2021	5
北京金杜（上海临港新片区）律师事务所	2022	3
上海融力天闻（临港新片区）律师事务所	2022	3

资料来源：全国律师执业诚信信息公示平台。

注：1. 2022 年数据截至 12 月 26 日。

2. 整理/制图：智合。

其中，分所数量排名前 10 的律所中，汇业、段和段、汉盛均在此列。除此之外，上海律所在其他新区建立分所的有：中联的贵安新区分所、德恒的西咸新区分所、汇业的浙江自贸区分所。

新区一般都有相应的政策扶持，也是目前律师对外业务的重要窗口。例如，除允许律师事务所设立“同城分所”，临港新片区也为中国所和外国所联营提供了便利条件。

总体而言，知名律师事务所在新区设立分所，既能满足企业现实和潜在的需求，也能发挥知名律所本身所具有的外部效应，是律所规模化布局需要认真考虑的一步棋。

3. 新疆

随着我国越来越多的企业“走出去”和“一带一路”倡议的实施，新疆作为“丝绸之路经济带”的核心区域，其特殊的地理区位让涉外法律服务成为新的热点。

近些年国家政策一直强调加快推进新疆涉外法律服务业的发展，各大律所也紧跟政策，分所数量排名前十的律所中，七家均在乌鲁木齐设立分所（见表6）。

表6　前十律所乌鲁木齐分所设立时间

律所	分所位置	设立年份
上海段和段律师事务所	乌鲁木齐	2018
上海市建纬律师事务所	乌鲁木齐	2018
上海兰迪律师事务所	乌鲁木齐	2018
上海汉盛律师事务所	乌鲁木齐	2018
上海市锦天城律师事务所	乌鲁木齐	2019
上海市汇业律师事务所	乌鲁木齐	2020
上海市海华永泰律师事务所	乌鲁木齐	2020

资料来源：全国律师执业诚信信息公示平台。

注：1. 2022 年数据截至 12 月 26 日。

2. 整理/制图：智合。

落子乌鲁木齐，是衔接律所境外布局的重要环节。在国家"一带一路"倡议的推行下，各企业在高速发展的同时都对更加专业和精准的法律服务充满渴求，搭建"一带一路"法律问题研究和交流平台，培养对"一带一路"沿线国家法律制度精通的法律顾问团队，为"走出去"企业提供优质的法律服务资源，必然是未来不可阻挡的发展趋势。

三、境外分所数量前五位的上海律所

国际化水平高是上海社会经济的一大特点，上海的跨国公司地区总部的数量远高于全国其他城市。

上海市司法局在《上海司法行政"十四五"时期律师行业发展规划》中提出：到 2025 年，上海涉外律师人数达到 7000 人左右，上海律所在境外设立分支机构达到 50 家。

对于上海律所来说，在全球化发展趋势以及相应的政策扶持下，加之上海得天独厚的区位优势，拓展境外市场必然是律所版图扩张的重点，表 7 为总部位于上海的律所境外分所数量前五位的排名。

表 7 境外分所数量前五位的上海律所及其境外分所布局

律所名称	境外分所数量	境外分所
上海兰迪律师事务所	16	印度、美国、菲律宾、印度尼西亚、尼日尼亚、缅甸、尼泊尔、孟加拉、越南、日本、泰国、墨西哥、伊朗、肯尼亚、新加坡、马来西亚
上海市汇业律师事务所	7	香港、亚特兰大、洛杉矶、德国、瑞士、法国、荷兰
上海市协力律师事务所	7	大阪、米兰、巴黎、新加坡、柏林、福冈、日内瓦
上海市锦天城律师事务所	5	香港、伦敦、西雅图、新加坡、东京
上海汉盛律师事务所	5	香港、新西兰、新加坡、卢森堡、吉隆坡
上海段和段律师事务所	5	日本、美国、柬埔寨、西班牙、乌兹别克斯坦
上海市海华永泰律师事务所	4	西雅图、洛杉矶、伦敦、巴黎

资料来源：各大律所官网，以其官网信息为准。

注：1. 2022 年数据截至 12 月 26 日。

2. 整理/制图：智合。

境外分所的布局，大体可与以下几点相关联。

（一）与其自身业务重点相关联

例如，排名第一的兰迪，跨境法律服务方面实力较为突出，境外投资是其强势领域。它也是目前在“一带一路”沿线发展中国家布局最广的中国律师事务所之一，中国 500 强与世界 500 强中超过 120 家均为其客户[1]。

（二）与经济相关联

除业务相关，经济发达的地区如日本、美国通常也会成为律所设立境外分所的首要选择。例如，段和段，早在 1994 年，即总所成立两年后，便在美国西雅图设立第一家分所；协力在 1998 年成立当年便就在日本大阪设立了办公室。

（三）与政策相关联

在“一带一路”的政策扶持下，很多律所会选择将分所建立在“一带一路”的沿线国家。例如，段和段与海华永泰，设立分所的理念和标准就是在国际上公认的一

〔1〕 上海兰迪律师事务所大连分所：《为什么“强势国际化”是法律人的家国情怀和顺势而为的智慧》，载微信公众号“上海兰迪律师事务所大连分所”2021 年 11 月 9 日，https://mp.weixin.qq.com/s/ubrA6h53Uvmjv3XM0avEDw。

些经济中心城市和金融中心设立分所，配合“一带一路”的倡议，在“一带一路”的沿线国家选取合适的机会设立分所。

2019 年，上海本地律所在境外设有分所 23 家。2020 年年底，境外分所数量增加 3 家，达到 26 家。2021 年可能由于疫情等原因，增速较缓，相较于 2020 年仅增加 1 家，达到 27 家。[1]若要达成 2025 年 50 家境外分支机构的目标，可能需要加快布局的步伐，目前境外市场依然是未来可期的重点领域。

总结

本文主要从以下几个维度梳理了上海律所的境内外布局情况：

1. 同区域内其他百人所的整体变化，包括整体排名及具体人数、增速等，并与过往的数据对比分析；

2. 百人所的境内分所布局时间及布局城市，关注特殊区域的新设分所；

3. 百人所的境外分所布局情况及总量变化。

得出如下结论：

1. 2022 年上海百人律所的人数增长速度为 16. 11%，超过行业近三年的平均增速 10. 76%。

2. 上海百人所近一半总所位于北京，北京律所整体辐射力强于上海。

3. 近年来新设分所重点集中在新一线及二线城市，部分律所已将版图规划延伸至四五线城市，新区及经济特区成为新的竞争热点。

4. 境外市场仍有待挖掘，“十四五”规划对涉外业务提出新要求，或为发展契机。

---

〔1〕 资料来源：上海市司法局。

大所云集、首善之区

——京派律所规模化的高阶之路*

蔡　爽 | 智合研究院

规模化是律所发展过程中不可避免的指标之一，在《政策指引，区域下沉——2022年上海“百人所”的扩张路》一文中，我们统计了上海律所的“百人所”及其分所布局的情况，其特点是整体较为克制，以政策为导向、区域竞争为主进行适度规模化，并未出现超级规模所及万人所的现象。而作为国内最具竞争力的法律服务市场——首都北京，国内首家“万人所”的诞生地，其规模化的特点与上海截然不同，以“豪横”为特点的北京律所近些年的规模化、全球化进程如何，2022年新设分所的区域方向又为何处?[1]

我们统计了2022年北京“百人所”的情况及其人数、分所的变化，以小见大可以折射出中国律所规模化、全球化发展的进程。

一、北京“百人所”概况

根据全国律师执业诚信信息公示平台的信息，检索当前最新的北京“百人所”名单及人员规模情况，并结合往年数据，对比得出表1。

表1　北京59家“百人所”人数变动情况

总所位置	2022年排名	排名变动	律所名称	人数			增长速率/%	
				2022年	2021年	2020年	2022年	2021年
北京	1	0	北京市京师律师事务所	1284	1291	998	-0.5	29.4
北京	2	0	北京市盈科律师事务所	1066	729	666	46.2	9.5

* 本文首发于“智合”微信公众号2023年1月24日，文中数据收录截至2023年1月6日。

〔1〕 本报告内所有数据均来自公开渠道，包括全国律师执业诚信信息公示平台以及各律师事务所官网、公众号等，平台数据可能存在更新不及时的情况，因此凡有遗误或不当之处，敬请谅解。

续表

总所位置	2022年排名	排名变动	律所名称	人数			增长速率/%	
				2022年	2021年	2020年	2022年	2021年
北京	3	0	北京大成律师事务所	812	701	647	15.8	8.3
北京	4	2	北京市中闻律师事务所	637	477	428	33.5	11.4
北京	5	-1	北京德恒律师事务所	636	545	502	16.7	8.6
北京	6	-1	北京市中伦律师事务所	574	481	406	19.3	18.5
北京	7	1	北京市炜衡律师事务所	508	419	367	21.2	14.2
北京	8	-1	北京市金杜律师事务所	472	425	370	11.1	14.9
北京	9	1	北京中银律师事务所	469	411	403	14.1	2.0
北京	10	2	北京市两高律师事务所	469	289	260	62.3	11.2
北京	11	-2	北京天驰君泰律师事务所	421	415	406	1.4	2.2
北京	12	-1	北京市康达律师事务所	403	319	305	26.3	4.6
北京	13	2	北京市浩天信和律师事务所（现北京浩天律师事务所）	332	232	188	43.1	23.4
北京	14	36	北京恒都律师事务所	300	100	46	200.0	117.4
北京	15	-2	北京德和衡律师事务所	289	237	224	21.9	5.8
上海	16	27	上海市方达（北京）律师事务所	288	114	97	152.6	17.5
北京	17	6	北京海润天睿律师事务所	285	178	171	60.1	4.1
/	18	-4	国浩律师（北京）事务所	268	234	206	14.5	13.6
北京	19	-2	北京市君合律师事务所	268	220	210	21.8	4.8
北京	20	1	北京市天元律师事务所	266	193	183	37.8	5.5
北京	21	-3	北京市隆安律师事务所	265	220	188	20.5	17.0
北京	22	-6	北京市京都律师事务所	263	225	218	16.9	3.2
北京	23	7	北京市竞天公诚律师事务所	260	156	125	66.7	24.8
北京	24	0	北京金诚同达律师事务所	255	177	154	44.1	14.9
北京	25	-6	北京市鑫诺律师事务所	249	206	180	20.9	14.4
北京	26	23	北京冠领律师事务所	230	104	57	121.2	82.5
北京	27	-2	北京市中伦文德律师事务所	201	171	155	17.5	10.3
北京	28	29	北京嘉维律师事务所	201	65	50	209.2	30.0
北京	29	-7	北京市兰台律师事务所	200	180	172	11.1	4.7
北京	30	-2	北京市环球律师事务所	192	159	138	20.8	15.2
四川	31	6	泰和泰（北京）律师事务所	188	129	122	45.7	5.7
北京	32	-1	北京观韬中茂律师事务所	183	153	159	19.6	-3.8

续表

总所位置	2022年排名	排名变动	律所名称	人数			增长速率/%	
				2022年	2021年	2020年	2022年	2021年
北京	33	-7	北京市通商律师事务所	181	171	141	5.8	21.3
北京	34	4	北京市东卫律师事务所	177	129	109	37.2	18.3
北京	35	-2	北京市汉坤律师事务所	176	140	103	25.7	35.9
北京	36	0	北京市中盾律师事务所	170	136	95	25.0	43.2
北京	37	3	北京瀛和律师事务所	169	126	102	34.1	23.5
北京	38	-18	北京市安理律师事务所	168	194	160	-13.4	21.3
北京	39	-10	北京市尚公律师事务所	165	157	143	5.1	9.8
北京	40	15	北京乾成律师事务所	158	80	50	97.5	60.0
北京	41	-9	北京市华泰律师事务所	156	146	142	6.8	2.8
北京	42	-7	北京天达共和律师事务所	154	139	124	10.8	12.1
北京	43	-2	北京市百瑞律师事务所	153	124	126	23.4	-1.6
北京	44	-10	北京市北斗鼎铭律师事务所	152	140	132	8.6	6.1
北京	45	-6	北京市中咨律师事务所	144	127	118	13.4	7.6
北京	46	5	北京在明律师事务所	139	98	72	41.8	36.1
北京	47	-3	北京市君泽君律师事务所	138	114	92	21.1	23.9
北京	48	-21	北京市一法律师事务所	134	161	156	-16.8	3.2
北京	49	-2	北京市长安律师事务所	124	106	104	17.0	1.9
北京	50	-2	北京市惠诚律师事务所	119	105	102	13.3	2.9
北京	52	4	北京志霖律师事务所	115	79	56	45.6	41.1
北京	51	7	北京道可特律师事务所	115	61	40	88.5	52.5
上海	53	-7	上海市锦天城（北京）律师事务所	114	108	84	5.6	28.6
北京	54	-12	北京京平律师事务所	111	118	110	-5.9	7.3
北京	55	-10	北京市金台律师事务所	109	109	99	0.0	10.1
北京	56	-4	北京嘉润律师事务所	108	90	87	20.0	3.4
北京	57	2	北京植德律师事务所	106	53	59	100.0	-10.2
北京	58	-5	北京安杰世泽律师事务所	105	90	115	16.7	-21.7
北京	59	-5	北京市海问律师事务所	103	85	67	21.2	26.9
总计	/	/	/	16,497	13,141	11,589	25.5	13.3

资料来源：全国律师执业诚信信息公示平台及律协官网。

注：1. 数据统计截至2023年1月6日。

2. 整理/制图：智合。

结合往年数据并对比上海律所的数据，我们观察到以下现象。

（一）2022 年，规模化仍是北京律所的主旋律

从整体增速来看，2021 年北京百人所人数增速为 13.3%，2022 年百人所人数增速高达 25.5%，远超去年同期，对比全国行业平均增速 10.1%，北京律所的野心与实力可见一斑。上海 2020～2022 年百人所的年平均增速为 16.1%，而北京百人所同期为 21.2%，整体情况依然强于上海。

从规模大所数量来看，2022 年北京百人所律师总数达 16,497 人，超过上海同期人数的 25.3%。主要原因可能是规模大所的数量区别，“千人所”层面两地相差不大，北京有京师、盈科（北京）2 家，而上海也有锦天城、盈科（上海）2 家，人数上差距也较小；而 500～1000 人的律所北京共 5 家，上海仅有大成一家；“百人所”数量上，北京共 59 家，上海共 53 家，仍有一定的差距。

由此可见，虽然北京早已是规模化大所的云集之地，但各大律所规模化仍在激烈进行，根据国家政策导向，未来三年内律所规模化仍可能是北京法律服务市场的主旋律。

（二）百人所中仅有 3 家属外地律所在京分所

北京 59 家百人所中，仅有 3 家为外地律所在京分所，分别为方达（排名 16）、泰和泰（排名 31）、锦天城（排名 53），本地律所在百人律所中占比高达 94.9%，对比上海的 58.49%，外地律所“进京难”在数据上有了更直观的体现。作为法治中国首善之区的北京，在律所的品牌影响力、辐射力这点上，国内其他地区难以望其项背。

（三）头部律所排名稳定，部分律所进步迅猛

从稳定性角度来看，榜单排名前 15 的律所均较为稳定，京师连续三年人数排名保持第一，在 2020 年盈科超越大成跃居第二名之前，第二名、第三名的席位一直分别由大成、盈科占据。

虽然京师人数一直保持第一名，但是 2022 年人数不增反降，相比 2021 年减少 6 人，是排名前 30 中唯一负增长的律所，在初步完成首轮的国内规模化布局后，京师的品牌发展战略由“规模化”逐渐向“专业化”转变。

部分律所 2022 年进步迅猛，人数变化最大的律所是嘉维和恒都：嘉维从 2021 年的 65 人增至 201 人，年增长率超 200%；恒都从 2021 年的 100 人扩张至 300 人，排名变化最大，从 50 名跃升至 14 名。值得一提的是，在上海各大律所中，恒都的扩张速度也名列前茅。可见恒都的规模化目标明确且进展迅猛。

榜单中有 9 家“新人律所”，为 2022 年刚刚晋升至“百人所”的律所，其中包

括“红圈所”之一的海问。这些新晋律所执业律师数量的平均增速为64.1%，超全国平均增速的6倍（见表2）。

表2　2022年北京新晋“百人所”名单

律所名称	2022年人数	2021年人数	增长速率/%
北京嘉维律师事务所	201	65	209.2
北京乾成律师事务所	158	80	97.5
北京在明律师事务所	139	98	41.8
北京道可特律师事务所	115	61	88.5
北京志霖律师事务所	115	79	45.6
北京嘉润律师事务所	108	90	20.0
北京植德律师事务所	106	53	100.0
北京安杰世泽律师事务所	105	90	16.7
北京市海问律师事务所	103	85	21.2
总计	1150	701	64.1

资料来源：全国律师执业诚信信息公示平台。

注：1. 数据统计截至2023年1月6日。

2. 整理/制图：智合。

二、境内分所数量前十位的北京律所

相较于上海律所谨慎、克制的扩张风格，京派律所显然更加“财大气粗”。2022年“ALB China中国最大的30家律所”榜单前五名仅有排名第5的锦天城总部为上海，其余总所均位于北京；Law. com International发布的“2022全球200强律所”排名（2022 Global 200），总所位于北京的盈科以国内108家分所、境外158处分支/合作机构的“战绩”荣登榜首。

表3为北京本地百人所境内分所数量前十位（共11家）的律所名单。

表3　境内分所数量前十位的北京律所及其境内布局

总所位置	律所名称	分所数量	成立年份	境内分所
北京	北京市盈科律师事务所	108	2001	上海、广州、深圳、天津、石家庄、沈阳、大连、长春、武汉、长沙、济南、青岛、南京、苏州、杭州、无锡、宁波、福州、厦门、呼和浩特、合肥、成都、昆明、拉萨、佛山、乌鲁木齐、南宁、贵阳、泉州、郑州、太原、银川、南昌、温州、东莞、珠海、西安、

续表

总所位置	律所名称	分所数量	成立年份	境内分所
				重庆、哈尔滨、海口、晋城、金华、荆州、徐州、绵阳、库尔勒、常州、南通、惠州、慈溪、绍兴、扬州、嘉兴、连云港、烟台、昆山、淄博、兰州、江阴、盐城、威海、泰州、宜昌、济宁、西宁、宿迁、芜湖、东营、义乌、临沂、丽水、衢州、马鞍山、潍坊、淮安、德阳、中山、鄂尔多斯、江门、张家港、镇江、唐山、洛阳、台州、蚌埠、汕头、常熟、包头、湖州、商丘、滨州、阜阳、宜兴、邯郸、湛江、莆田、漳州、营口、遵义、北京·密云、茂名、北京·海淀、肇庆、南阳、德州、江孜、河源
北京	北京市京师律师事务所	51	1994	上海、天津、淄博、潍坊、中山、深圳、重庆、青岛、厦门、成都、武汉、南京、合肥、大连、杭州、济南、呼和浩特、拉萨、唐山、温州、郑州、南昌、聊城、亳州、长春、南宁、太原、无锡、哈尔滨、秦皇岛、汝州、威海、泉州、珠海、海口、苏州、银川、福州、沈阳、长沙、兰州、菏泽、贵阳、宁波、通州、石家庄、西安、昆明、延吉、保定、尼木
北京	北京大成律师事务所	47	1992	拉萨、珠海、舟山、郑州、银川、宜昌、西宁、谢通门、西安、厦门、无锡、乌鲁木齐、武汉、温州、天津、太原、苏州、石家庄、深圳、沈阳、上海、三亚、青岛、宁波、内蒙古、南通、南宁、南京、南昌、洛阳、兰州、昆明、济南、吉林、合肥、杭州、海口、哈尔滨、贵阳、广州、福州、大连、重庆、成都、常州、长沙、长春
北京	北京德恒律师事务所	40	1993	珠海横琴、上海、珠海、郑州、银川、西咸新区、西安、厦门、无锡、乌鲁木齐、武汉、温州、天津、太原、苏州、石家庄、深圳、沈阳、三亚、青岛、宁波、南宁、南昌、兰州、昆明、济南、合肥、杭州、海口、贵阳、广州、福州、东莞、大连、重庆、成都、长沙、长春
北京	北京市炜衡律师事务所	40	1995	上海、广州、深圳、成都、南通、杭州、南京、宁波、沈阳、西安、南宁、天津、延安、合肥、苏州、重庆、厦门、长沙、烟台、石家庄、南昌、温州、济南、贵阳、呼和浩特、海南、福州、昆明、太原、无锡、兰州、郑州、乌鲁木齐、武汉、泉州、青岛、察隅

续表

总所位置	律所名称	分所数量	成立年份	境内分所
北京	北京中银律师事务所	34	1993	中银—力图—方氏（横琴）联营律师事务所、郑州、银川、厦门、武汉、天津、台州、苏州、深圳、三亚、泉州、南宁、洛阳、昆山、济宁、合肥、杭州、广州、赣州、福州、东莞、成都、长沙、珠海、西安、沈阳、上海、青岛、南京、南昌、鸡西、重庆、昆明、中银—力图—方氏（横琴深圳）联营律师事务所
北京	北京市隆安律师事务所	30	1992	株洲、郑州、扬州、西安、武汉、通州区、苏州、顺德、石家庄、深圳、青岛、南通、南京、昆明、呼和浩特、广州、大同、重庆、上海、厦门、芜湖、天津、太原、沈阳、湖州、合肥、杭州、海口、贵阳、成都
北京	国浩律师（北京）事务所	30	1993	北京、长沙、成都、重庆、大连、福州、广州、贵阳、海南、杭州、合肥、济南、昆明、拉孜、南昌、南京、南宁、宁波、青岛、上海、深圳、石家庄、苏州、太原、天津、武汉、乌鲁木齐、西安、银川、郑州
北京	北京市浩天信和律师事务所（现浩天律师事务所）	28	2007	银川、西安、乌鲁木齐、武汉、温州、天津、苏州、深圳、沈阳、上海、青岛、南宁、南京、南昌、密云区、昆明、济南、江阴、杭州、海口、贵阳、广州、福州、重庆、成都、长沙、昌平区、合肥
北京	北京德和衡律师事务所	28	2010	前海合作区、郑州、西安、乌鲁木齐、武汉、天津、太原、苏州、石家庄、深圳、沈阳、上海、青岛、南京、南昌、昆明、济南、呼和浩特、杭州、邯郸、海口、哈尔滨、广州、福州、佛山、重庆、成都、长沙、
北京	北京市华泰律师事务所	28	1994	西安、武汉、通州区、太原、石家庄、深圳、青岛、南宁、南京、芒康、拉萨、北京经济技术开发区、哈尔滨、广州、丰台区、房山区、重庆、成都、长沙、昌平区、大连、郑州、乌鲁木齐、天津、上海、合肥、杭州、海口
总计	/	454	/	/

资料来源：全国律师执业诚信信息公示平台及律所官网。

注：1. 数据统计截至 2023 年 1 月 6 日。

2. 整理/制图：智合。

同其他行业类似，大规模、高知名度的市场主体往往能赢得更多目光与青睐。对于律所而言，规模越大，品牌溢出效应越明显，影响力也越大。

在分所总数上，前述前十位律所的分所总数就达454家，超出上海近一半，盈科更是以108家分所遥遥领先。在分所平均数上，上海律所多为20家左右，而北京前十位中有7成超过30家。

（一）分所布局时间

我们将前述前十位律所的分所布局时间（不包括总所）统计成图1、图2，可以看出各家律所的布局节奏。

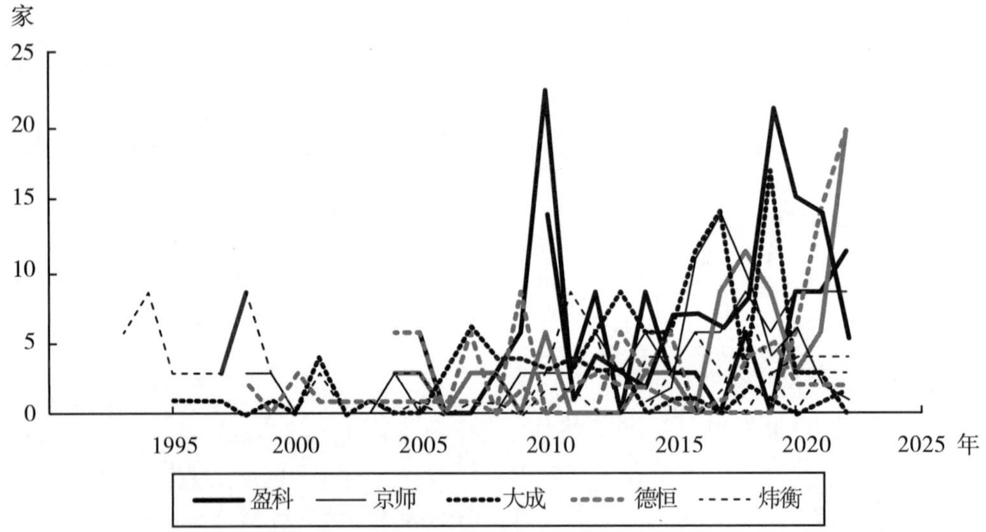

图1　分所数量第1名至第5名布局时间

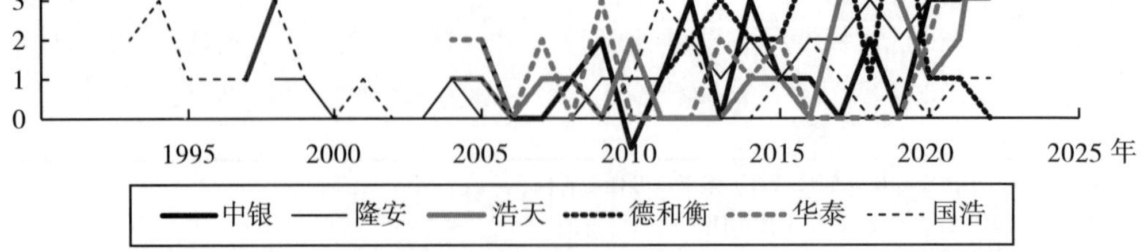

图2　分所数量第6名至第10名布局时间

这10家律所中，布局最晚的是京师，成立于1994年的京师直至2014年才于天津开设第一家分所，随后在短短9年内以平均每年5家分所的速度完成国内区域的基本布局，近两年逐步放慢布局速度，战略重点从扩张转变为提升品牌硬实力。

布局速度最快的是盈科，盈科与京师类似，整体开始布局的时间虽不算早，但是后来居上，从2010年开始大范围布局，当年就布局14家分所，至2019年布局速度达到巅峰——一年内成立21家分所，以平均每年9所家分所的速度飞速扩张，目前已成为国内分所数量最多的律所。

布局开始时间最早的是大成与国浩。大成成立于1992年，三年后便在浙江宁波开设第一家分所，后有节奏地逐年增加分所数量，2007年开始加快布局步伐，2007年至2013年短短7年间就完成了27家分所的设立，超过目前总数量的一半。近三年大成扩张的脚步也逐渐减缓，主要关注点从律师数量转变成品牌质量。

国浩于1993年由张涌涛、万国、唐人三家律师事务所跨省合并成立后，很快便在银川、广州等地开始布局。国浩没有盲从分所开设的热潮，而是选取合适的区域通过吸收、合并方式稳步成立分所，近30年以平均每年1家的速度设立了30家分所。

浩天是名单中成立最晚的律所，北京总所于2007年成立，2017年进入快速布局阶段，2022年已成立7家分所，近五年已成立17家分所。

（二）成立同城分所成为热门

与国内区域发展不平衡一样，北京律师的资源分配也极其不均衡，东城、西城、朝阳、海淀四区的律师数量占全市律师总数超90%。为了促进律师资源合理分布，推动城乡法律服务能力平衡，近些年的“同城分所”政策是这一方向的热门。

2017年北京市司法局发布的《北京市律师事务所管理办法实施细则》规定“成立三年以上并……可以在本所所在地以外的部分区域设立分所”，设立区域为“东城区、西城区、朝阳区、海淀区、丰台区、石景山区以外的区”，同时要求分所还应当有人民币50万元以上资产。[1]

2021年再次修订将同城分所的设立资金要求从50万元调整至30万元，取消北京市律师事务所同城分所设立区域的限制，由只能在城六区以外的区域设立修订为可在本所所在地以外的区设立。

政策的不断推进促进北京同城分所设立进入高潮。前十位的律所中设有同城分所的律所有6家，共设立了12家同城分所。其中同城分所数量最多的律所为华泰。从成立时间看，除京师通州区分所于2018年设立外，其余同城分所均成立于近两年。

---

〔1〕《北京可设同城分所！北京律所、律师管理再出“两个办法实施细则”》，载微信公众号“方圆”2017年12月7日，https://mp.weixin.qq.com/s/ue0EDLBjJzsz5T08LgrcGw。

其中，成立于2021年的有3家，成立于2022年的有8家。

表4为前述前十位律所中设有同城分所的律所名单。

表4　前十位律所同城分所设立情况

律所名称	分所	成立年份
京师	通州区	2018
盈科	密云区	2021
	海淀区	2021
炜衡	密云区	2022
隆安	通州区	2022
浩天	密云区	2022
	昌平区	2022
华泰	房山区	2021
	通州区	2022
	经济技术开发区	2022
	丰台区	2022
	昌平区	2022

资料来源：全国律师执业诚信信息公示平台。

注：1. 数据统计截至2023年1月6日。

2. 整理/制图：智合。

（三）京派律师的担当——西藏“无律师县”分所的设立

在西藏“无律师县”设立分所的律所中，拥有“京派”血统的律所占比最大。在西藏、青海等高海拔地区设立分所不仅需要律所自身强实力的支撑，更需要律所分所设立的丰富经验及强大魄力。北京律所在这方面拥有独一无二的强势地位。

在西藏、青海无律师县开设分所的25家律所中，北京律所达11家。前十的律所中有5家律所参与其中，占比近一半[1]，均为2022年新设。

西藏地区的法律建设不仅需要突破地域上的困难，更需要平衡汉藏文化、宗教习俗的差异等，北京律所、北京律师以其优异的责任意识与强大的实力承担了这一重任，当然，西藏法律服务建设任重道远，除去头部律所的引领作用，后续其他律所也应考虑共同承担这一社会责任。

表5为在“无律师县”设立分所的前十位律所名单。

---

〔1〕 田歌：《研究完36家布局“无律师县”的律所，我们发现……》，载微信公众号“智合”2022年12月15日，https://mp.weixin.qq.com/s/QcbreWzHW1_rUPNja-l5DA。

表 5　前十位律所"无律师县"分所设立情况

律所名称	分所	成立年份
华泰	芒康	2022
炜衡	察隅	2022
大成	谢通门	2022
京师	尼木	2022
盈科	江孜	2022

资料来源：全国律师执业诚信信息公示平台及北京律协。

注：1. 数据统计截至 2023 年 1 月 6 日。

2. 整理/制图：智合。

三、境外分所数量前十位的北京律所

2001 年我国加入 WTO 后，进出口贸易、跨境投资等领域的市场持续增长，涉外法律服务需求也不断增加，业务范围也从服务外商来华逐渐扩展到中国企业"走出去"。北京特殊的区位优势、资源优势也让涉外业务有了良好发展的基础，比较有代表性的北京律所有大成、盈科、金杜、德恒、中伦等。

表 6 为北京本地百人所境外分所数量前十位（共 12 家）的律所名单：

表 6　境外分所数量前十位的北京律所及其境外分所布局

律所名称	成立年份	境外分所	数量
盈科[①]	2001	纽约、洛杉矶、伦敦、布鲁塞尔、布达佩斯、香港、巴西利亚、米兰、华沙、伊斯坦布尔、新加坡、特拉维夫、迪拜、圣保罗、墨西哥城、马德里、莫斯科、罗马、瓦伦西亚、波兹南、格但斯克、里约热内卢、柬埔寨、雅典、卡塔尔、巴塞罗那、布宜诺斯艾利斯、吉隆坡、乌兹别克斯坦、塞尔维亚、柏林、布拉迪斯拉发、布拉格、苏黎世、哈萨克斯坦、吉尔吉斯斯坦、蒙古、巴黎波尔多、老挝、泰国、缅甸、越南、孟加拉、菲律宾、印度尼西亚、科威特、巴林、阿曼、伊朗、埃及、萨尔瓦多、塞维利亚、拉斯帕尔马斯、尚贝里、南特、克莱蒙费朗、蒙彼利埃、格勒诺布尔、勒阿弗尔、里昂、鲁昂、法兰西堡、圣埃蒂安、斯特拉斯堡、图卢兹、阿尔及利亚、阿塞拜疆、喀麦隆、塞浦路斯、哥伦比亚、象牙海岸、毛里求斯、卢森堡、摩洛哥、刚果（金）、塞内加尔、突尼斯、新德里、孟买、班加罗尔、金奈、布巴内斯瓦尔、加德满都、安克拉治、亚特兰大、奥斯汀、波士顿、夏洛特、芝加哥、达拉斯、丹佛、劳德代尔堡、休斯顿、杰克逊维尔、	158

续表

律所名称	成立年份	境外分所	数量
		莱克兰、迈阿密、奥兰多、波特兰、旧金山、斯坦福德、塔拉哈西、坦帕市、华盛顿、西棕榈滩、东京、大阪、名古屋、福冈、横滨、埼玉、宇都宫、千叶、姬路、神户、首尔、悉尼、马达加斯加、巴哈马、玻利维亚、英属维尔京群岛、智利、哥斯达黎加、多米尼加、危地马拉、洪都拉斯、尼加拉瓜、巴拿马、巴拉圭、秘鲁、乌拉圭、委内瑞拉、亚美尼亚、保加利亚、爱沙尼亚、马耳他、葡萄牙、尔湾、新泽西、乌干达、马赛、第比利斯、巴统、布里斯班、杜塞尔多夫、巴里、帕尔马、那不勒斯、维罗纳、都灵、卢加诺、地拉那、巴尼亚卢卡、瓦尔纳、萨格勒布、巴格达、斯科普里、格丁尼亚	
大成	1992	阿布达比、迪拜、马斯喀特、巴库、都柏林、开罗、罗安达、布鲁塞、华沙、Dentons Business Services EMEA – 华沙、柏林、杜塞尔多夫、法兰克福、慕尼黑、巴黎、第比利斯、阿拉木图、阿斯塔纳、卡尔加里、埃德蒙顿、蒙特利尔、渥太华、多伦多、温哥华、布拉格、多哈、蒙巴萨、内罗毕、贝鲁特、布加勒斯特、路易港、艾姆斯、亚特兰大、伯明翰、波士顿、芝加哥、辛辛那提、达拉斯、丹佛、得梅因、埃文斯维尔、哈里斯堡、希洛、火奴鲁鲁、休斯顿、亨茨维尔、印第安纳波利斯、贾斯珀、堪萨斯城、李海、列克星敦、洛杉矶、路易维尔、迈阿密、墨比尔、那不勒斯、新奥尔良、纽约、奥格登、奥兰治县、凤凰城、匹兹堡、波特兰、盐湖城、圣地亚哥、旧金山/奥克兰、肖特山、硅谷、圣乔治、圣路易斯、浅滩、塔斯卡卢萨、华盛顿特区、西得梅因、马普托、开普敦、约翰尼斯堡、首尔、布拉迪斯拉发、达累斯萨拉姆、伊斯坦布尔、坎帕拉、基辅、塔什干、巴塞罗那、马德里、布达佩斯、阿伯丁、爱丁堡、格拉斯哥、伦敦、米尔顿凯恩斯、安曼、蒙得维的亚、卢森堡、雅加达、危地马拉、基多、波哥大、麦德林、利韦里亚、圣荷西、圣基茨和尼维斯、圣文森特和格林纳丁斯、圭亚那、墨西哥城、蒙特雷、米多尼克、卡拉卡斯、安提瓜和巴布达、马纳瓜、阿布贾、拉哥斯、哈科特港、巴巴多斯、巴布亚新几内亚、莫尔兹比港、巴拿马城、巴西利亚、里贝朗普雷图、圣保罗、开曼群岛、米兰、罗马、卡萨布兰卡、新加坡、圣地亚哥（智利）、格林纳达、吉达、利雅得、特古西加尔巴、阿德莱德、布里斯班、墨尔本、珀斯、悉尼、牙买加、特立尼达和多巴哥、拉巴斯、圣克鲁斯、利马、突尼斯（城市）、奥克兰、惠灵顿、仰光、阿伯丁、爱丁堡、格拉斯哥、英属维尔京群岛、阿姆斯特丹、圣萨尔瓦多、乌兰巴托、卢萨卡、河内市、胡志明市、布宜诺斯艾利斯、吉隆坡、台北、香港	158
金杜	1993	布利斯班、堪培拉、墨尔本、珀斯、悉尼、布鲁塞尔、香港、法兰克福、米兰、东京、新加坡、马德里、迪拜、伦敦、纽约、硅谷	16

续表

律所名称	成立年份	境外分所	数量
京师	1994	德国、波兰、新加坡、柬埔寨、喀麦隆、乌克兰、纽约、肯尼亚、蒙特利尔、匈牙利、伦敦、马拉维、俄罗斯、坦桑尼亚	14
德和衡	2010	新加坡、悉尼、莫斯科、柏林、香港、伦敦、多伦多、华盛顿、东京、马德里	10
德恒	1993	香港、海牙、纽约、巴黎、迪拜、布鲁塞尔、硅谷、阿拉木图、万象	9
中伦	1994	东京、香港、伦敦、纽约、洛杉矶、旧金山、阿拉木图	7
中伦文德	2003	纽约联营、利雅得、巴黎、柏林、汉堡、伦敦联营	6
炜衡	1995	硅谷、悉尼、东京、河内	4
观韬中茂	1994	香港、悉尼、多伦多	3
百瑞	2003	纽约、伦敦、芝加哥	3
君合	1989	香港、纽约、硅谷	3
总计	/	/	393

资料来源：全国律师执业诚信信息公示平台及律所官网。

注：1. 数据统计截至2023年1月6日。

2. 整理/制图：智合。

3. 以上信息均来自各大律所官网，不包括正在筹建中的境外分所，部分律所境外分所仅公布设立国家，并未具体至区域。

① 盈科境外除直营分支机构外，主要采取合作律所形式开展业务，此处统计亦包括了盈科在境外的合作机构。

（一）北京律所境外分支机构发展平稳

截至2020年10月，北京已有36家律所通过直投、联营、合作、联盟等方式在境外设立了231个境外分支机构。[1]至2021年12月，增长为在85个国家和地区设立共290个分支机构，[2]增加了59家分支机构。2022年11月，北京司法局已确认向司法部报备72家北京律师事务所境外分支机构。[3]

涉外业务的如火如荼，推动境外分支机构的稳定增长。

---

〔1〕《“走出去”布局全球丨最新北京市律师事务所境外分支机构分布图发布啦!》，载微信公众号“北京市律师协会”2020年10月29日，https://mp.weixin.qq.com/s/1l2z94yvh6z3dRW25p375Q。

〔2〕《北京首发涉外法律服务发展现状，国际商事仲裁案件持续提速》，载微信公众号“京思观澜”2022年9月7日，https://mp.weixin.qq.com/s/70pnSvxbRey-Cl4iKgRXeg。

〔3〕《新闻发布丨服务新发展北京市司法局深入推进行政审批制度改革》，载微信公众号“京思观澜”2022年12月1日，https://mp.weixin.qq.com/s/1o0pIOVNs-qhlQ-pxyBtZA。

（二）中心城市——挑战与机遇并存

中国律所的国际化，港澳特区是重要的桥梁。

我国香港特区的法律环境接近国际大环境，中国律所在开启境外布局的计划时，我国香港特区往往是“走出去”的第一块跳板。北京百人所中有20家律所已在香港特区开设分所，占比33.9%。除我国香港特区，纽约、东京、伦敦等中心城市也是境外布局的重点。

以德和衡为例，布局境外时主要考虑政治中心和经济中心，且不同城市的业务侧重点也有所区别，例如，开展反倾销、反垄断业务选择华盛顿特区，开展金融领域的业务则挖掘纽约市场，目前已在莫斯科、首尔、柏林等发达地区先后设立10家分所。[1]

再如京师，2020年被称为其“境外元年”，先后在纽约、伦敦开设分所。进入伦敦、纽约这样成熟的法律市场，对于律所来说挑战不小，多数律所更倾向于选择和境外本地律所开展合作等稳妥方式。而京师则选择设立直营分所，足见其决心与魄力。

（三）“一带一路”仍是布局重点

选择进行境外扩张的律所除着眼于纽约、东京等发达城市，在“一带一路”倡议不断推进之下，“一带一路”沿线国家也成为其新的战略要地。近几年，北京律所在“一带一路”沿线国家开设分支机构的数量有所增加。

盈科、大成这种境外版图扩张完成度较高的律所自然不必说，正在进行境外扩张的京师、德恒等律所，已经布局的国家或区域亦有很明显的“一带一路”倾向性。中伦也于2019年12月在哈萨克斯坦的阿拉木图开设了第一家“一带一路”沿线国家的境外办公室。

（四）数据悬殊——盈科、大成布局成效显著

从境外布局的数量上看，盈科、大成有绝对的强势地位。

盈科自2021年将律所的战略从2008年的“规模化、专业化、品牌化、国际化”调整为“国际化、专业化、数智化、碳中和”，国际化从最后一位提升至第一重点。目前盈科的全球法律服务网络已覆盖法国、德国、英国等89个国家，涉及158处机构，其中包括美国、澳大利亚、德国、韩国等10个国家的直营分所。[2]从其布局点

---

〔1〕《讲述丨〈护航“走出去”首律在行动〉系列报道——中国律所主导境外合作格局，更好服务企业“走出去”（德和衡专访）》，载微信公众号“北京市律协”2021年2月9日，https://mp.weixin.qq.com/s/ivZx_NniZ6TinMFr4X23XA。

〔2〕《盈科全球一小时法律服务汕头分中心授牌成立》，载微信公众号“盈科汕头律师事务所”2022年11月8日，https://mp.weixin.qq.com/s/FG6Ecki5KbPI53t4WOfPpA。

的选择来看，主要集中在 G20 国家、RCEP 国家、“一带一路”沿线国家以及欧洲和非洲等国家的城市。

与盈科不同的是，大成境外布局的快速扩张与 Dentons 的合并密不可分。大成从 2007 年开始启动全球法律服务网络的建设，至 2015 年与 Dentons 完成合并，合并后大成自然拥有了 Dentons 原本的律所网络，也加快了全球布局。2021 年大成先后开启了与厄瓜多尔精英律所 Paz Horowitz Abogados 及与坦桑尼亚精品律所 East African Law Chambers（EALC）的合并，进一步深化了其在拉丁美洲和非洲的布局。[1] 目前大成在全球已拥有逾 12,000 名律师，覆盖 80 个国家和地区，拥有 200 家办公室。[2]

总结

2022 年的北京律所依然保持稳定增长，从数据层面来看：

2022 年的北京，以 59 家“百人所”保持领先，是国内“百人所”最多的城市，其中北京本地所占比超 94%；9 家新晋“百人所”，人数增长超全国平均增速 6 倍；“百人所”集结了北京 16,497 位律师，保守估计将超 2022 年北京执业律师总人数的 30%；新增 5 家律所在“无律师县”设立分所，进一步加强西部法律服务建设；13 家律所共设立 393 家境外分所及分支机构，布局“一带一路”是热门方向。

而从整体的角度看，北京律所布局呈现以下特点：

1. 规模化趋势明显。北京律所是国内律所规模化的极致展现，其规模化布局之深、范围之广是其他城市律所目前难以企及的。另外，政经中心的虹吸作用是北京律所得天独厚的优势，依托优势可以快速完成初始积累，再加上北方文化及市场的促进作用，扩张是他们的必然道路。

2. 覆盖区域广泛。以盈科、大成、京师、德恒等为代表的典型大所已基本完成一、二线城市核心区域的分所覆盖，其中，盈科、大成等已下沉国内四、五线城市，在其他规模所逐渐放慢布局速度的当下，盈科的布局步伐明显还未停歇，可能会是目前国内唯一能够完成区域全覆盖的律所。

3. 侧重点转变。京师、大成、德恒等律所近两年已逐步放慢布局速度，战略重点转移至提升品牌硬实力。盈科也将国际化、专业化的侧重程度提升，后续步伐从境内转移至境外。律所发展中，专业、品牌等硬实力才是立身之本，规模化只是进阶强

〔1〕《大成深化拉美与非洲布局》，载微信公众号“汤森路透 ALB”2021 年 3 月 18 日，https://mp.weixin.qq.com/s/Jm0Q7－57IMWNZ_lACIN－iw。

〔2〕《今日大成丨高明律师为兴发集团做〈民法典〉专题讲座》，载微信公众号“大成宜昌办公室”2022 年 7 月 27 日，https://mp.weixin.qq.com/s/k9UqSggWZE8WkvgRzorfxw。

所的前置道路，最终的发展道路必然是综合强所。

4. 境外布局积极。基于国家对于“一带一路”倡议的推进以及涉外业务的发展，近几年境外拓展的热度仍会持高不下，选择毗邻的“一带一路”沿线国家可以依托政策红利和经济优势，是律所走向国际化不错的选择。律所想要在国际上拥有声誉：一方面，要克服中外文化差异、法律服务市场人才稀缺、市场认可度低等困难；另一方面，对境外律所的一体化管理、总分所跨区域合作等方面也需要有更加深入的研究。

63 家成功破局的精品所，都有哪些共性*

蔡　爽 | 智合研究院

主流观点认为，在当前的中国律师业，律师事务所发展存在两大趋势：一是大型综合性律师事务所的规模化发展；二是中小型律师事务所的精品化发展。

随着法律服务市场不断饱和以及市场同质化竞争愈加激烈，中小型律所在相对高端的业务领域通常缺乏客户认可度和市场竞争力。而精品化——作为律所发展的重要方向之一，是很多中小型律所在目前大所林立的环境下提升品牌知名度、扩大差异化竞争优势的有效方式。

本文收集了覆盖数十个领域的 63 家典型精品所，探讨它们在破局过程中的共性（见表 1）。

表 1　63 家典型精品所概况

序号	律所	精专领域	成立年份	所在城市	律师数量	分所数量
1	华诚	知识产权	1995	上海	165	5
2	集佳	知识产权	1998	北京	97	1
3	正见永申	知识产权	1998	北京	36	0
4	柳沈	知识产权	2001	北京	90	3
5	立方	知识产权	2002	北京	126	6
6	铸成	知识产权	2002	北京	71	2
7	万慧达	知识产权	2003	北京	114	7
8	联德	知识产权	2008	北京	26	0
9	恒都	知识产权	2010	北京	907	24
10	盛廷	征地拆迁补偿	2007	北京	63	0

* 本文首发于“智合”微信公众号 2023 年 2 月 7 日，文中数据收录截至 2023 年 1 月 25 日。

续表

序号	律所	精专领域	成立年份	所在城市	律师数量	分所数量
11	京平	征地拆迁补偿	2010	北京	111	0
12	圣运	征地拆迁补偿	2010	北京	58	3
13	创为	征地拆迁补偿	2011	北京	39	1
14	在明	征地拆迁补偿	2012	北京	141	0
15	冠领	征地拆迁补偿	2014	北京	316	4
16	京云	征地拆迁补偿	2015	北京	61	1
17	康正	医疗纠纷	1995	上海	13	0
18	华卫	医疗纠纷	2000	北京	30	0
19	建康	医疗纠纷	2003	江苏南京	5	0
20	天霜	医疗纠纷	2018	北京	31	0
21	京都	刑事辩护	1995	北京	513	8
22	尚权	刑事辩护	2006	北京	66	4
23	行通	刑事辩护	2007	天津	120	5
24	靖予霖	刑事辩护	2010	上海	90	8
25	卓安	刑事辩护	2013	四川成都	37	0
26	厚启	刑事辩护	2015	浙江杭州	8	0
27	百宸	私募股权、风险投资	2007	北京	35	0
28	世辉	私募股权、风险投资、新经济法律服务	2016	北京	80	3
29	华税	税务	2007	北京	14	0
30	明税	税务	2013	北京	16	0
31	通税	税务	2017	江苏南京	27	2
32	天同	商事争议解决	2002	北京	139	7
33	虹桥正瀚	商事争议解决	2005	上海	67	3
34	汇仲	商事争议解决	2013	北京	19	1
35	阳光时代	能源环境	1995	浙江杭州	89	3
36	山西中吕	能源环境	2000	山西太原	72	1
37	江三角	劳动纠纷	2004	上海	95	8
38	上海蓝白	劳动纠纷	2007	上海	31	1
39	上海保华	劳动纠纷	2010	上海	26	0
40	上海七方	劳动纠纷	2017	上海	38	0

续表

序号	律所	精专领域	成立年份	所在城市	律师数量	分所数量
41	澜湄	跨境法律服务	1995	云南昆明	81	1
42	权亚	跨境投资法律服务	1999	北京	12	0
43	元甲	交通事故	2006	北京	38	0
44	通润	婚姻家事	2010	上海	3	0
45	家理	婚姻家事	2014	北京	58	2
46	安嘉	婚姻家事	2015	北京	11	0
47	家与家	婚姻家事	2021	上海	23	0
48	海通	海事海商	1997	北京	9	0
49	敬海	海事海商	2000	广东广州	78	6
50	海之诺	海事海商	2003	山东青岛	9	0
51	四维乐马	海事海商	2007	上海	105	1
52	天腾	海事海商	2008	辽宁大连	7	0
53	海建	海事海商	2009	广东广州	17	0
54	斐然	海事海商	2009	辽宁大连	12	0
55	天地和	国际贸易救济、反倾销、反垄断	1997	北京	9	0
56	博恒	国际贸易救济、反倾销、反垄断	2003	北京	11	0
57	建纬	房地产建设工程	1992	上海	1359	29
58	良翰	房地产建设工程	2008	江苏苏州	22	1
59	建领城达	房地产建设工程	2010	上海	36	1
60	星权	泛娱乐法	2015	北京	35	1
61	清律	泛娱乐法	2016	北京	65	3
62	垦丁	泛娱乐法	2017	浙江杭州	45	3
63	韬安	泛娱乐法	2018	北京	15	0

资料来源：全国律师执业诚信信息公示平台、各律所官网。

注：1. 数据截至 2023 年 1 月 25 日。

2. 整理/制表：智合。

一、精品所人数规模："小而美"为主，少见规模大所

精品所常见的特点是"小而美"，因为专注于某个领域，无须像综合所那样铺开规模。但值得强调的是，规模化和精品化并不矛盾，也不互斥，规模所内部也存在精品化，精品所中亦有推动规模化发展的实践，典型的如建纬、天同等精品规模所。

本文收集的63家精品所中：

千人以上的规模型大所1家，为房地产建设工程领域的建纬；百人以上的大型律所11家，占比17.46%；人数在50～99人的中大型律所17家，占比26.98%；人数在30～49人之间的中型律所11家，占比19.05%；30人以下的小型律所23家，占比36.51%（见图1）。

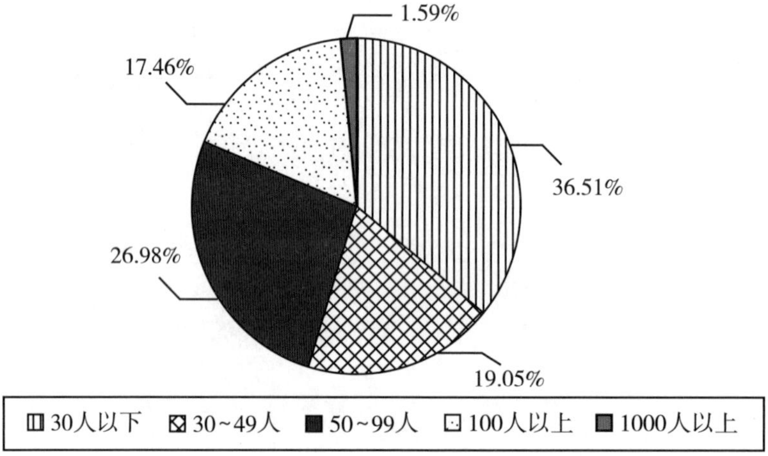

图1　精品所人数规模比例

虽然近些年精品所也在逐步扩大律所规模，但目前构成仍以中小型律所为主。

相对而言，**主做知识产权、征地拆迁补偿、刑事辩护这类业务的精品所，其人员规模相对更大**。从事知识产权业务的9家律所，平均律师人数为181人；从事征地拆迁补偿业务的7家律所，平均律师人数为112人；从事刑事辩护业务的6家律所，平均律师人数为139人。究其原因有三点：一是业务常规市场保有量大，对应的律所业务量也有所保障，可以进行适当规模化；二是客单价相对较高，对律师的吸引力足够且律所更易完成积累；三是相较于医疗、税务等专业，此类方向更易于深耕。

此外，一些人数规模较小的精品所，在自身业务领域的品牌认可度也很高。某种程度上说明，人少并不意味着做不好专业。

由于一些特殊领域通常需要其他学科+法律的复合型人才，故专业门槛也相对较高。典型如国内医疗行业法律服务的招牌律所——上海康正，由于其要求执业律师具有医疗与法律的双重背景，发展至今仍保持较小的规模——全所律师十余名，但依旧不影响其在医疗法律行业的龙头地位。

另外，还有从事税务的北京华税、从事国际贸易救济的北京天地和等律所，虽然人员规模均在30人以下，但仍是各自领域中的佼佼者，多次在国际榜单中获奖。

二、精品所成立时间：以政策、行业发展为导向

将所有精品所的成立时间整理出来，可以得出图2。

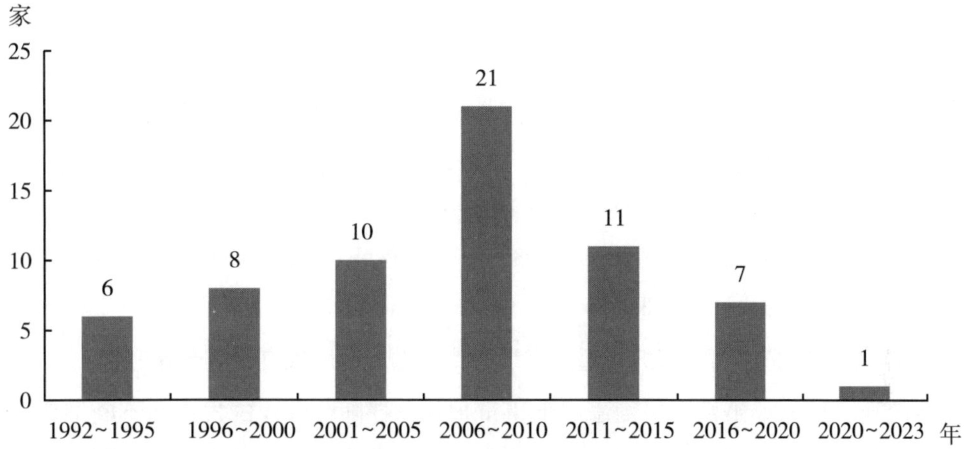

图2 精品所成立时间—数量概览

整体而言，**1992年以来，精品所成立的数量递增，2006~2010年达到鼎盛时期，**在这5年间，共有21家精品所成立；在此之后数量有所下降。

另外，时代的进步、国家政策的导向也促进新兴领域、行业的发展。**而创新的发展必然会催生一些新型的经济实体或者经济形态，与其匹配的法律服务就成为法律行业的"蓝海"。这一点也能反映在不同领域律所的成立时间上。**

（一）泛娱乐法律所均在2015~2020年成立

随着2009年《文化产业振兴规划》的出台、2017年《电影产业促进法》的实施，娱乐业日渐兴起。根据前瞻产业研究院《中国文化娱乐产业投资前景与发展趋势分析报告》，2019年，中国影视娱乐行业市场规模达2131亿元左右，越来越大的娱乐产业规模为娱乐法律师提供了前所未有的广阔市场，[1]娱乐法领域的精品所也应运而生。其中星权律所因多次出现在明星律师函中而广为人知。

（二）征地拆迁补偿领域律所成立时间集中在2010~2015年

2011年，被称为"新拆迁条例"的《国有土地上房屋征收与补偿条例》颁布，施行新拆迁条例是政府在土地纠纷引发的群体性事件不断增加的压力下，做出的改良尝试，对当时的社会具有象征意义，大批以此为主营业务的律所也顺势

〔1〕 参见董凡超：《中国娱乐法律师现状调查：前景广阔机遇挑战并存》，载《法制日报》2020年11月23日。

成立。

（三）知识产权领域的精品所成立相对较早，多家律所开设于2000年前后

自20世纪80年代起，我国便将对知识产权的重视体现在具体法规的制定中：1984年通过《专利法》，1990年通过《著作权法》，1993年通过《反不正当竞争法》；[1]2000年前后，为满足世界贸易组织关于《与贸易有关的知识产权协定》的规定，我国又对相关知识产权法律制度进行了修订完善。目前在该领域小有名气的律所多为2000年前后设立，对政策、时机、风向的把握是律所早期发展的核心竞争力。发展至今，知识产权又拥有了新的战略地位——2021年9月，中共中央、国务院印发《知识产权强国建设纲要（2021—2035年）》，该领域的法律服务需求也必将随国家科技创新实力的提高而更加火热。

（四）劳动纠纷、刑事辩护、婚姻家事等传统领域律所成立时间分布较广

传统业务领域如婚姻、民商事、刑事辩护等，伴随律师业的发展而不断细化、精深——相较于其他有明显时代特点的行业，深耕这些业务的律所并无较为明显的设立热潮。不过，近些年随着公众法律意识的提高和普法工作的下沉，律所也在逐渐加强专业纵深与横向宽度：劳动可以细化至企业的人才战略、人员优化等方向，并呈现出与数据、隐私、组织架构设计、税务筹划等专业方向相融合的综合性法律服务趋势。

三、精品所地域分布：与当地的优势产业发展密不可分

法律服务行业的细分领域与律所所在城市地域的行业发展特点密不可分。

典型如从事海事海商领域的律所就有明显的地域分布特征——依托港口城市而设立。除海通本部和敬海的其中一家分所设立在北京外，其余从事海事海商领域的精品所均布局于广州、大连、青岛、上海、天津、厦门、深圳、昆山（内河港）等沿海城市。

以征地拆迁补偿、知识产权、涉外投资等为主营业务的律所则集中设立在北京、上海等发达城市。这些城市企业集聚，高净值企业及人群比例远超二线城市，其业务规模、案件金额整体均较高。同时，其对于律所的要求更加严苛，北上律所具有天然的地缘优势，更易获得客户的青睐，其品牌辐射力也相对更强，并且在相对高端、难度较高的业务中，外地企业也更倾向选择实力更强的北上律所。

以能源环境等聚焦特定行业领域的律所，与当地兴起和扶持的行业紧密联系。例

〔1〕《我国的知识产权发展史，你知道多少?》，载微信公众号“黄埔检察”2021年3月26日，https://mp.weixin.qq.com/s/FTBzudECiW0HCKxoouqDfw。

如，能源环境所一般设立在有国家级能源工程、基地的区域，典型的如能源强所阳光时代和山西中吕。

阳光时代成立于 20 个世纪 90 年代初——是国家电力需求旺盛、外资办电政策出台的时期。当时国内最大的引进外资办电项目——嘉兴二期 4 × 600mW 燃煤火电机组项目落户浙江，正是阳光时代落子浙江的缘由之一。而中吕则坐落于国内的能源强省山西，早期以当地特色企业——煤炭企业为主，围绕煤炭企业形成各类投融资、基础设施建设、内部合规体系构建、争议解决等业务。

除了以上这些精品所，律所开设着重于能源方向的分所时，也基本会围绕能源发展强盛的区域。例如，兴业的第一家专注于能源化工行业的精品分所设立在被称为宁夏“一号工程的”宁东能源化工基地，永嘉信将着重于能源领域的分所设立在西北能源基地——陕西榆林。

结语

多数精品所的设立都伴随政策、时代红利以及地域优势，在创立初期靠精准的定位与服务建立起自己的特殊优势与标签，并迅速在行业内打响知名度。

在如今规模化、综合化的趋势下，这些精品所依然坚守自己的领域并数十年如一日地深耕，将其专业领域的广度与深度不断延伸，最后反哺整个行业——以其独到深入的行业经验与法律工具相结合，参与甚至引领整个行业的变革发展，这不仅是精品所与行业领域相辅相成的发展之道，也是精品所能够屹立于大所林立的法律市场的秘密武器。

逐鹿四“区”
——律所四大经济区覆盖率大起底*

蔡　爽 | 智合研究院

2018年，中共中央、国务院《关于建立更加有效的区域协调发展新机制的意见》明确指出，“以京津冀城市群、长三角城市群、粤港澳大湾区、成渝城市群……等城市群推动国家重大区域战略融合发展”。其中：

长三角经济区以上海、南京、杭州、合肥为核心区域，是目前国内最具经济活力和竞争力的区域之一。

粤港澳大湾区以香港、澳门、广州、深圳四大中心城市作为区域发展的核心引擎，是国内经济最为发达的城市群之一，也是中国对外开放和经济发展的重要窗口。

京津冀经济区以北京、天津、河北三省市为中心城市，是中国政治、经济和文化中心地带，拥有重要的交通枢纽和产业基地，是实现京津冀协同发展和打造世界级城市群的重要战略区域。

成渝双城经济区以成都和重庆两个城市为核心，是中国西南地区最为发达和重要的经济区域，也是实施“一带一路”倡议和推进西部大开发的重要战略区域。

因此，本文选取上述四大经济区——京津冀经济区、长三角经济区、粤港澳大湾区和成渝城市群，并首次提出“经济区覆盖率”这一概念，用以探究2022年人员规模前20的律所在这四大经济区的布局状况。

一、20强律所四大经济区布局概况

四大经济区的具体城市分布如表1所示。

---

* 本文首发于“智合”微信公众号2023年2月22日，文中数据收录截至2023年1月6日。

表 1　四大经济区具体城市分布

经济区	城市数量	具体城市
长三角	26	上海、南京、无锡、常州、苏州、南通、盐城、扬州、镇江、泰州、杭州、宁波、嘉兴、湖州、绍兴、金华、舟山、台州、合肥、芜湖、马鞍山、铜陵、安庆、滁州、池州、宣城
京津冀	15	北京、天津、保定、唐山、廊坊、石家庄、秦皇岛、张家口、承德、沧州、衡水、邢台、邯郸、安阳、雄安新区
粤港澳	11	香港、澳门、广州、深圳、珠海、佛山、惠州、东莞、中山、江门、肇庆
成渝双城	18	重庆、开州（部分区域）、云阳（部分区域）、成都、自贡、泸州、德阳、绵阳、遂宁、内江、乐山、南充、眉山、宜宾、广安、达州（除万源市）、雅安（除天全县、宝兴县）、资阳

在前述四大经济区，20 强律所的覆盖率情况如表 2 所示。

表 2　20 强律所四大经济区覆盖率情况

单位：%

综合排序	总所位置	律所	覆盖率			
			长三角	京津冀	粤港澳	成渝双城
1	北京	盈科	76.9	33.3	100.0	22.2
2	北京	大成	38.5	20.0	36.4	11.1
3	北京	京师	26.9	40.0	27.3	11.1
4	北京	德恒	23.1	20.0	45.5	11.1
5	广东	华商	7.7	20.0	63.6	5.6
6	北京	炜衡	34.6	20.0	27.3	11.1
7	北京	隆安	34.6	20.0	27.3	11.1
8	北京	中银	23.1	13.3	45.5	11.1
9	北京	德和衡	15.4	26.7	36.4	11.1
10	北京	国浩	23.1	20.0	27.3	11.1
11	北京	天驰君泰	26.9	13.3	27.3	11.1
12	北京	康达	23.1	13.3	27.3	11.1
13	北京	金杜	19.2	6.7	36.4	11.1
14	上海	锦天城	19.2	13.3	27.3	11.1

续表

综合排序	总所位置	律所	覆盖率			
			长三角	京津冀	粤港澳	成渝双城
15	北京	浩天	19.2	13.3	27.3	11.1
16	北京	中伦文德	19.2	20.0	18.2	11.1
17	上海	建纬	15.4	13.3	27.3	11.1
18	四川	泰和泰	7.7	13.3	27.3	11.1
19	北京	中伦	11.5	6.7	27.3	11.1
20	北京	金诚同达	15.4	6.7	18.2	5.6
平均			24.0	17.7	35.0	11.1

资料来源：全国律师执业诚信信息公示平台及律协官网。

注：1. 数据统计截至2023年1月6日。

2. 整理/制图：智合。

3. 金杜律师事务所的云办公室未录入表单。

二、20强律所四大经济区布局差异

（一）以长三角与粤港澳布局为主

从20家律所在四个经济区的整体布局情况来看，律所在长三角和粤港澳的覆盖率较高，最高的为盈科，覆盖率分别达76.92%和100%。四大经济区中，80%的律所在粤港澳的覆盖率最高，最典型的是总部位于广东的华商，在粤港澳的布局数量远超其他区域，覆盖率高达63.64%，而在长三角区域的覆盖率仅有7.69%。

横向对比，律所在长三角区域覆盖率最高的律所有3家，分别为大成、炜衡和隆安；纵向对比，有10家律所在长三角区域的覆盖率超20%。在长三角区域，20强律所更倾向于在南京、杭州、宁波、合肥这几个中心城市布局。

为了促进区域法律行业的发展，为经济高速发展保驾护航，近几年各区域都出台了多项扶持律师行业发展的政策，鼓励优秀律师事务所、法律机构等专业机构落户。

例如，2022年深圳前海管理局制定发布的《深圳市前海深港现代服务业合作区管理局关于支持前海深港国际法务区高端法律服务业集聚的实施办法（试行）》提及鼓励优秀律所落户，最高可一次性申请200万元的落户支持。

2022年浙江余杭区发布的《余杭区鼓励律师业服务高质量发展建设共同富裕示范区的实施意见》鼓励律所落户，新设所律师人数及人均业务收入达到一定标准，可申请最高1000万元购房补助。

（二）成渝经济区有待发展

四大经济区中，20强律所在以重庆、成都为核心区域的成渝双城经济区的覆盖率多数低于20%，区域内平均覆盖率仅为11.11%，多数律所，包括总部位于四川的泰和泰，在成渝区域的布局仅限于中心城市——成都、重庆，仅有盈科一家将分所开设至德阳、绵阳。

成渝区域覆盖率整体偏低，主要原因之一是其经济区内城市分布多为四川下辖的地级市，经济发展水平相较东部、南部城市有较大差距。成渝经济区也是中国四大经济区中唯一一个地处西北内陆的经济区，除了成都、重庆，其余地区的法律服务发展水平仍有待提升，东西部法律行业发展不均衡的问题仍然突出。

（三）京津冀区域本地律所多，地理位置是优势

20强律所在京津冀区域的整体覆盖率不敌长三角和大湾区，律所的分布主要集中在北京、天津区域，覆盖率最高的也仅达40%，为京师律师事务所。该区覆盖率前十的律所总所均位于北京，其中在四大经济区中侧重于京津冀区域布局的有2家，分别为京师和中伦文德。

即便如此，北京律所在京津冀地区的布局仍稍显不足，例如头部规模所盈科，在大湾区的布局达100%，但在京津冀区域内不到30%；大成在长三角、粤港澳的覆盖率为38.46%、36.36%，但在京津冀的覆盖率仅有20%。

京津冀区域内律所的扩张有特殊的地理优势加持依然困难重重，南方律所“北上”则面临更多难题，如市场环境、南北文化等差异。即便如此，京津冀区域作为重要的经济中心、交通枢纽，在该区域的布局依然是各大律所布局规划中重要的一环。

此外，2017年中共中央、国务院决定设立国家级新区——雄安新区，是归属于京津冀区域的又一重点区域，其区域内新一代信息技术、智能制造、生物医药等高技术产业得到重点扶持和发展，对于法律行业的需求也提升到新的高度，尤其是在房地产、建设工程、环境保护、知识产权领域，这也促使各大律所前往雄安落户发展。法律服务业与这些产业的紧密结合，为经济保驾护航的同时进一步促进法律行业的发展。

此外，我们将20强律所在各经济区的具体分布城市附表如表3所示。

表3　20强律所在四大经济区分所的具体分布情况

律所	经济区			
	长三角	京津冀	粤港澳	成渝双城
盈科	上海、南京、无锡、常州、苏州、南通、盐城、扬州、镇江、泰州、杭州、宁波、嘉兴、湖州、绍兴、金华、台州、合肥、芜湖、马鞍山	北京、天津、唐山、石家庄、邯郸	广州、深圳、珠海、佛山、惠州、东莞、中山、江门、肇庆、香港、澳门	重庆、成都、德阳、绵阳
大成	上海、南京、无锡、常州、苏州、南通杭州、宁波、舟山、合肥	北京、天津、石家庄	广州、深圳、珠海、香港	重庆、成都
京师	上海、南京、无锡、苏州、杭州、宁波、合肥	北京、天津、保定、唐山、石家庄、秦皇岛	深圳、珠海、中山	重庆、成都
德恒	上海、无锡、苏州、杭州、宁波、合肥	北京、天津、石家庄	香港、广州、深圳、珠海、东莞	重庆、成都
锦天城	上海、南京、苏州、杭州、合肥	北京、天津	香港、广州、深圳	重庆、成都
国浩	上海、南京、苏州、杭州、宁波、合肥	北京、天津、石家庄	香港、广州、深圳	重庆、成都
炜衡	上海、南京、无锡、苏州、南通、泰州、杭州、宁波、合肥	北京、天津、石家庄	广州、深圳、珠海	重庆、成都
泰和泰	上海、南京	北京、天津	香港、广州、深圳	重庆、成都
中银	上海、南京、苏州、杭州、台州、合肥	北京、天津	香港/澳门联营、广州、深圳、珠海、东莞	重庆、成都
德和衡	上海、南京、苏州、杭州	北京、天津、石家庄、邯郸	香港、广州、深圳、佛山	重庆、成都
隆安	上海、南京、苏州、南通、扬州、杭州、湖州、合肥、芜湖	北京、天津、石家庄	香港、广州、深圳	重庆、成都
中伦	上海、南京、杭州	北京	香港、广州、深圳	重庆、成都
华商	南京、合肥	北京、天津、秦皇岛	香港、广州、深圳、珠海、佛山、惠州、东莞	成都

续表

律所	经济区			
	长三角	京津冀	粤港澳	成渝双城
康达	上海、南京、苏州、杭州、宁波、合肥	北京、天津	香港、广州、深圳	重庆、成都
金诚同达	上海、南京、杭州、合肥	北京	广州、深圳	成都
建纬	上海、南京、杭州、合肥	北京、天津	广州、深圳、东莞	重庆、成都
金杜	上海、南京、无锡、苏州、杭州	北京	香港、广州、深圳、珠海	重庆、成都
天驰君泰	上海、南京、无锡、苏州、杭州、宁波、合肥	北京、天津	广州、深圳、珠海	重庆、成都
浩天	上海、南京、苏州、杭州、合肥	北京、天津	香港、广州、深圳	重庆、成都
中伦文德	上海、南京、常州、杭州、合肥	北京、天津、石家庄	广州、深圳	重庆、成都

资料来源：全国律师执业诚信信息公示平台及律协官网。

注：1. 数据统计截至2023年1月6日。

2. 整理/制图：智合。

梳理上述信息后，我们还发现：

1. 总部位于上海的锦天城和建纬在四个经济区的布局基本一致，均集中在各个经济区的中心城市。

2. 总部位于北京的京师律师事务所，虽然分所数量在北京排名前三，但是目前尚未在粤港澳的核心区域——广州设立分所。

3. 20强律所在长三角区域三省一市的省会中心城市——上海、杭州、南京、合肥——布局的占据70%，在京津冀的中心城市北京、天津、石家庄设立分所的有9家，占据20强律所总数的45%。仅有金诚同达和华商两家律所仅设立成都分所，而未布局重庆，其余律所均已完成成渝双城的布局。

结语

四大经济圈各具特色、各有机遇，对于律所而言，合理布局相关经济圈可以提高其在特定区域的竞争力。

不同的地区、城市和行业都有其独特的经济、文化、法律环境，这就要求律所在不同的经济区中拥有专业的律师团队。在北京、上海和深圳等一线城市，律所需要拥有深厚的法律实践经验和行业洞察力，才能满足客户对高质量法律服务的需求。

而在西部地区，律所则需要拥有更多的专业知识和实践经验，特殊地区更是需要了解当地的宗教信仰及民族习惯，才能妥善解决当地不同的法律问题。

经济区的覆盖率一方面体现律所的规模化进程，另一方面展现律所对宏观战略布局的意识。诚然，法律服务行业作为上层建筑必定会受到经济发展的制约，但是随着各项政策的落地和国内法律服务市场发展不平衡的问题逐步解决，后续法律服务市场的发展与需求不匹配的矛盾也会逐步化解，市场结构也会迎来新的变革与发展。

律所规模化发展的边界

闫玉新*

律师事务所的规模边界是什么?

这是这段时间我们一直在思考的问题，也是这两年不少律所提出“适度规模发展”之后必然要面临的问题。既然要“适度规模发展”，那么这个“适度”的边界到底在哪里?

对这个问题的思考虽然务虚，但实际上是一个战略层面的问题，可以说决定了律所未来5年甚至10年的发展方向。

在我们看来，律师事务所的规模边界有这么几个层面的考量:

规模边界的第一个考量层面是明面上的规模，最典型的就是律所的律师人数、创收规模，有的律所还会涉及分所的数量。这个层面的规模也是传统意义上的规模，相对应的规模的边界也容易识别。比如，律师人数相关的直接边界就是办公场所的规模，毕竟办公位、合伙人办公室、律所接待室的物理空间决定了律所短期内的规模边界。当然，这个问题也容易解决，大不了更换办公室就行了，这也是我们看到的一些快速发展的律所经常更换办公场所的原因所在，也算是律所规模发展的一个标志。

补充一点：目前行业中有部分律所有一个误区是合伙人自己花钱购买办公场所然后“返租”给律所，虽然前期的时候合伙人、律所都受益，但当一家律所快速发展的时候，这种模式就可能成为律所发展的一个障碍，毕竟更换办公场所会在一定程度上造成合伙人购置资产的空置，合伙人会不会因为自身的利益不同意甚至阻碍更换办公场所就未可知了。

规模边界的第二个考量层面是管理运营能力，用一句话来印证就是“韩信带兵多多益善”，律所的规模越大，尤其是律师人数规模越大，对律所管理运营能力的要求越高。比如最典型的，内部业务的利冲检索、对外品宣的风险控制、开票的规范流

---

* 闫玉新，北京德恒（西咸新区）律师事务所主任。

程、行政的安排接待、内部利益的分配、律所决策机制等一系列问题都会发生。如果管理运营能力跟不上，律所的规模发展必然受到一定的限制。

之前我们看到一些律所撤销原有的分所，其实这件事并不是一件值得宣扬的事情，如果管理运营能力跟得上的话，其实开分所甚至部署境外分所都不是坏事，而且是规模发展的必经之路。

规模边界的第三个考量层面是地域限制。虽然我们一直说律师只要拿的是 A 证，其执业范围就是全国范围，但问题在于无论我们是否承认“法律服务都有一定的地域性”，尤其是诉讼类案件，这类案件的地域性表现得尤为明显。一家律所包括地方性分所，其规模发展的边界很少能实现“地域突破”。在这点上我们通过研究律所的客户地域分布就能得出结论，几乎 80% 以上的客户、案源都源于本地，这是地域对律所规模发展的限制条件。

也是基于上面的情况，这两年不少律所开始提出“适度规模”的发展理念，与什么适度呢？其实就是与律师人数、创收规模、管理运营能力、地域范围做适度匹配，找到最适合自己的规模边界，这是律所快速发展的前提条件。

当然，这个规模边界并不是一成不变的，而是不断更迭的，基本上是按照四重境界做更迭：

第一重境界是团队一体化。

团队一体化相对来说还是容易实现的，比如我们德恒西咸见远团队，在我们看来目前就是一个一体化的团队，在客户、创收、人员、利益分配等方面均实现了一体化，也形成了以计点制为核心的分配制度。我们也尝到了这几年走一体化所带来的好处，内部客户共享、人员之间形成专业化分工、合伙人计点 + 业务律师授薪，都在很大程度上支撑起团队的快速发展。当然，在这个过程中我们也踩过不少坑，在团队的运营管理能力上需要进一步的提升，但这些年走过来，我们已经看到团队一体化的优势所在，也享受到团队一体化所带来的“红利”。

第二重境界是律所一体化。

相对于团队一体化，律所一体化可能会有一些困难，毕竟团队内部涉及的人员不多，相互之间也容易协调，一体化能快速做落地。但律所的一体化，尤其是传统提成制律所，内部呈现多团队、多专业、多合伙人的状态，想要实现律所层面的一体化，仅仅在人员意识上的统一就是一个很难解决的难题。

困难虽然是有的，但我们一直相信律所一体化是未来发展的方向，但在实施的过程中不能操之过急，而应该逐步引导，我们提出的理念就是“团队一体化引导律所一体化，逐步实现律所一体化的梯度部署”。简单地说，律所一体化不是一个一蹴而就的事情，而是长期优化的结果，刚开始实施的时候不能动作过猛，否则很容易造成律所的分崩离析。这个时候的办法是先做试点，先着力培养一个或者几个一体化团队，一体化团队建成之后，在创收、业务、品牌等方面都取得了很好的效果，再以此带动其他团队逐步实现一体化，并在团队一体化的基础上重点放在律所内部市场开发、律所一体化客户管理、律所一体化品宣支持、律所行政、财务、知识管理一体化，以“梯度”模式也就是爬楼梯的模式，一级一级地逐步实现律所整体层面的一体化。

第三重境界是区域一体化。

这是这两年律师行业的一个新话题，很大程度上是随着国内重点区域建设而引发的一个话题。比如，2022 年年初国家发改委就颁布了《2022 年新型城镇化和城乡融合发展重点任务》，其中提到京津冀、粤港澳大湾区、成渝城市圈、长三角一体化建设等诸多区域一体化的内容。

这些区域一体化的建设在很大程度上带动了法律服务的区域一体化。比如，最典型的围绕粤港澳大湾区已经有多家律所在做布局，希望借助区域一体化的发展，带动法律服务的地域突破。

具体到我们西北地区，实际上区域一体化也在进行中，比如正在推进的呼包鄂榆城市群发展规划，也是我们西部地区的律所应该紧抓的一次区域一体化的发展机会。

第四重境界是全国一体化。

全国一体化是当前法律服务行业追求的一个远期目标，其中最核心的就是总部和各地分所之间的协同，也包括各个区域一体化之间的协同，这个有点类似于 2022 年 3 月中共中央、国务院发布的《关于加快建设全国统一大市场的意见》，也是律所规模化或者一体化的最高境界。

全国一体化所带来的“好处”当然是可以看到的，各个分所之间做优势资源、人员、客户的联动，不论是在成本控制还是法律服务层次上都能得到很大的提升，尤其是在客户层面，我们服务的不少客户本身就是全国性的集团公司，这种全国一体化的法律服务模式更有利于“陪跑”全国性的集团型企业客户。

但其中的困难也是显而易见的，就当下来说虽然总部和各地分所之间已经建立起一定的关系，但多数是以加盟所或者联营律所的状态呈现，想要真正实现“一体化”还是一个任重而道远的事情，不过，正如我们一直说的“未来可期，只不过需要以现在的努力作为起点”。

规模律所一体化的境界无非就是上面四重境界，也正如我们上面提到的，这是一个“务虚”的话题，虽然务虚但展现的是规模律所规模发展的方向和路径，有的时候方向和路径比努力更重要，这也是我们撰写这篇文章的意义所在。

逆向开分所，为什么成功的少之又少

何　俊*

很多在地市一级做得很不错的律所，会去省会城市设分所。但真正能把逆向分所开得有声有色，能够自负盈亏，甚至超越总所的却是少之又少。

这里就不得不提到西部崛起的泰和泰律师事务所，这是一家起源于四川成都，如今在北京、上海、广州、深圳、香港等全国多个城市开设分所，而且开得还很成功的一家综合性律所。这个难得的成功范例说明，逆向开分所并非绝对不行，还是要看各个律所的自身体质是否适合。

无论是北上广深的律所到地级市开分所，还是地级市律所到北上广深开分所，要做到分所能够独立运营并发挥出拓展品牌和市场触手的作用，都需要具备几个先决条件。

一、律所品牌的知名度已经延伸到分所目标城市

我们很多地级市做得不错的律所，甚至通过区、市司法局推荐获得全国、省优秀律师事务所荣誉的律所，其律所知名度未必能延伸出本市范围。

因为很多律所在本土的成功，是由于律所合伙人多年在本地市场的深耕细作，获得了本土市场的一些客户，特别是政府部门的认可。但律所是不是有某些领域的业务在全国或者全省范围具有一定行业优势和行业号召力？这一点就要难倒很多律所。

当然未必一定需要业务优势达到行业领先，品牌如果本身具有较大的张力和传播度也是可以的，比如盈科。并不是所有在北京的综合性律所去全国开设分所，都会有盈科这样的落地优势，这其实跟盈科这个宇宙第一大所的鲜明品牌特色是有很大关系的。

所以，地级市律所要开分所，不能抱着自卑的心理去做。

---

* 何俊，广东方图律师事务所管理合伙人。

很多律所之所以要去广州开分所，是觉得有分所后才能显得自己高大上。这种本身就看不起发源地的做法，多半会把分所做成只花钱不盈利的噱头。

正确的做法是——要做分所，先要做品牌影响力，除了需要通过很多品牌化、市场化的长期动作让很多其他城市的同行、客户关注到律所之外，还需要在其他的城市做一些落地的品牌宣传活动，比如讲座、论坛、品牌活动这些。

通过几年的积累下来，本土律所也能在外地收获很大一批忠实的用户粉丝，此时品牌影响力才算真正出了地域这个圈。

二、律所在目标城市已经积累一定客户基础

对于分所而言，很大一个好处是能够缩短和客户的距离，让服务更加贴身。

我们有一个外地客户就经常说，你们啥时候来开分所呀，这样大家见面就更加容易了，老板也不会质疑为什么要请地级市的律所来服务了。是否质疑我倒并不担心，因为只要有足够的业绩亮点，相信最后都不是问题。

但近距离的服务却是客户的真实痛点需求。我所认识的一家广州律所就因为很多客户在上海，为了提升近距离服务的能力，选择了在上海开分所。

有了一定的客户基础之后，就可以把这部分的客户资源直接划拨给分所，如此分所就不是从零开始，马上有了自负盈亏的底气。当然，这一点对于不区分客户来源的一体化律所相对容易做到，而对市场上众多客户资源归属于律师本人的律所就会比较难。

至于如何在外地拓展客户，这一点则取决于律师事务所的产品能力和营销能力。

比如，佛山有一家擅长政府项目业务的律所，因为服务口碑非常好，吸引了很多外地城市的政府客户慕名而来寻求法律服务。

而有的律所，具有很强的营销能力，有非律师的营销人才每天奔波在开拓外地客户的路上，或者经常给外地的客户打电话发邮件，这样的律所也会因为出色的营销能力积累一批外地客户。

三、律所在目标城市能够吸引到优秀人才的加入

作为一家外地律所，要在当地吸引到优秀人才特别是资深律师的加入，这一点其实是最不容易的。除了律所品牌影响力要大以外，律所的制度和文化也要具备足够吸引力。

曾经有两家北京律所上门招募过我们团队整体并入，但都被我们婉拒了。前一家我们认为品牌影响力不够大，特别是在知识产权领域缺乏足够的号召力。后一家实力

和发展势头都不错，但品牌声誉和律所文化在业界的风评一般。虽然拒绝也有想一心打造自身品牌的原因，但即使我们没开律所的情况下，估计选择他们的可能性也不高。

当时，我们也想过这样的北京分所如果开在佛山，找到其他知识产权律师加入，会对我们方图造成很大竞争威胁吗？其实也不会。

很多律所的机制决定了，律师的产品服务能力不会因为加入一个律所在短时间内而得到显著提高。所以，反过来说，一个外地分所除非能够在当地找到这个领域内比较优秀的律师加入，否则也很难在当地市场仅凭品牌优势打败当地已经深耕市场多年的竞争对手。

2022 年 4 月，我曾与植德的合伙人做过一次线上“方图有约”交流，植德模式依靠先发薪酬后结算创收比例的分配制度吸引了各个地方一些精英律师加入，特别是一些来自红圈所的律师。而植德的文化也是一个很大的亮点，不仅促成了合伙人之间的业务转介，也形成了良好的律所文化氛围。

所以，对于律师而言，分配方式只是一个部分，精神归属感其实是特别重要的。

上海有家律所叫申同，它们的分配体制是传统的，但是打造的“一起陪伴变老”的律所文化却特别吸引人。

因此，人才是一个很实际的问题，分所层面如果完全靠总所派出人才，当地再招募新人逐步培养，这个发展速度无疑是比较慢的，甚至还有可能面临水土不服的问题。

比较好的方式是——依靠有吸引力的分配方式和律所文化，吸引当地某些领域已经比较资深并且高度认可品牌文化的律师加入，这样不仅会带来当地的资源和客户，也有很大可能带来不一样的产品优势。

四、具有可复制的律所发展模式

有些律所很强，但并非因为先进的管理模式或者团队的力量，而是有些领头人的个人能力，比如，在本地深耕多年，专业能力以及各种本地资源都特别厉害等。这种发展模式其实是很难在分所复制的，因为负责人不可能每天跑分所，也不会再去一个新地方躬身入局去开拓市场。

但有些律所看起来每个合伙人都不是那么强，但组队出来就能一起做很多事情，这样的律所很大程度上靠的是优秀的运营机制和模式的力量。

机制和模式相对个人英雄主义而言会比较容易复制。

比如，采用团队办案流程管控案件质量、举办活动撰写文章提升律所品牌影响力、专人落实新旧客户拜访和开拓，通过成熟的运营机制来开拓市场、保证服务品质，总所和分所之间完全可以做到相互协助、遥相呼应。

当地的优秀律师加入分所之后，则能够通过这些可复制的模式进行赋能，而不是仅仅冠以一个分所的品牌名头。

而总所派出人才的作用，是想办法把运营模式和律所文化在分所进行落地和复制。如此才能完美保证外来人才融入和内部文化不变形。

结语

以上四点，除第二点不是绝对必要外，另外三点对于成功开设分所我认为都是非常必要的。由于一体化的律所开分所更难，第二点对于一体化律所也会显得比较重要。

拓展客户的难度要比开设一个分所的难度小得多。如果有心在一个目标城市开设分所，那么不妨在此前多在这个城市做一些市场活动，拿下一批合作客户。这对于分所的负责人而言无疑也是一颗定心丸，让他们在之后 1 ~ 3 年内会走得更顺。

运营管理篇

提升律所盈利能力，需要做好哪些方面

吴剑霞 | 智合研究院

当我们讨论律所盈利能力时，通常会想到创收、利润、律师人数、合伙人人数这些概念，并且快速算出一家律所的人均创收、人均利润、合伙人人均创收、合伙人人均利润。

但如果仅从这个角度去探讨，只能得到表面的数据结论，容易陷入用“A 概念解释 B 概念”的无效循环，而不知道律所到达这个数据的背后逻辑。对于律所管理层而言，知其然重要，知其所以然更重要，因为这才是可以循迹与复制的。

基于对近 50 名居于律所管理岗合伙人的匿名调研，我们获取了他们眼中影响律所盈利能力的关键因素。虽表述各异，但经提炼与总结，我们将其归纳成四类要素：客户管理、业务管理、团队管理、管理与领导力[1]（见图 1）。

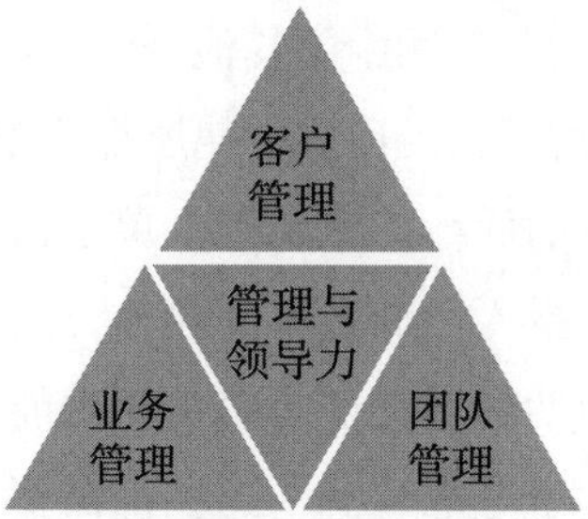

图 1　影响律所盈利能力的 4 类关键因素

本文围绕客户管理、业务管理、团队管理、管理与领导力四要素，提出提升律所盈利能力的建议。

---

〔1〕 在本次调研中，有 35. 29% 的合伙人将客户管理作为首要因素，后续依次是占比为 29. 41%、23. 53%、11. 77% 的管理与领导力、业务管理、团队管理。

一、客户管理

客户管理，管理的是什么？

在《值得信赖的顾问》一书中，大卫·梅斯特从专业人士与客户关系、信任要素的角度，提出了建立客户信任关系所必须遵循的五个步骤：委托、倾听、界定问题、构想和履行承诺。其认为，客户管理的核心是形成信任关系，“赢得客户信任是一个可被管理的过程”。

从以服务为基础，到以需求为基础、以关系为基础，再到以信任为基础，体现了专业人士与客户关系的三次递进，越到后面越高阶，对专业人士的要求也越高。

同样地，对律所管理者的要求也越高——要为专业人士提供有养分的土壤，让他们可以逐步进阶。具体要怎么做？

不少接受调研的律所管理者将“客户管理”这一概念下沉至案源、市场开拓、品牌宣传等维度。这三组词有其容易理解的部分，如客户资源、高质量客户，也有当前律所仍处在探索过程中的部分。

（一）案源：“客户资源”“高质量客户/优质大客户”“客户类型”

看起来，有客户资源（代表数量）、有高质量客户（代表质量），律所的创收能力就不会太差，但还需要注意客户类型结构。关注创收的同时，不可忽视成本与利润。

不同客户类型带给律所的收入及业务机会不同。通常大客户要么能给律所大单子，要么能通过服务这家企业而打通其集团中的其他企业合作关系，再不济，拿着曾经服务某大客户的业绩，也能进行品牌增信。所以，律所都希望自己有足够多的大客户。

但管理者需要拨开高创收的面纱，认识到大单子通常也伴随高投入。高客单低投入—高客单高投入—低客单低投入—低客单高投入，这四类客户达到怎样的占比，能够使律所收益最大化？是要短期最大化还是多少年内能最大化？是所有业务都要最大化还是允许部分创新板块短期不考虑利润？这些都需要律所管理者好好盘一盘。

需注意，这个结构应是动态的，原来“高客单低投入”的客户会随着自身发展阶段与需求的变化，而对律所提出新的要求，此时就可能进入“高客单高投入”甚至“低客单高投入”的状态。

（二）市场开拓：“有创收能力的合伙人”

律所管理者想要的，是能为律所带来创收的合伙人；合伙人想要的，是加入这家律所后能让个人业务有更好的提升。如果律所没有任何客户基础，合伙人不会加盟，同样地，如果合伙人没有一定的市场开拓能力，律所也不会选择他。

这当中要如何去达成双向选择的平衡?

看哪一方能先做些前期“牺牲”。

律所愿意先投入后回报，则可以关注那些专业能力扎实、所专注的业务领域有增长空间的青年合伙人，他们正处在个人成长期、业务潜力期，假以时日会有成果。

合伙人愿意先投入后回报，则可以聚焦那些有专业和品牌基础、业务板块可以互补或者强强联合的律所（缺有能力的业务领头人），躬身入局，牵头把某一业务领域带起来，实现职业生涯的上升。

（三）品牌宣传：“律所品牌/知名度/专业口碑”“宣传与推广”

品牌宣传早已是业内共识，本文仅做一点提示：律所可以尝试更多样化的方式与渠道，而不局限于直接体现专业实力的品牌活动（如很多专业所以举办专业论坛、冠名辩论大赛等形式为主）。

品牌宣传的目的是在客户心中树立专业形象，既包括加强老客户的品牌印象，也要不断向新客户发出律所声音。尤其是从拓新角度而言，那些间接体现专业实力的、面向不同群体的、能走到不同行业中的模式，也有必要进行适当布局。在这方面，企业通常比律所走得更快更远，在合理限度内，不妨向企业学习学习。

二、业务管理

业务管理，管理的是什么?

基于对受访者反馈的整理，智合总结出以下三个需重点关注的维度。

（一）产品：“核心产品”“业务市场”“业务类型”

早几年，“产品”这一概念还属于新词汇，较少在律所出现，如今已被越来越多业内人士应用，甚至有专门谈法律服务产品的相关书籍。非标性又是法律服务长期以来的标签，法律服务产品化的本质就是将法律服务标准化、流程化。

不是完全颠覆原来律所介绍手册中关于业务部分的介绍，但需要进行优化——让客户能更可视化的理解他将通过怎样的服务流程、获得怎样的服务内容、达到怎样的服务效果。

按照这一思路盘点后，律所管理者们很快就能发现本所在某一业务领域的产品和其他律所好像没有什么差别。出现这个情况，一点都不奇怪，大家学的法条、看的判例、遵循的监管要求是一样的，在没有结合律所特色和经验之前，确实难有差异。

怎么结合律所特色和经验？不要只用原则去设计，而要用实践情况，如律所的业务布局逻辑、优势板块业绩。假如 A 所以Ⅰ类业务为主或者以“Ⅰ+Ⅱ类”业务为主，B 所在业务结构的展示上就要有所区别；如果业务领域类似，那么在服务流程、内容及效果方面就要增加独有的实操细节与客户反馈。

此外，在客户管理部分，我们提到要注意高客单低投入—高客单高投入—低客单低投入—低客单高投入四类客户配比。在业务管理部分，也需注意对应类型的业务配比，二者是要联动考虑的。

（二）质量："案件质量/业务质量""专业能力""业务积累"

如果说法律服务产品化是律师行业进步的表现之一，那对服务质量的要求几乎自始就有，这一点也是受访者提及最多的，虽表述不尽相同，但大抵都围绕"案件质量/业务质量""专业能力""业务积累"。

保障专业服务的质量，既包括服务过程，也包括服务结果；既包括单个律师的专业能力，也包括团队整体服务表现。

就服务过程与服务结果而言，有时候客户是否满意结果取决于过程感受。这里也不仅指"服务流程"本身，也涉及这一过程中如何向客户交付阶段性成果、如何与客户进行已完成与待推进事项沟通。

如果要进行优化，最简单的做法是先设计一份 SOP（标准作业程序），先解决有没有的问题，然后根据实际情况，在此基础上不断打磨细化。

就单个律师专业能力与团队整体服务表现，很多律师都已经意识到无论是诉讼业务还是非诉业务都已经过了单打独斗的阶段，需要依托于团队力量——有时候，团队给到的是"集体智慧"，如关于某一疑难问题的解决方案；有时候是"后勤保障"，如分工协作、快速响应；更有时候，是同其他律所与团队较量的业绩底气，如参与招投标。

如果要进行优化，不求一步到位到一体化，但可先进行团队化转型，先打造出一部分优质团队，再以此为标杆去影响团队外律师。

（三）收费

此外，也有少部分受访者提及"提高收费标准"，其出发点在于，客单价高，即使数量少，最后总额仍然不会低，且律师作为专业服务人士，应该匹配高收费标准。

之所以较少合伙人提及这点，一是律师行业收费虽有指导价，但不同律所、不同团队、不同律师的收费标准都有差异，难以完全定在某一个或某几个数额；二是受疫情影响，已经出现低价竞争的现象，虽然心里希望提高收费，但为了争取客户也不得不进行适当降价。

关于产品定价，有专门的方法论，经济学角度有随行就市定价、成本加成定价、撇脂定价、歧视性定价（差异化定价）、基于认知价值定价[1]等方式，律所可根据

---

〔1〕 参见熊熊运营笔记：《产品定价的 5 大方法》，载 https://zhuanlan. zhihu. com/p/500951533，最后访问日期：2022 年 11 月 29 日。

业务定位、品牌形象有所选择与组合。

三、团队管理

团队管理，管理的是什么？管理的是团队成员及其所负责的事。

如何进行“人”和“事”的管理？需要做哪些事？具体怎么做？对于这个问题，近50名律所合伙人关注的侧重点各有不同，这与其所处区域、律所发展阶段有关。经过梳理，可以总结成存在递进关系的四个方面（见图2）。

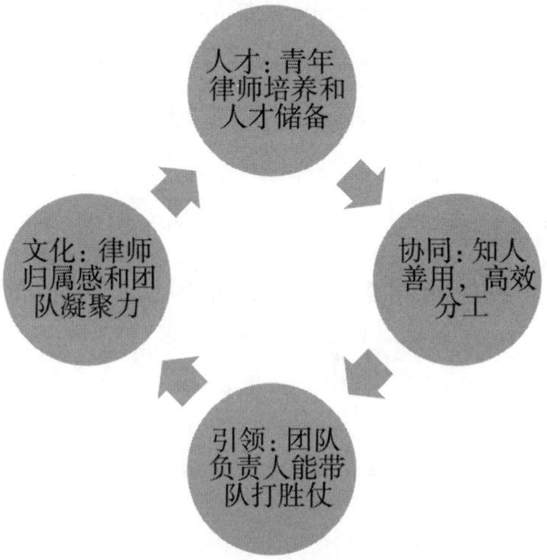

图2　团队管理关键步骤

这四个方面的逻辑是：其一，没有专业无法分工，青年律师习得专业技能是协同的基础；其二，团队成员有了专业基础后，可以按项目需求和成员特点分工协作，此时已经比大部分团队高效了；其三，前两方面是行动，“打胜仗”是结果——要能带领团队攻客户、拿项目；其四，做到前述三个方面，团队已经能自我良性循环了，但如果想要更进一步吸引更多优质人才，就需要用物质之外的团队文化，这一点我们有机会将在其他文章中详细探讨。

（一）人才：理念上重视且可落地

还是那句话，不要急着一口吃成胖子，处于什么阶段就先做好该阶段的事。如果尚未意识到这一点的重要性（理念），没有相对体系化的人才培养框架及配套材料（落地），那就先把这一步做好。

首先，理念上先重视。只要青年律师占比高，人才培养不可避免，不要想着青年律师靠自学就能达到律所要求——松散制管理可以，其不需要统一标准与严格质控，团队制管理不行，需要用统一的高标准去打优质客户。

其次，培训体系要有基本雏形。可以先把律所或团队已有的案例、项目材料、内外部往期演讲等进行脱敏处理，梳理成如下框架，有多少、先用多少，剩下的逐步完善：

· 指引性培训：让青年律师对律所的发展历程、律所制度、律所文化等有全面了解，对律所代表性业务部门的业务特点、代表案例与客户等也心中有数。

· 实务类培训：根据律所业务特点及新业务布局规划，进行具体业务领域的常见问题、难点问题、参考案例、解决方案等维度的培训。

· 经验类培训：一方面，包括基础工作技能、职场工作习惯相关培训，如案例检索、文书写作、客户沟通、工作纪律；另一方面，包括业内/所内资深合伙人执业经验分享，如如何度过执业初期、如何应对工作压力，帮助青年律师树立正确的职业观并培养对这个行业的热爱。

（二）协同：做好向下管理

团队负责人需要知道成员的性格特点、做事风格，将最能发挥其作用的任务分配给最合适的人。

团队成员需要知道自己要做什么（做到什么程度）（what）、什么时候要完成（when）、具体怎么做（how），以及为什么要做这件事（why），才能最大限度地完成被分配的工作。

这里涉及向上管理和向下管理。团队负责人要做好成员不懂、不会向上管理的准备，此时，向下管理就尤为重要。沟通是最关键的一环，沟通顺畅了，协同才能跑起来。

注意，此处的“沟通”并不仅指就某项任务的单次沟通，更包括成员对于自己所处的岗位、工作模式、可借助资源等方面的常规认知——这些需在组织架构、制度设计及日常交流中潜移默化。

回到就某项任务的单次沟通上，稻盛和夫提供了一个很好操作的“五遍布置工作法”可供参考：

· 第一遍发布命令，直接告知员工其工作内容是什么；

· 第二遍员工复述，确保员工接收到的信息与上级想传达的一致；

· 第三遍员工明晰工作意义，确保结果不要偏离目的；

· 第四遍明确授权边界，让员工知道什么时候要请示、什么时候可以自行决定；

· 第五遍扩展员工思路与创新，沟通具体执行路径，帮助更好达成工作目的。

当然，事前只能预判，不能确保，最终都得通过一件事、一件事的过程和结果来验证。但事前掌握一些方法，可以缩小预判与结果的差距。

（三）引领：赋予团队打胜仗的信心

如果说人才培养、分工协同可以通过一些方法论及练习掌握，那么带领团队打胜仗就不单单是“术”层面的事了。

古人云“谋事在人，成事在天”，古人又云“人定胜天，事在人为”。这两句话代表了两种管理心态：前者能谋事，又能对客观环境有理性认识；后者能谋事，也能在认识到客观限制后仍抱有强大信念。机会多、挑战少时，把专业做到位就能有客户；但机会少、挑战大时，更需要持续克服逆境的勇气与耐力。

团队负责人的使命是，让成员具备团队能打胜仗的信心，并看到切实的团队胜利。

四、管理与领导力

管理与领导力包括哪些方面？每位律所管理者对这个概念都有自己的理解（见图3）。

图3 调研反馈关键词云

在本文语境中，可以拆解为两个方面：

一是直接与客户管理、业务管理、团队管理相关的部分，前文谈及的内容都可纳入管理与领导力范畴。

二是有助于客户管理、业务管理、团队管理的部分，通常同时作用于客户、业务、团队的战略定位、资源配置与管理制度。

（一）战略定位：制定“战略地图”

要做一家怎样的律所？要在客户心目中树立怎样的品牌形象？律所的核心竞争力是什么？要走规模化之路还是专业化之路？下一步客户拓展、业务布局、人才引进的重点在哪里？怎么实现目标？

在没有战略定位之前，这些都是问题，头绪万千无抓手；有了战略定位后，主线与干扰项就能清晰界定。这一点很考验领导者水平。好在罗伯特·卡普兰用《战略地图：化无形资产为有形成果》一书给了我们一套方法论。

典型的战略地图分为财务、客户、内部、学习与成长四个层面（见图4）。

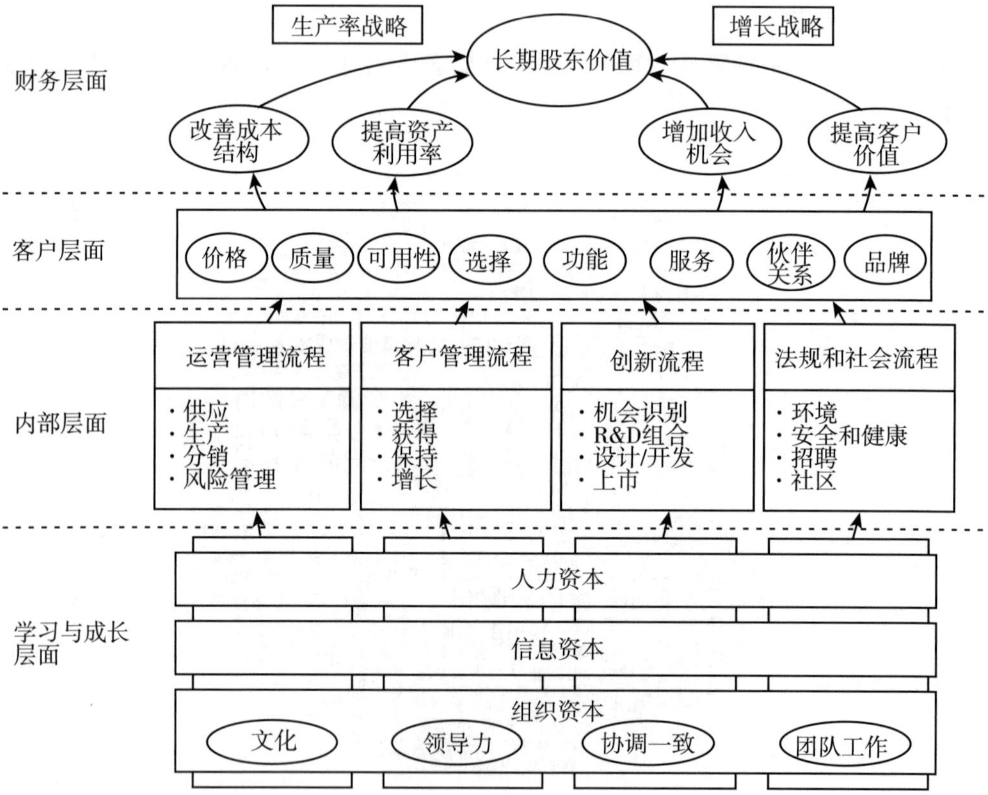

图4　战略地图模板

对于律所管理者而言，财务层面的目标相对比较容易设定，客户层面的目标设定难度次之——取决于业务特点与客户特点，内部层面、学习与成长层面相对更难——越接近具体路径、越不“数字化”越难，个性化程度也越高，需结合律所所处地域、发展阶段、人员特点进行充分考虑。

（二）资源配置：先整合，后分配

律所中最有价值的资源有两类：客户资源、人力资源（主要指律师资源）。前者决定了创收，后者影响交付与复购。

在这两类资源的分配上，一体化律所、团队制律所与提成制律所各有不同表现：

· 一体化律所中，通常会根据客户需求及团队业务特长，去分配案源、抽调专业律师组成服务团队，合伙人基本上不需要担心自己擅长领域的客户被其他专业的合伙人分走，也不用担心律师资源的支持不足。

· 团队制律所中，团队层面基本与一体化律所相同——团队负责人有较大的自主权，律所层面则取决于专业化建设程度，如果专业化程度高，公共案源大概率会以专业标签为主进行分配。

· 传统提成制律所，和团队制律所的律所层面实践情况较为相似。

看到这里，读者或许也发现了，资源配置的前提是资源整合，律所层面能整合的资源越充分，谈分配的空间也越大。一体化律所的资源整合能力强，可以从律所整体层面去考虑哪种分配方式是最优解；团队制律所则至多在团队内部探索最优解。

诚然，范围大小不是管理的首要考虑因素，例如，对于提成制律所而言，在全所范围内强制要求各合伙人交出新客户并不切实际；但若从客户服务及律所发展角度而言，统一的资源配置是效率最高的，先摸清能整合的资源，再通盘考量分配。

（三）管理制度：将目标与路径转化成规则

明确了战略定位和资源分配原则后，管理制度的设计就相对容易了——将前两者的关键内容融入不同的管理制度中，如律所章程、合伙人议事规则、案源分配制度、利润分配制度、预决算制度。

目标明确、资源到位、制度清晰，并从上至下贯彻落实，提升律所盈利能力就是时间的问题。

总结

最后总结一下，围绕客户管理、业务管理、团队管理、管理与领导力，可以做以下 11 件事：

1. 【客户】在案源方面，动态管理高客单低投入—高客单高投入—低客单低投入—低客单高投入四类客户；

2. 【客户】在市场开拓方面，横向招聘合伙人时，律所可适当做些前期“牺牲”；

3.【客户】在品牌宣传方面，律所可以尝试更多样化的方式与渠道，而不局限于直接体现专业实力的品牌活动；

4.【业务】在产品设计方面，不要只用原则去设计，而要用实践情况，如律所的业务布局逻辑、优势板块业绩；

5.【业务】在质量把控方面，可以先设计一份SOP（标准作业程序），然后根据实际情况在此基础上不断打磨细化；

6.【团队】在人才方面，首先理念上要重视，其次培训体系要有基本雏形；

7.【团队】在协同方面，要做好向下管理——不仅是某项任务的单次沟通，更包括成员对于自己所处的岗位、工作模式、可借助资源等方面的常规认知；

8.【团队】在引领方面，要赋予团队成员打胜仗的信心；

9.【管理与领导力】在战略定位方面，要制定“战略地图”；

10.【管理与领导力】在资源配置方面，先摸清能整合的资源，再通盘考量分配；

11.【管理与领导力】在管理制度方面，将目标与路径转化成规则。

开一家小律所，能碰上多少发展问题*

吴梦奇 | 智合研究院

规模化的浪潮席卷多年，头部所的体量一升再升。2010年，全国突破千人规模的律所不过1家，十余年后的今天，律所规模的天花板已然被拉到了五位数级别。

但在头部所“大者恒大”“强者恒强”的同时，50人以下律所仍在律所总量中占比近97%——中小律所仍是主流存在。

理论上存在即合理，但事实上各地律协始终对推动律所规模化、精品化发展不遗余力。尤其是规模化，不止一地出台律所规模发展的对应激励机制。

当然，大家都知道，核心问题其实可以笼统概括为“资源问题”。但这样的概括并没有什么意义，情形不同，难念的经也不尽相同。想要更务实地解决问题，就得更进一步细化分析、提炼共性。

我们不妨思考一下，在2023年，开办一家20～30人的小律所会碰上哪些发展问题。

一、专业化：不得不做精，但怎么做精

律所要长远发展，稳定的业务池和客户群不可或缺。一般认为，规模限制了中小律所接全品类业务和高端案源的能力——实际上可能还不止于此。

不管是从零开始“攒”一家律所，还是从原所拉团队跳出来新组一家律所，首先要解决的仍是定位问题：赚谁的钱？怎么赚？怎么实现长期赚钱的良性循环？

如果律所合伙人本身业务类型就比较杂糅，那在组建律所的过程中也不可避免地会遇到业务来源不稳定、业务繁杂但收入不高等问题，且律所大概率也只能吸引部分与自身类似的“万金油”式律师，进而在律师与律师之间形成更直接的对立竞争关系。即便此后想要转专业化，在利益和能力等问题面前也很难实现。

---

* 本文首发于“智合”微信公众号2023年2月28日，文中数据收录截至2022年12月31日。

当然，由于目前头部律所市场下沉程度不足、中间律所和精品律所服务面有限等因素，一家杂而不精的律所也可以做到“活下来”，只是在行业由成长期转入成熟期后，很快会面临“逆水行舟不进则退”的尴尬局面。

相较而言，精品化路线看上去能够走得更远，因而也为更多新律所所采用——但这并不意味着精品化就能轻松很多。

一方面，如果律所圈定了一两个专业领域进行精品化发展，在当下相对成型的市场格局下，不可避免地要和从事相同或相似类型业务的律所展开直接竞争。如果品牌影响力和专业形象不如他人，要么捡漏从低一档的业务做起，要么下重注在细分领域开辟新赛道，走通了好说，走不通必然经历一段相对长久的艰难起步期。

另一方面，精品意味着聚焦专业、长期研究，意味着现有人才、新进人才要与自身业务领域高度适配。如果是已有团队成建制跳出办所，初期并不会存在这个问题；如果是合作攒所，就得好好考虑一下彼此之间是不是足够合拍了。

二、品牌化：没有品牌不致命，但辛苦

对大多数中小律所而言，品牌和专业其实是一体两面，紧密捆绑的：专业能力（或者说解决问题的能力）带来客户口碑，客户口碑回馈新的案源，品牌的价值就贯穿这一过程当中。这种潜移默化的捆绑确保了律所与客户间的良性互动，但也对律所的发展空间和抗风险能力有一定程度的限制和削弱。

先谈发展空间。对于没有建立品牌、专业实力不过硬的律所而言，很难实现客群稳定、专业突出这两点，这类律所通常会选择借助搜索引擎曝光、平台宣传、地推等渠道进行纯宣传性质的推广，缺乏具备认可度和辨识度的品牌要素。而这类渠道带来高质量客群的概率很低，做多了容易对律所的业务面产生限制，经年累月下来，律所也就被限制在了低端业务或低价竞争的红海。

再说抗风险能力。除开少部分行业格局稳定、客户构成相对单一的业务领域外，大多数律所如果长期服务于一家或几家特定客户，在遭遇短期内急剧变化的时候常常难以适应——例如，客户管理层更迭导致既往的良好服务关系失效，进而流失大客户，律所收入骤减。此时，由于中小律所缺乏类似大所分支机构的风险分摊机制，很容易在业务崩塌的情况下伤筋动骨，后继乏力。

短期来看，发展空间问题并不会进阶到影响律所生存的程度，即便长远来看，客户/业务关系突变也是极少数情形。但如果综合律师行业近年来的发展趋势和头部律所越发明显的虹吸效应，缺乏品牌建设的律所处境变得更加艰难也不过是时间问题。

三、规范化：被忽视的关键要素

在大多数20～30人体量的律所，尤其是处于初创期的律所当中，管理事务要么由主任一手包揽，要么由几位主要合伙人商讨敲定，制度规范停留在一纸章程层面，对内缺乏标准化、流程化运行体系，对外难以约束律师执业行为。一言以蔽之——不够规范。

规范化之所以推行不顺，核心阻力有二：一是有悖职业天性，二是影响执业效率。当然，后者比前者重要得多——律师职业本身具备的自由度决定了律师更倾向那些管理适度、氛围自在的执业平台，但在效益面前，自由实际是可牺牲的。

为了最大化初创期小体量律所的发展红利，业内广泛采取扁平化的管理、分配方式，仅对一些重大风险事项加以约束。这种行为的好处在于激发生产力，坏处则是容易形成路径依赖，对于律所后续长期发展或做大做强带来不利影响。

也有律所主任认为，自己的目标仅限于在当前的体量下维持合伙人队伍的稳定，安安分分服务好已有客户便可，规范化执业带来的人才吸引、对外形象等收益属于可有可无的锦上添花，因此并不必要——这显然忽略了内外形势的易变性和行业监管的不断趋严。律师是份终身事业，如果不希望一失足成千古恨，就必然得同时从律所和自身层面对执业行为加以规范。这与律所是不是长期主义关系不大。

四、信息化：用不起和不实用

严格来讲，关于律所信息化的议题已经在国内律师行业讨论了近30年。单从头部所来看，信息化几乎是标配：无论是硬件层面的数字化办公室，还是软件层面的OA系统、律所数据库和云端服务，都有效提升了律所内部的用户体验和运作效率。

但当信息化这一概念下沉到中小型律所，情形就有些不太一样了。除却一小部分有能力也有意愿力推信息化的律所以外，大多数律所对信息化的态度分成了两派："用不起"，或者"不实用"。

"用不起"派认同信息化对律所的价值，但认为中小律所不太有能力承担信息化建设的高成本。不谈动辄上百万元且需要长期维护的自建信息系统，即便是一些第三方法律科技公司开发的信息系统或数据库产品每年也需要一定数额的投入。因此，很多律所即便有这方面需求，也还是选择了让财务、行政或律师助理以人工处理的方式解决。

"不实用"派觉得中小律所还没到需要信息化系统的发展阶段。有人认为，如果律所规模不超过30人，那么微信等即时通信平台已经足够满足基本的管理、运营事务需要，需要处理的案卷、档案也不会超过财务、行政人员的本职工作量。信息化，并不实用。

五、年轻化：一柄“双刃剑”

坦白来讲，对于一家新开业的律所，人才梯队的年轻化一般并不会是个值得头疼的问题：一则已有的客户还不一定能服务完，二则起步期的管理事务也够合伙人喝上一壶。甚至从全局来看，新律所往往还会吃上一部分年轻化的福利：年轻合伙人有冲劲，团队也因为刚刚踏上系统运作阶段而尚未发生触及核心利益的冲突。

一旦律所发展周期拉长十几、二十年（甚至短则几年），且人员规模没有明显增长，年轻化的另一面就会暴露出来：因发展理念不同带来的分裂，因对利益分配不满带来的离心，因旧人流失新人不进带来的竞争力下滑，这些律所常见问题都会因为年轻、缺乏经验等因素而被进一步放大。目前许多地方律协开展针对新生代律所主任或青年合伙人的管理主题培训班也是意图解决此类问题的一种尝试。

结语：办所难，但还是要开所

单单是办一家小律所，就已经是问题多多，为什么不直接选择加入成熟大所，换得更轻松的执业环境呢？

理由其实很多，可以是追逐最大限度的自由，也可以是欣赏最为简单的人际环境，还可以是探索尚未出现的理想运营模式……舍弃舒适换来的，当然不会只是挑战，还有无限的可能性。

这是站在个人角度，中小律所可以实现的价值，换成行业角度，我们可以说，如果大所是已经成形的江河，中小所就是源头初现的活水。大所当然有体量优势，但中小所也在利冲、机制创新等方面存在长板。退一步讲，水流越多，才越有可能诞生更多更广阔的江河。

只要不止步于温水区，办所就是那件所谓的“难而正确的事情”。

如何建设一家高质量合伙所

——《重庆市律师协会合伙制律师事务所高质量发展建设指引》解读

吴梦奇 | 智合研究院

高质量发展，于2017年十九大首次被提出，因其“建设现代化经济体系必由之路”的内涵，近年来越发受到重视，被各行各业频繁提及。

律师行业亦是如此。外有政策大势的鼓励推动，内有发展转型的突破需求，近几年，在年会、合伙人大会等场合强调“高质量发展”或类似关键词的律所只多不少。当然，追逐热点的潮流褪去之后，律所们也越来越多地开始自发思考：何为高质量发展？怎么高质量发展？但想要摸索出一条清晰路径却并非易事——需要对行业的深度观察、调研、理解，也需要系统、全面地考量。

2022年12月30日，重庆律协发布了一份文件《重庆市律师协会合伙制律师事务所高质量发展建设指引》（以下简称《指引》），从合伙机制、党团统战、人才队伍、业务规范等七个方面为律所提供了“高质量发展”的参考范本。

作为少有的由律协发布的指引文件，《指引》中的一些亮点值得参考。

一、阶段划分

为了使要点更具针对性，《指引》根据律所执业人数的不同划分出了几个层级：

· 大型律所：100人以上；

· 中型律所：30人以上100人以下；

· 小型律所：10人以上30人以下；

· 微型律所：10人以下。

尽管看上去是以人数规模为划分标准，但从正文内容和目前行业内律所的主流发展路径来看，《指引》实际上也是将律所的不同发展阶段以人数为量化指标加以区分。从目前律师行业的发展趋势来看，规模化因其抗风险能力、服务能力和发展潜力的优势已成发展潮流，将其视为高质量发展的一环有其合理性，也使《指引》具备了更广的适用面。当然，如果律所对于规模有自己的取舍，也可以仅以人数分类作为参考——这就属于进阶课题了。

二、高质量发展的基本面

在《指引》中，高质量发展建设主要包括合伙机制、党团统战、人才队伍、业务规范、行政管理、文化建设、社会公益七个方面的建设。

这七个方面基本覆盖了当前律所管理的主要内容。合伙机制决定了合伙人队伍的稳定与否；党团统战则能进一步凝练整个律所自上而下的凝聚力；人才队伍的建设影响律所梯队的完整性和未来发展潜力；业务规范、行政管理属于律所规范化运行的必要前提；文化建设是近几年律师行业的热门话题，是律所实现长远发展、拓展品牌影响力的必然之选；此外，《指引》还考虑到了社会公益层面，响应了律所作为法治建设参与者践行社会责任的使命要求。

三、合伙机制——发展之本

《指引》将“合伙机制”摆在了律所高质量发展的根本地位。对于不同规模/发展阶段律所，《指引》的要求要点大体如表 1 所示。

表 1　《指引》中不同规模/发展阶段律所合伙机制要点要求

律所类型	决策机制	合伙人管理	利润分配	合伙人分级
大型律所	1. 强调以制度和规则协调合伙人内部关系； 2. 定期召开各层级合伙人会议对律师事务所的重大事项进行研究、讨论与决策； 3. 完善各层级合伙人会议表决制度	1. 设立管理委员会、执行委员会、监事会等管理、监督机构； 2. 管理委员会下设立战略规划、财务审计、业务监督、对外联络等内设机构； 3. 合伙人分层分级参与管理，管委会适当集权，科学制定任期制度及任免机制； 4. 鼓励聘用专业管理团队及职业经理人	1. 综合考虑合伙人业务创收、业务办理、公共事务参与及资历等因素，着眼于强化律师事务所长期品牌打造与团队合作； 2. 不宜以平摊办公费用等简单的方式进行利润分配	1. 合理分级，成立考评小组，综合业务创收、团队建设、自律示范、社会影响等多方面指标，对合伙人进行客观、公正、公开的考核与评价； 2. 建立完善合理的晋升与淘汰机制

续表

<table>
<tr><th>律所类型</th><th>决策机制</th><th>合伙人管理</th><th>利润分配</th><th>合伙人分级</th></tr>
<tr><td>中型律所</td><td>1. 在“人和”的基础上逐步向制度与规则过渡；
2. 鼓励合伙人参与所务管理，所务信息对合伙人公开透明；
3. 通过定期或不定期的合伙人会议进行民主决策</td><td>设立管理委员会、监事会等内设机构，逐步推行合伙人分级管理</td><td>对合伙人做合理的倾斜，并参考其他非经济性因素</td><td>1. 逐步建立合伙人吸收、考核、晋升、淘汰的各项规范；
2. 建立以业务创收为主要考量并综合资历、公共事务等因素的评价体系</td></tr>
<tr><td>小型律所</td><td>1. 充分建立在“人和”的基础上，保障合伙人内部的稳定与和谐；
2. 重大事务由合伙人集体协商决策</td><td>1. 鼓励设立执行委员会或者管理合伙人负责日常管理工作；
2. 合伙人原则上均应分工参与律师事务所的管理</td><td rowspan="2">以业务创收兼顾综合贡献为核心进行利润分配</td><td rowspan="2">1. 注重合伙人对于律师事务所的业务支撑作用；
2. 吸收合伙人时考虑发展理念、执业风格与工作习惯等方面的和谐一致</td></tr>
<tr><td>微型律所</td><td>建立骨干律师与核心合伙人共同协商律师事务所重大事项制度</td><td>1. 设立主任或执行合伙人负责日常管理工作；
2. 保障规章制度对律师事务所实施有效管理，避免出现合伙人管理缺位情形</td></tr>
</table>

整体而言，《指引》在合伙机制方面的要求呈循序渐进态势，对小微律所主要要求“人和”，以业务为核心，鼓励全员参与管理，对中型律所要求其各方面内容向大型律所过渡，对大型律所则要求建立科学、完善、全面的制度体系。这与当前行业内的发展方向基本一致。值得一提的是，《指引》也对聘用专业管理团队、职业经理人持鼓励态度。

此外，《指引》还特别提出要建立合伙人纠纷解决机制（无法内部化解的提请律协、司法行政机关调解），并鼓励大型律所探索建立合伙人退休金机制。前者在“讲人和”的大氛围下其实常常为律所忽视或集中在头部所层面，而后者则一直备受讨论。这也一定程度上体现了律协的部分倾向。

四、党团建设——引领作用

对于党团建设，《指引》单辟一节，提倡以党建促所建，通过开展各类活动团结所内律师、为青年律师赋能。

具体而言，《指引》主要区分了大型律所和中小微律所，鼓励大型律所有序开展党组织活动、贯彻落实“三会一课”制度、定期组织召开民主生活会，鼓励中小微律所中的党员律师根据实际情况建设/加入党支部，配合上级党组织要求开展活动。同时鼓励律师积极加入民主党派和社会团体组织。

五、人才队伍——结构合理、专业集约、管理规范

在人才结构方面，《指引》主要对律所的人才结构、专业领域和人力资源管理制度提供了参考指标。要点大体如表2所示。

表2 《指引》中不同规模/发展阶段律所人才队伍要点要求

<table>
<tr><th>律师类型</th><th>职级结构</th><th>年龄结构</th><th>专业结构</th><th>人力资源制度</th></tr>
<tr><td>大型律所</td><td>1. 律师与合伙人比例：3∶1或4∶1；
2. 律师（含合伙人）与律师助理人数比例：不低于3∶1；
3. 统招本科及以上学历占比原则上不低于80%，其中一本不低于40%，硕士以上及“海归”原则上不低于35%；
4. 鼓励吸收高层次法律人才；
5. 完善律师事务所人才储备制度</td><td rowspan="2">1. 35岁以下：30%
2. 35～45岁：25%
3. 45～55岁：25%
4. 55～65岁：20%</td><td>1. 单领域：50%；
2. 双领域：30%；
3. 三领域：20%；
4. 区域市场形成全面竞争力</td><td>1. 建立完善的人力资源管理制度，针对人员招聘、劳动关系建立、入职培训、绩效考核等事项均进行制度化管理。
2. 倡导大型律师事务所建全实习生和人才储备制度，明确进入人才储备库的标准、条件及程序，遴选出具有较强专业优势、特长的专业人才集合</td></tr>
<tr><td>中型律所</td><td>1. 律师与合伙人比例：3∶1；
2. 律师（含合伙人）与律师助理人数比例：不低于4∶1；
3. 统招本科及以上学历人数占比不低于70%，鼓励招收硕士以上及“海归”律师；
4. 逐步建立律师事务所人才储备制度</td><td>1. 向集中化、精品化方向发展，发展3～5个强势领域；
2. 整合资源、强化协作、突出特色；
3. 区域市场形成特定专业竞争力</td><td rowspan="3">鼓励在聘用人员管理制度上不断增强规范性</td></tr>
<tr><td>小型律所</td><td>统招本科及以上学历人数占比不宜低于50%</td><td rowspan="2">未有明确指标</td><td rowspan="2">1. 鼓励律师专业化，在1～2个专业领域形成专业特色；
2. 支持整体打造专业特色所</td></tr>
<tr><td>微型律所</td><td>统招本科及以上学历人数占比不宜低于40%</td></tr>
</table>

以上可见，《指引》在人才层面侧重推动律所实现人才结构的健康合理，同时鼓励律所进行专业化建设和行政管理规范化建设，并提出了许多具体指标——其中部分值得参考。

此外，《指引》还要求律所建立不低于本市最低工资标准的保底薪酬机制并全员缴纳社保。

六、业务规范——团队、监管、协作、创新

在业务规范这一节，《指引》除循着上一节“人才”的脉络进一步强调专业化外，还重点强调了团队化建设以及业务层面的监管、协作和创新。

团队方面，《指引》鼓励大型律所设立功能完备的业务部门并按专业区分，鼓励中型律所设立基本业务部门，鼓励小微律所设立特色业务团队。

监管层面，《指引》鼓励律所建立律师办案质量、执业纪律的监督管理机制，并实施统一的收案审批制度、收案审查制度、收案登记制度、利益冲突处理规则，充分运用信息化办公系统提高审批效率。此外，《指引》也提倡律所进行对外文本的标准化和服务流程的规范化。

协作层面，《指引》鼓励律所建立、完善重大疑难案件集体讨论机制，条件允许的律所则可定期举办模拟法庭等竞争对抗性活动，对承办案件进行模拟演练。目前国内头部所在模拟法庭等方面表现活跃，重大疑难案件的交流则限于某些律所的组成形式而局限在团队层面。

创新主要表现在法律服务产品开发和跨所联动。《指引》鼓励律所积极开展新领域、新类型法律服务产品研发，且认为有条件的律所可以成立专门的产品研发部门——目前国内这方面的实践仍处于起步阶段。同时，《指引》鼓励中小微律所间以及大型律师事务所、国外（境外）律师事务所间的联营、合并。

七、行政管理——职业化

对于律所的行政管理职能，《指引》主要针对不同层级律所提出了以下要点，如表3所示。

表3 《指引》中不同规模/发展阶段律所行政管理要点要求

律所类型	行政部门设置	律师与行政比例
大型律所	1. 设立功能完备、扁平化管理的行政部门； 2. 根据实际需要设置人力资源部、财务部、IT信息部、公共关系部、行政部等部门，任命专职的行政经理等管理层，对各部门实施统一管理	不低于8∶1

续表

律所类型	行政部门设置	律师与行政比例
中型律所	倡导设立基本的行政部门，聘任专职的行政主管，与主管部门、律师协会及其他社会相关部门保持流畅的沟通，有效发挥行政支持功能	不低于 10∶1
小型律所 微型律所	引导小微型律师事务所的合伙人加强对行政事务的管理，逐步建立起行政管理团队	合理配置，向专职化过渡

此外，《指引》亦提出律所应当根据有关法律、法规、规章、职业规范设立职业责任保险等专项基金，并倡导大型律师事务所设立公共积累及风险基金——其中公共积累提取不低于年度可分配利润的 5%，风险基金不低于年度可分配利润的 2%。

八、文化建设——因所制宜

在业内，文化建设一向是个比较“泛”的概念。即便是同样重视文化建设的律所，对其概念和范围的阐释也可能大相径庭。

在《指引》的语境下，文化建设主要包括以下四点：

1. 发展战略、专业特色、价值观念等内在内容；

2. 以投入资金、物力、人力而形成的办公环境、硬件设施、宣传资料等外在形式；

3. 全体律师在执业过程中形成的职业行为、工作态度、团队精神等行为状态；

4. 将法律服务进行创新、规范及标准化并推向市场的行为范式。

在明确支持律所发掘精神内核、建立品牌 VI 形象识别系统的基础上，《指引》将律所的发展战略及理念、硬件、品牌形象和宣传均包含在了“文化”的概念当中。为此，《指引》对律所的办公选址和工区设置、信息化建设、人才培养与职业发展等方面均设置了对应的标准以供参考，如表 4 所示。

表 4 《指引》中不同规模/发展阶段律所文化建设要点要求

律师类型	办公环境	信息化建设	人才培养
大型律所	1. CBD 核心区甲级以上写字楼； 2. 人均办公面积不低于 18 平方米； 3. 区分会客区与办公区等功能区； 4. 兼顾美学与舒适性	1. 开发或购买匹配规模的 OA 系统； 2. 设立独立的远程视频通信系统和庭审系统，满足多人多场次远程会议与线上庭审的需求； 3. 配备法律检索、法律应用工具； 4. 探索建立知识管理系统	持续推进人才培养与继续教育制度，在时间、资金等多方面激励、支持律师参加法学类和非法学类的继续教育培训，鼓励律师取得各类专业职称和技术资质

续表

<table>
<tr><th>律师类型</th><th>办公环境</th><th>信息化建设</th><th>人才培养</th></tr>
<tr><td>中型律所</td><td>1. 甲级写字楼；
2. 人均办公面积不低于16平方米</td><td>鼓励引入现代化电子办公系统，设立远程视频通讯系统和庭审系统</td><td rowspan="3">鼓励加强人才培养，内部营造师徒相承的传帮带良好氛围，外部可与其他律师事务所进行联合培养，强化交流沟通</td></tr>
<tr><td>小型律所</td><td>1. 正规写字楼；
2. 人均办公面积不低于15平方米；
3. 会客区与办公区独立</td><td rowspan="2">充分借助第三方平台保障法律检索和远程庭审的基本需求</td></tr>
<tr><td>微型律所</td><td>不在住宅区以及餐饮业、娱乐业集中的商住两用商务公寓办公</td></tr>
</table>

可见，《指引》认为文化建设需要兼顾软件与硬件，且硬件基础亦需要一定的明确标准加以规范。除以上内容外，《指引》还鼓励律所创新驱动发展，积极开拓新型法律服务领域并打造律所品牌文化。

近年来，疫情对律所、律师执业生态产生了较以往更大的影响，对于律所运作模式的探讨也越来越多。《指引》对于办公环境指标的设置也因此与部分“云端律所”“去中心化”的思维有所不同，但其对于信息化建设、人才培养等方面的构想与当前的潮流和主流律所的预判高度相合。当然，对于办公环境、知识管理、联合培养等选项，倒不一定会局限在《指引》中的特定律所类目下，这点可能更需要律所根据实际情况进行布局。

九、公益社会形象建设——勇担责任

虽然在实践中一些律所将这部分工作归入律所文化建设当中，但《指引》仍选择将本节单列。律所、律师在法治国家、法治政府、法治社会的建设中担当重要角色，因此有必要对公益社会形象建设这一事项予以高度重视。在内容方面，可参考的点还包括《指引》鼓励大型律所进行行业协作、反低价竞争——这有助于律师行业内部的和谐共进。

结语

以上即是重庆律协对于“律所高质量发展”认知的一个缩影。由于竞争关系和认知壁垒的存在，在律所发展、律所管理越发步入深水区的当下，单靠律所进行独立探索与律所间交流确实有可能“事倍功半”，重庆律协本次发布《指引》，或许也包含了从行业层面带动律所间交流联动、合作共赢的初衷。这是这份文件对于行业的另一重积极含义。

当然，国内法律服务市场毕竟是一个跨度巨大、层次复杂的复合型生态系统，站在重庆律协的角度，往上有全国市场，往下还能细分出各区、各县的微小市场，这些市场中不同的经济文化环境，怕是又会给律所高质量发展带来不同的地利和限制条件。因此，重庆律协在《指引》的附则里特别提到：“各分会及律工委参照本指引，结合本区域实际，引导完善高质量发展目标，推动所属区域律师事务所建立健全发展指引。”

这又涉及另一个信号：随着行业建设的深入，律所与律所、律所与律协间的交流必然会变得越来越频繁——对于这样的发展趋势，律所是否准备好了呢？

为什么律所也需要法律运营
——CLOC 三年报告分析*

吴剑霞 | 智合研究院

提到法律运营，就绕不开一个联盟。

公司法律运营联盟（Corporate Legal Operations Consortium，CLOC），一个面向企业法务、在全球45个国家和地区拥有超过1100家公司会员（超过180家世界500强公司）的联盟，提出了优化法律服务的12项核心能力：

·基础：财务管理、供应商管理、跨职能部门协调对接、技术和流程支持；

·进阶：服务模式和替代性支持模型、组织设计、支持和管理、通信沟通、数据分析；

·成熟：诉讼支持和知识产权管理、知识管理、信息治理和记录管理、战略规划。

2019~2021年，CLOC连续三年出具《行业现状调查》报告，对公司法务部门的内外部支出、律所与替代性法律服务供应商（Alternative Legal Service Providers，ALSP）的服务占比、法务部门及法律运营人员的岗位与工作职能等进行调查分析。基于对三年报告的数据分析，值得律所关注的是：

2019年及2020年调查结果均显示，公司法务部门收到的法律服务需求明显增加，且其工作重点仍然聚焦在成本控制及其方式上。此外，这两年很多公司法务部门扩大了其法律运营团队的规模，并在技术方面进行投入。[1]

2021年，公司的法律服务费用显著增加，一方面是法务部门承担的工作越来越多，另一方面也是法律运营团队规模持续增长，多样性和包容性计划（Diversity &

---

* 除特别说明外，本文数据均来自公司法律运营联盟（CLOC）。

〔1〕 汤森路透的一项调查也显示，2020年有81%的公司法务部门招聘了专门法律运营人才。

Inclusion programs，D& I)〔1〕、法律流程自动化等事项的优先级提升。

下文将从四个方面展开：

·法律运营的重要性日渐提升，典型表现在编制、职位及诉求等方面；

·法律服务费用的分配发生变化，公司有除律所外的更多选择；

·律所也需关注法律运营，实现降本增效，才能匹配公司法务部门尤其是法律运营团队的高要求；

·法律运营的发展趋势，重点体现在定价策略、人员结构、技术应用、数据治理等方面。

一、法律运营重要性：增加编制，提升职位

（一）法务部门规模：大中型公司扩编

2021 年，公司法务部门平均有 104 人，2020 年则只有 38 人。从行业上看，2021 年娱乐/媒体行业最高，达 211 人；2020 年则是生物技术/制药/生命科学行业最高，达 191 人；2019 年保险行业最高，达 360 人，超过 2021 年的数据（见表 1）。

表 1　2019 ~ 2021 年公司法务部门规模

单位：人

年份	小型公司			中型公司			大型公司		
	法务部门	法律专业人员	法律运营专业人员	法务部门	法律专业人员	法律运营专业人员	法务部门	法律专业人员	法律运营专业人员
2019	19	10	2	51	28	2	306	164	14
2020	38	26	4	40	26	2	180	120	11
2021	15	12	1	81	55	7	200	144	13

资料来源：CLOC。

注：整理/制图：智合。

比较有意思的现象是，在中大型公司都裁员的 2020 年，小型公司反而扩编了法务部门，2020 年的人数是 2019 年的两倍；但在中大型公司都扩张的 2021 年，小型公司反而又收缩了。

从法律运营专业人员的绝对值看，中型公司法律运营专业人员的增长最为明显，大型公司相较上一年仅增加 2 名；从法律运营专业人员的占比来看，中大型公司有所上升，但小型公司有所下降，这与其裁员政策有关。

〔1〕“多样性”指的是公司的人员构成多样化，在个人特质（如性别、年龄、种族、性取向、宗教信仰）以及职业特征（如擅长技能、语言水平、教育背景、工作经验、思维模式）上的差异程度。“包容性”指的是公司成员在遵守组织规范的前提下，即便与他人表现不同，仍可以平等地被群体接纳和欢迎，拥有与他人同等的机会和待遇。

（二）法律运营人员职位：总监级别为主

在50%以上的公司中，法律运营负责人的职位是总监或经理级别，超过60%都是直接向法总汇报，少部分公司甚至有直接向CEO汇报，这表示这一职能已成为趋势，并且其工作范围在扩大、岗位重要性在提升（见表2）。[1]

表2 2019～2021年法律运营人员职位人数占比

2019年	2020年	2021年
法律运营主管20%	法律运营总监/高级总监/副总监29%	法律运营总监/高级总监/副总监27%
法律运营总监18%	法律运营经理/高级经理27%	法律运营经理/高级经理23%
副总裁8%	副总裁/高级副总裁9%	法律运营主管9%
法律运营高级总监6%	分析师8%	副总裁/高级副总裁7%
总法律顾问5%	法律运营主管6%	副总法律顾问4%
副总法律顾问4%	副总法律顾问5%	总法律顾问/首席法务官4%
法律运营主管3%	总法律顾问/首席法务官5%	分析师3%
法律运营高级经理3%	其他32%	其他27%
其他33%		

资料来源：CLOC。

注：1. 整理/制图：智合。

2. 数据存在重复计算情况。

（三）法律运营的核心诉求：知识管理

通常，公司法律运营团队提供包括但不限于以下服务/支持：

· 流程优化和项目管理；

· 数据分析；

· 技术和流程支持；

· 供应商管理；

· 财务管理；

· 知识管理；

· 战略规划；

· 组织设计、支持、管理；

· 信息治理和数据存档；

· 学习与发展；

· 服务交付和支持模型；

· 诉讼和知识产权管理；

· 招聘和留用支持。

---

〔1〕CLOC调查结果显示，2019年，65%直接向总法律顾问汇报，21%直接向副总法律顾问汇报，甚至还有4%直接向CEO汇报；2020年，向CEO汇报的情形没有了，但仍有向副总裁直接汇报的情形，占比最高的仍是向总法律顾问、副总法律顾问汇报，比例分别为68%、10%；2021年这个比例有所变化，分别为59%、14%。

如果按5分制（1分代表刚起步/不成熟/待发展，3分代表发展中，5分代表高度成熟/领先）对法务部门的服务能力进行打分，可以发现公司对于法务部门及其法律运营团队的核心诉求之一是知识管理。

2020年，大家最满意的是技术、服务交付模型、组织优化与健康方面，特别是技术方面，一半以上给出了4分以上，后两项也有60%认为达到中等及以上水平；但对于商业职能、知识管理方面，超过60%的受访者认为尚处于起步阶段的水平。

2021年，大家最满意的是组织设计和战略规划、服务交付和支持模型、技术和流程支持，超过60%的受访者认为达到中等及以上水平，其中近30%给出了4分及以上；但对于数据分析、知识管理，超过一半的受访者认为未达中等水平。

技术方面普遍有较高评价，是因为法务部门的技术应用越来越成熟，电子账单、电子签名、文档管理、合同管理是应用最广泛的四类工具，其中2021年使用最多的是电子签名，而2019年、2020年是电子账单。

二、法律服务费用分配：更多公司选择ALSP及内部消化（技术）

公司的法律事务一部分由内部的法务部门消化吸收，另一部分则委托给律所、替代性法律服务供应商（ALSP）或借助法律科技等方式解决。

2019年，有超过50%的公司表示，其在聘用外部律所方面的费用有所下降或基本与2017年、2018年持平。14%的公司将更多法律事务委托给替代性法律服务供应商（ALSP）而非律所，33%的公司则内部自行消化。

2020年，公司法务部门每花1美元，其中有0.61美元是给外部律所或替代性法律服务供应商（ALSP）的，比2019年增加了0.15美元；但也有诸多中小公司[1]选择内部消化。

2021年也有类似表现，即中小公司的法务部门更倾向于内部消化，大公司则更倾向于找外包（见表3）。

表3 2019～2021年公司法律服务费用支出情况

单位：万美元

年份	外部支出中位数	内部支出中位数	法务部门人均外部支出中位数	法务部门人均内部支出中位数
2019	1170	1350	45.1	29
2020	790	500	40.4	20
2021	1450	1330	43.3	24.3

资料来源：CLOC。

注：整理/制图：智合。

〔1〕CLOC将公司规模100亿美元以上的归为大公司、创收规模10亿～100亿美元的归为中型公司、创收规模10亿美元以下的归为小公司。

整体而言有两个趋势：

一是2021年法律服务费用支出明显上升，外部支出中位数是2020年的近2倍，内部支出中位数则是2020年的2.7倍。考虑到2020年疫情突发的影响，整体增速其实有所放缓——相较于2019年，2021年的内部支出反而略微下降。值得律所思考的是，1450万美元的外部法律服务费用中，有多少是给到律所，又有多少是流向ALSP的。

二是外部支出的绝对值高于内部支出，但差距在2021年有所缩小。从法务部门人均外部支出、法务部门人均（除法务外还包括法律运营人员等）内部支出也可看出，法律费用支出正在从外向内转移。这表示不少公司已经尝试通过扩大法务部门编制、招收法律运营专业人士等方式提升内部消化能力。

再从不同行业、不同营收规模维度看替代性法律服务供应商（ALSP）对律所市场份额的影响。

（一）不同行业

具体到不同行业，从支出的绝对值看，2021年是生物技术/制药/生命科学行业名列第一，支出近2亿美元；2020年是科技行业，支出超过0.8亿美元。从支出在全年营收中的占比看，2020年为1.12%，2019年为0.44%。如果律所正在或者计划进行内部法律运营，这个预算比例可供参考。

早在2019年，超过一半的法务部门就将采用替代性收费方案（Alternative Fee Arrangements，AFAs）、选择替代性法律服务供应商（ALSP）、内部消化等方式进行成本控制。他们认为，替代性法律服务供应商（ALSP）比律所更加节省成本（如表4所示）。

（二）不同营收规模

表4　2019～2021年不同营收规模公司法律服务费用支出情况

单位：万美元

年份	小型公司				中型公司				大型公司			
	外部支出	外部支出—ALSP	外部支出—法律科技	总支出	外部支出	外部支出—ALSP	外部支出—法律科技	总支出	外部支出	外部支出—ALSP	外部支出—法律科技	总支出
2019	400	/	/	900	2100	/	/	3800	8400	/	/	17,500
2020	210	8.04	12.45	450	1140	42.8	31.77	1650	6140	190	60	8970
2021	590	27.41	12.41	1160	3110	140	170	6470	8570	400	150	12,740

资料来源：CLOC。

注：整理/制图：智合。

具体到不同营收规模，无论是大型公司还是中小公司，其外部支出及总支出的变化趋势一致，即在2019～2021年三年中，2020年的费用最低；不过，2021年中小公司已经回升并且超过2019年，大型公司的总支出仍远低于疫情前。

值得注意的是，替代性法律服务供应商（ALSP）的费用在2020～2021年两年间有明显上升，小、中、大型公司分别增长了2.4倍、2.3倍、1.1倍。2020年，78%的公司表示两类机构委托量和往年一样，但有19%的公司已经将更多法律事务委托给替代性法律服务供应商（ALSP），仅有3%表示给到律所。到2021年，这个数据变成：75%的公司表示两类机构的工作量和往年一样，但21%的公司转向替代性法律服务供应商（ALSP），仅有4%表示选择律所。

德勤的一项调研结果也显示，45%的企业正在考虑或已经使用替代性法律服务供应商（ALSP）及法律管理服务，这个比例相较上一年增长了12%。[1]

此外，除小型公司的法律科技支出没有明显变化外，大、中型公司均有增加，大型公司增长了1.5倍，中型公司增长了4.4倍。

公司法务将更多预算放在替代性法律服务供应商（ALSP）及技术上，这一现象值得所有律所警惕。律所需要尽快提升不可替代的核心竞争力——不管是业务层面还是运营层面，并将法律科技的工具与流程优化等纳入服务范围。

三、律所为什么也要做法律运营

在彭博社的一项调研中，无论是律所还是公司法务，对于法律运营的考量点基本一致，以提升专业律师工作效率、降低成本、改善律师工作流程为主。[2]德勤也曾基于CLOC的12项核心能力，对公司内部法律运营的核心诉求进行调研，80%关注律所和供应商管理，74%选择技术，后续依次是财务管理、战略规划、项目/计划管理。[3]

这表明大部分公司的法律运营仍在初级阶段，以基础能力建设、降本增效为主。这些公司法务在做年度规划时，对内是实施多样性和包容性计划、推进自动化法律流程、实施新技术、数据治理等，对外是重新规划内外部法律事务分配。在这当中，律所可以做的事情太多了。只要律所提供的服务能帮助其达成前述效果，还是有很大市场容量的。

---

〔1〕 See Deloitte, 2021 State of Legal Operations Survey, at https://www2.deloitte.com/content/dam/Deloitte/us/Documents/risk/us-2021-state-of-legal-operations-survey-infographic.pdf, Jan. 6, 2023.

〔2〕 See Bloomberg, 2021 Legal Operations Survey, at https://aboutblaw.com/XmZ?utm_source=ANT&utm_medium=ANP, Jan. 6, 2023.

〔3〕 See Deloitte, 2021 State of Legal Operations Survey, at https://www2.deloitte.com/content/dam/Deloitte/us/Documents/risk/us-2021-state-of-legal-operations-survey-infographic.pdf, Jan. 6, 2023.

律所是否要进行法律运营，只需要考虑两个问题：

——我的客户是否在做法律运营？

——我做法律运营能否解决客户在质量与效率方面的需求？

如果答案为“是”，那就做。

在公司法务视角中，他们通常会使用下述标准来评价律所的整体表现与价值：

· 工作质量；
· 成本效益；
· 响应性和及时性；
· 服务结果；
· 理解并与公司业务保持一致；
· 服务交付；
· 多样性与包容性；
· 透明度和信息共享；
· 共同价值观；
· 有效利用技术；
· 创新与创造力。

具体到公司法务部门的法律运营团队，会希望从律所获取下述服务：

· 更有创造性和替代性的定价安排；
· 更好的项目管理；
· 更多的法律技术应用与实践；
· 面向客户端的数字服务，如可自主访问服务内容、建议或定制文档；
· 业务结构/激励模式的变化；
· 技术或创新孵化器；
· 专门的创新主席或理事会。

要能够满足前述需求，就需要法律运营的思维——律师是法律方面的专业人士，非法律方面的运营工作也需要专业人士。

四、法律运营的趋势

CLOC 曾总结过法律运营的发展趋势[1]，其中有 4 条特别值得律所关注：

---

〔1〕 See CLOC，The Leading Corporate Legal Operations Trends for 2022，at https://cloc.org/leading-corporate-legal-operations-trends-2022/，Jan. 6，2023.

（一）替代性收费方案（AFAs）的应用增加

曾经，公司法务部门会担心提起替代性收费方案（AFAs）会比小时计费方式的成本更高；但近年来的律所创收数据告诉我们，情势已经发生了变化——2018 年以来，AmLaw200 中采取替代性收费方案的律所越来越多。这与花旗银行的调研数据结果一致：2016 年美国大型律所通过 AFAs 获取的收入占全所创收 16%，2022 年这一比例将提高 20.5%；未来两年，预计 71% 的大型律所将通过 AFAs 获得收入。[1] 与传统的小时计费模式相比，替代性收费方案（AFAs）对于公司、法律运营团队、律所而言在支出管理上更为便利，支出更可控、计费方式更可靠。

（二）倡导多样性和包容性（D& I）成为趋势

2020 年至 2021 年，公司对于多样性和包容性（D& I）专业人员的聘用需求激增，超过 60 家美国公司开始任命有史以来第一位首席多样化官（CDO）。[2] 很多公司的法律运营团队亦将多样性和包容性（D& I）列为第一要务，如英特尔、优步、诺华。

（三）法律科技的预算会越来越高

电子签名、电子账单等技术工具能够帮助企业最大限度地节省时间、精力和费用。根据咨询公司 Gartner（高德纳咨询公司）的《2021 年法律规划和预算》报告[3]，到 2025 年，公司法务部门的法律技术预算预计将增加两倍。

（四）网络安全和合规建设是重要工作

技术在广泛应用的同时带来了隐患，美国律师协会透露只有 43% 的受访者会使用加密手段；在数据泄露事件中，平均成本为 424 万美元。制定“全面的数据管理策略以确保合规性、可防御性和安全性”成为很多公司的当务之急。

前述趋势中，指出律所在管理与业务层面可以做的 4 件事：

· 优化定价策略，提供多样化选择；

· 优化人员结构，聘请非法律专业人员；

· 加强技术应用，引进能面向客户端的数字服务系统；

· 布局数据合规领域，组建业务团队。

---

〔1〕 参见智合研究院：《解读 2023 花旗报告：全球法律市场的四重挑战》，载微信公众号“智合”2022 年 12 月 26 日，https://mp. weixin. qq. com/s/iUyhzdYyKCeXNmh7MUX96Q。

〔2〕 See ENTA：《解读企业的多样性和包容性》，载 https://www. enta. center/blog/why－do－leading－companies－put－emphasis－on－diversity－and－inclusion，最后访问日期：2023 年 1 月 5 日。

〔3〕 See Gartner，2021 Legal Planning & Budgeting，at https://emtemp. gcom. cloud/ngw/globalassets/en/legal－compliance/documents/insights/legal－state－of－the－function. pdf，Jan. 6，2023.

在外所，不做律师，还能做啥

田　歌

律所间的人才竞争向来激烈，不仅是律师，律师专业人员也同样紧俏[1]。疫情之后，大量的律师意识到他们不想把时间花在和客户关系与业务发展无关的管理性工作上。实际上，根据汤森路透2022年的调查，人数在30人以下的小规模律所里，律师每天真正花在法律事务上的工作时长平均只有5.6小时[2]。而报告也提出，律师们最不想自己做的非法律工作分别是**营销**、**培训**、**多样性管理**、**招聘**和**知识管理**。也就是说，这些工作律师都希望由专业人员进行，以便他们将更多的时间分配在法律事务上。

根据普华永道2022年律师行业报告，2022年英国律所中其他商务支持人员增长了23.6%。国外律所究竟有哪几类支持人员？这些职位是如何发展而来的，又在律所中起到怎样的作用？我们将在下文中揭晓。

职位一：市场拓展岗（Business Development）

2023年刚刚开始10天，AmLaw排名第一的律所美国凯易在其官网上发布了4个市场拓展领域的招聘信息。在这个信息化时代，市场拓展在律所中已经占据越来越重要的位置。

有市场拓展需求的也不仅是大规模律所，根据2022年汤森路透针对人数在30人以下的小规模律所的调查，改进市场拓展方式将是小规模律所发展的第三大重要目标（前两大目标分别是扩大律所规模与提高内部效率），30%的小规模律所将“改进市场拓展方式”视为接下来发展的主要目标。在未来一年内，29%的小规模律所将增加在市场拓展领域的投资。

---

〔1〕 See Thomson Reuters（2022）：2022 Reporton the State of Legal Market.

〔2〕 See Thomson Reuters（2022）：2022 State of USS Mall Law Firms.

市场拓展的重要性不言而喻。美国顶尖科技领域律所威尔逊（Wilson Sonsini Goodrich & Rosati，WSGR）之所以能长期维持谷歌、特斯拉等全球500强的客户群，秘诀就是坚持本土市场深挖与前沿业务精进并重的市场策略。此外，威尔逊还在其市场拓展部门的牵头下制订了商业头脑计划（Business Acumen Program）培养律师的商业敏锐度，以更深入地了解客户需求[1]。

职位二：知识管理岗（Knowledge Management / Library）

知识性工作伴随律师工作的始终，而律所本身就是巨大的信息库，知识管理对律所的重要性不言而喻。知识管理工作的出现得益于信息化的发展，20 世纪 90 年代中期，文档管理系统（Document Management System，DMS）的广泛使用使文档收集变得更容易，但那时仍然需要人工检索信息，工作十分繁复[2]。而现在，信息科技的发展使律所能够轻松使用各种文件汇编工具来进行知识管理。使律师之间的知识传递更加高效和便捷。根据德勤 2022 年针对知识管理的一项调查，75% 的律所表示知识管理与他们的成功息息相关[3]。

知识管理职位主要负责创建数据库、建设、维护、更新知识管理体系；同时调查知识需求、确定知识管理的重点；此外还要完成知识收集、梳理、筛选、录入，并实时跟进各部门的知识利用效果。

除此之外，国外律所中还有一个和知识管理联系紧密的职位——专业支持律师（Professional Support Lawyers，PSL），也被称为知识律师（Knowledge Lawyers，KL）。专业支持律师并不负责参与具体交易，但会为具体交易提供知识层面的帮助。根据贝克·麦坚时发布的招聘公告，他们的专业支持律师需要和知识管理人员合作研究多个领域的最新法律法规、重要判例和各种学说，并且为其他律师提供特定法律业务的支持，同时对他们进行监督。

知识管理在国内律所中也有近 20 年的发展历程。例如，金杜从 2004 年开始推进知识管理工作，在这一年置办了电子文档管理软件，同时在制度层面设立了知识管理部门，并引进资深人员对律所进行知识管理。2008 年，金杜建立了全国统一的模板

---

〔1〕 See Caitie Mc Carthy, Creatinga Firm – Wide Business Acumen Programat Wilson Sonsini Goodrich & Rosati, at https://pd. hotshotlegal. com/creating – a – firm – wide – business – acumen – program – at – wilson – sonsini – goodrich – rosati, Jan. 16, 2023.

〔2〕 See Harris Tilevitz, Knowledge Managementin Law Firms: What Will Define Future Success?, at https://www. thomsonreuters. com/en – us/posts/legal/knowledge – management – law – firms/Jan. 12, 2023.

〔3〕 See Deloitte: Knowledge Management Creatingcon Text for a Connected World at https://www2. deloitte. com/us/en/insights/focus/human – capital – trends/2020/knowledge – management – strategy. htmlJan. 12, 2023.

系统，模板系统能使整个律所形成统一的品牌形象。之后金杜的知识管理逐渐走上正轨，建立范文库、设立 DM（Document Management）系统、最终建立了知识和质量控制合伙人体系[1]，实现了知识管理系统的完善。

职位三：网络安全技术岗（Cyber Security Technology）

网络风险近些年已经成为律所面临的主要风险之一。2020 年，黑客组织从美国知名的娱乐领域律所 Grubman Shire Meiselas & Sacks 窃取了总量达 756Gb 的数据[2]；2021 年，为数十家《财富》500 强和全球 500 强公司提供法律咨询的美国律师事务所 Campbell Conroy & O'Neil 遭勒索软件袭击；[3]2022 年，俄罗斯律师事务所 Rustam Kurmaevand Partners 遭匿名黑客攻击，被泄露约 1Tb 数据。[4]

数据泄露不仅有损客户利益和律所在客户心中的信誉，更会使律所遭受巨额经济损失——国际商业机器公司（International Brotherhood of Magicians，IBM）发布的《2022 年数据泄露成本报告》显示，企业遭受数据泄露的平均损失为 435 万美元[5]。

律所规模越大，面临的网络风险也就越大。根据美国律师协会（American Bar Association，ABA）的统计，2021 年，人数在 10 人以下的律所中有 17% 曾遭受数据泄露，人数在 10 ~ 49 人的律所中有 35% 遭受过数据泄露，人数在 50 ~ 99 人的律所中 46% 遭受过数据泄露。[6]

实践中，英国律所增加了网络安全技术和网络安全技术人员方面的支出。普华永道（PwC）2022 年度法律行业报告称，为防范网络风险，全球排名前十的英国律所在此方面增加了 56% 的资金投入，平均增至 510 万英镑；全球排名 11 ~ 25 名的英国律所增加了 24% 的资金投入，平均增至 230 万英镑；全球排名 26 ~ 50 名的英国律所增加了 70% 的资金投入，平均增至 75 万英镑；排名 50 ~ 100 名的律所增加了 50% 的资金

---

[1] 参见陆青：《金杜律师事务所知识管理系统建设》，载微信公众号“法治早餐”，https://mp. weixin. qq. com/s/iC_4IZXs - aQmucPr7bTZ_w，最后访问日期：2023 年 3 月 23 日。

[2] See Forbes: Hackers Claim To Have Trump's Dirty Laundry And Demand ＄42MillionTo Keep Quiet, at https://www. forbes. com/sites/daveywinder/2020/05/15/hackers - claim - to - have - trumps - dirty - laundry - and - demand - 42 - million - to - keep - quiet/?sh = 2f777bd837d1. Jan. 11, 2023.

[3] See Lisa Vaas: Law Firmtothe Fortune 500Breachedwith Ransomware, at https://threatpost. com/law - firm - fortune - 500 - breach - ransomware/167951/Jan. 12, 2023.

[4] See WAQAS, Anonymous Hacktivists Leak 1TB of Top Russian Law FirmData, at https://www. hackread. com/anonymous - hacktivists - leak - 1tb - russia - law - firm - data/Jan. 12, 2023.

[5] SeeI BM, Cost of a Data Breach 2022, at https://www. ibm. com/reports/data - breachJan. 12, 2023.

[6] See ABA: 2021Cybersecurity, at https://www. americanbar. org/groups/law _ practice/publications/techreport/2021/cybersecurity/. Jan. 11, 2023.

投入（见图1）。[1]

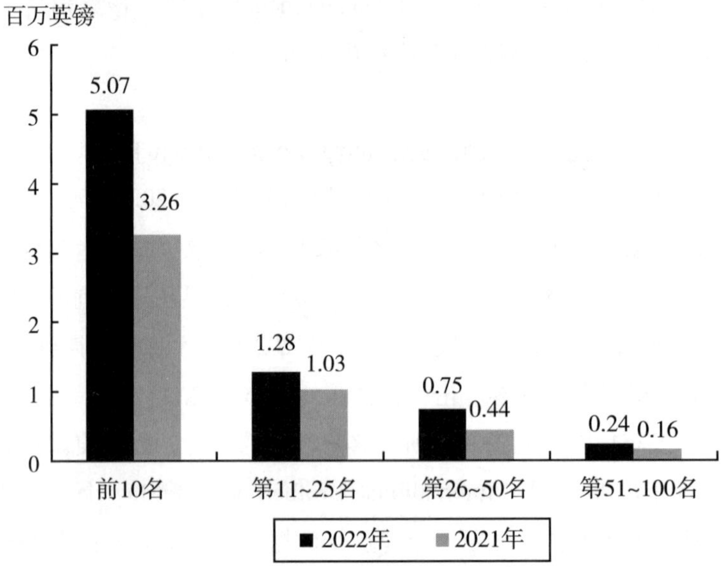

图1　平均网络安全支出

2018年，随着欧盟出台《通用数据保护条例》（General Data Protection Regulation，GDPR），数据合规官（DPO）走入人们的视野。律所建立健全包括数据合规政策、数据泄露应对计划、供应商数据处理、员工数据处理的数据合规制度已经刻不容缓。

国内律所对于防范网络风险也有所行动。例如，大成于2019年在内部建立并实施了数据合规制度；君合由于其客户对律所IT信息安全体系建设的高要求，也已经设立了一套“外购与自主开发相结合”的软件管理系统以应对网络风险。[2]

职位四：法律项目管理岗（Legal Project Management）

从20世纪50年代中期起，项目管理这一职业就开始在各行各业中出现，法律项目管理则是最近十几年才兴起的。它的出现与21世纪起法律服务市场环境的日益复杂密不可分。

一方面，传统法律市场面临高科技的挤占，向律师寻求咨询也已经不再是客户获得法律服务的唯一手段，互联网甚至人工智能已经加入这个市场；另一方面，上文中

〔1〕 Price water house Coopers（2022），Agility Through Turbulent Times.

〔2〕 参见吴剑霞：《自己都不合规的律师，还为客户做合规?》，载微信公众号“智合”，https://mp.weixin.qq.com/s/IzNRAK4oyonI3Mn 7pIb4EA，最后访问日期：2023年1月12日。

已经提到，替代性收费方案的出现，使采用固定收费或风险代理的律师需要有更高的工作效率，才能达到与之前的小时制收费同等的利润率。

那么，法律项目管理是如何帮助律所解决上述问题的呢？当前法律项目管理不仅包含项目管理方法，还包含技术集成、流程改进，更着眼于项目管理者的领导力和人际交往能力。

法律项目管理在国外接受度较高，在领英上搜索“法律项目管理”会出现数百个由霍金路伟、贝克·麦坚时、高伟绅、欧华等律所发布的职位[1]，岗位职能通常包括如下方面：

首先，法律项目管理人员需要深入了解法律服务的运作模式，最好拥有法学或管理学学位以及相关经验，因为他们的职责涵盖法律服务全流程，包括确定法律服务内容、制定预算、确定律师团队成员并持续跟进项目；

其次，法律项目管理人员的沟通能力也很重要，他们需要与其他支持部门紧密联系以更好地服务律师和客户；

最后，法律项目管理人员还需熟练使用项目管理软件，律所希望他们能够通过使用和开发法律项目管理工具来全面提升律师工作效率。

职位五：诉讼支持岗（Litigation Support）/电子披露分析师（e Discovery Analyst）

与国内证据交换类似，披露（Discovery）是英美法诉讼制度中的一项审前程序。民事诉讼中，当事人可以通过披露程序从对方当事人处获得与案件有关的事实与信息，以提前准备。刑事辩护中，披露程序侧重于强调辩护方有权获得对其辩护所必要的证据[2]。

披露这一环节存在大量的文件，而随着网络科技的发展，越来越多的文件都以电子版的形式呈现。电子文件披露分析师作为一种诉讼支持人员（Litigation Support Professional），其职责在于运用数据库等工具记录、储存和分析诉讼进程中的电子数据，包括电子邮件、文档、数据库、PPT、音频和视频等，以此帮助律师处理复杂诉讼。现阶段的电子文件披露分析师可以说是律师助理和 IT 人员的混合，他们一方面执行传统的助理任务，另一方面也承担信息技术方面的工作内容。

国外律所进行招聘时，希望应聘者全面了解诉讼流程及电子披露流程，能够对诉

---

〔1〕 See Anna Marra, Todd Hutchison: The Riseand Future of Legal Project Management, at https://lawahead.ie.edu/the－rise－and－future－of－legal－project－management/#_ftn3, Jan. 11, 2023.

〔2〕 参见薛波主编：《元照英美法词典》，北京大学出版社 2013 年版。

讼事项进行调研并形成实质理解；对文件是否作为关键性证据进行分析和总结并汇报给律师；检查文件是否需要补充，将文件与相关事实相关联以便后续调查；在律师的监督下准备其他证据；等等。

相较于国外，国内的诉讼支持类岗位一般多在企业内部，负责与合作律所沟通，并对接诉讼项目。而律所内的诉讼支持功能很大程度上会交由律师助理实现。疫情期间，数字法院、在线庭审已成为各国法院维持日常审判工作的必经之路。2021 年 8 月 1 日，《人民法院在线诉讼规则》正式实施，明确了电子证据材料的提交和效力认定。未来，国内律所或许也将设置电子证据管理岗位，聘请 IT 和法律复合型人才进行证据管理。

职位六：价格管理岗（Pricing Specialist/ Pricing Manager）

随着 2007 ~2009 年经济危机的爆发，替代性收费方案（Alternative fee arrangements, AFAs）在法律服务行业的使用频率逐渐上升——这种收费类型的优点在于收费方式灵活，价格相较于传统的小时收费更加低廉。替代性收费方案包括计件收费（flat fees）、胜诉费（success fees）[1]和风险代理（contingency fees）等。

而价格管理人员的工作内容就是根据上述收费方式帮助律师制订法律服务的收费方案。在大多数委托人不了解律所收费标准、律师忙于法律工作时，价格管理人员能设计出更细致并且贴合具体事务的收费方案。此外，替代性收费方案更低的价格也能为律所吸引更多潜在客户。目前，法律服务定价部门已成为律所收入增长、客户管理、法律服务创新的关键点。

根据法律服务公司 Altman Weil 2018 年的报告显示，95.8% 的律所预计价格方面的竞争会是长期趋势。花旗银行 2023 年法律行业报告也显示，相比 2016 年，50% 以上的律所在 2021 年增加了价格管理人员的数量，预计到 2024 年，将会有超过 60% 的律所增加价格管理人员的数量。

国内律所和国外律所的一大显著区别就是收费方式的不同，国外惯用的小时收费方式仅占国内收费方式总量的 20% ~30%——只有一、二线城市较大的律所与外企或大型公司合作时会采用此方式，三、四线城市律所或中小型律所大多采用一次性报价。[2]基于国内较为固定的收费方式，国内律所更倾向于通过法律科技手段计费，在市场上常见的 Elite3E、必智等律所管理系统中，计费功能已然成为标配。

---

〔1〕 胜诉费（success fees），是指胜诉后律师可以对此前约定的费用进行提价的一种收费方式。

〔2〕 参见商法：《Tight Times》，载 https://law.asia/annual - survey - chinese - law - firm - billing - rates - tight - times/，最后访问日期：2023 年 1 月 11 日。

职位七：多元化管理岗（diversity initiatives）

一个多元化的律师团队能做出更好的决策。2022 年英国律师监管局发现，女性律师的比重由 2019 年的 51% 提升至 53%，男性律师比重则从 2019 年的 47% 下降至 46%〔1〕。然而，随着职位的升高，女性仅占合伙人的 35%〔2〕。女性合伙人数量尚且如此，那更不用谈少数族裔合伙人和残疾人士合伙人的数量了。

美国律师协会对美国法律市场调查发现，律所的多元化主要有两种类型：第一种，多数群体（如白人男性）开设的律所，这种律所的多元化表现在对于不同背景律师的雇佣上；第二种，少数群体（如女性、少数族裔）开设的律所，其存在本身已经是一种多元化的体现。

在招聘多元化管理人员时，国外律所希望应聘者具有前瞻性思维和良好的沟通能力。主要职责是协同人事部门和多元化部门以及律师招聘与发展部门一起实施律所的多元化计划，包括但不限于人员入职、发展和培养、晋升等流程，以达成律所人员构成更加多元的目的。

或许有人会视多样性管理为一种迎合“政治正确”的作秀，但国外的律所管理者发现实现律所多元化会带来许多切实利益，如能带来不同的观点和经验；更能匹配不同背景的客户需求；加强团队创新性和工作效率的同时，形成包容的律所文化与律师归属感。例如，广东军地作为一家专门从事涉军维权的律所，合伙人中有多名军转律师。相比普通律师，他们更加了解涉军维权，也更能理解当事人需求。

结语

本文仅选择了国外律所中部分非律师职位进行讨论，除上述职位外，还有一些传统的职位如账单及应收账款（billingand Collection）、财务（finance）、技术人员（technology staff）、人力资源（HR/recruiting）、法律秘书（legal secretaries）等。

上文中的部分职位我国律所已经引入，如各律所中广泛存在的市场拓展、金杜等律所的知识管理、大成等律所的网络安全。部分职位尚是他山之石，如价格管理、多元化管理，这是由国内外不同的法律服务市场环境导致的。但国外律所的成功实践，必能给国内律所带来一些启发。

---

〔1〕 英国律师监管局在讨论多元化时认为除男性女性外还存在非二元性别者，故此处男性律师占比加女性律师占比不等于 100%。

〔2〕 See Solicitors Regulation Authority，（2022） How Diverseisthe Solicitors' Profession?，at https://www.sra.org.uk/sra/equality－diversity/diversity－profession/diverse－legal－profession/Jan. 11，2023.

数字时代，如何做到以律师为中心的管理

贺倩明 *

律所管理的文章非常多，但多数不能切中要害，无论现代企业管理的一些成熟的经验和做法，还是国外律所成功的经验，要适用到中国特定律所，都会遇到落地的难题，其根本原因是律所管理的对象是一群非常特殊的群体，律师经过多年的专业训练，既有法律人严密的逻辑主义或者教条主义思维，也有法律人追求民主自由、独立发展之理念，**律所的管理不能脱离律师的群体特征和法律服务业的产业生态特征**。

律所管理涉及面非常广，包括品牌管理、市场管理、风险管理、质量管理、客户管理、知识管理等，但大部分律所管理都是停留在最基础的行政后勤管理，管理缺乏精细化的分工和科学的体系。律师是律所的最重要资源，律所的管理应该是以律师为中心的管理，**故如何对律师进行管理是律所管理要解决的首要问题**。

律所当前律师管理存在以下问题：

1. 律师引进缺乏标准，律所放任律师自由发展；
2. 合伙人各自为政，内部不平衡和利益冲突频发；
3. 律师各自拓展市场，律所品牌形象难以统一维护；
4. 法律服务质量参差不齐，客户对律所的口碑褒贬不一；
5. 知识资源缺乏统筹利用，律所无法形成知识资本；
6. 律师缺乏统一的办公管理平台，律所数据管理混乱。

律所管理之所以出现这些问题，其主要原因是律所把律师当作分摊事务所成本的成员，而没有把律师当作律所最重要的资源来进行管理。管理的本质是合理配置和有效利用组织资源，律师是律所最重要的甚至是唯一的资源，脱离律师谈论律所管理都是空谈。

---

* 贺倩明，上海市建纬（深圳）律师事务所主任、深圳市华勤城市更新研究院院长、中国政法大学法学博士。

除忽视律师的资源价值外，律所管理的另一个误区是把律师管理与律师监管混为一谈，认为律师管理就是对律师执业进行规范监管、审批律师执业活动、管控律师的执业风险。对律师执业规范、执业纪律进行管理，这是行业底线要求，但不是律所管理的重点。律所管理的重点是通过对律师资源的合理配置和有效利用，形成律所竞争优势，从而实现律所发展目标。

律所要做到以律师为中心的管理，需要从以下三方面入手：**一是要有清晰的目标和标准；二是搭建以律师为中心的服务平台；三是建立律师激励、约束和评价体系。**

一、明确律师选聘标准和发展规划

无论是中等规模的律所，还是大规模的律所，大多缺乏清晰统一的律师选聘标准，律所对律师一般都是来者不拒，甚至出现律所之间采取低成本策略互挖墙脚的情形。无论是以成本分摊为目的，还是以柜台收益为目的引进律师，成本收益的权衡成为律所引进律师最主要甚至唯一因素。

漫无目的地引进律师，使律所的律师之间专业缺乏协同、市场相互竞争、资源难以利用、知识不愿共享、收费不能统一，这导致律所不仅无法形成规模协同效应，而且出现资源内耗和利益冲突，这正是律所发展的“瓶颈”所在。

律所选聘律师应该考虑以下要素：

1. 战略定位

谈及管理，必谈战略，一个组织要取得成功，首先应该有清晰的战略方向，但很多律所战略模糊，甚至根本没战略。律所的战略至少需要回答清楚以下三个问题：

（1）采取何种管理体制？

（2）服务哪些客户群体？

（3）拓展哪些新市场、新业务？

律所的战略定位对这三个问题要有明确的定义，律所对律师的引进应该服务于律所的发展战略。战略不清晰会导致引进的律师不符合律所的发展方向，甚至与律所的发展相冲突，例如，以公司制为管理模式的律所，引进提成制理念的律师，该律师很难与律所保持同步；以开发商为主要客户的律所，引进为业主维权为业务的律师，可能导致严重的利冲和品牌定位的模糊化。

2. 人才现状

律所在决定引进律师之前，应该对现有律师进行人才盘点，盘点的内容包括现有律师的专业、客户、行业等特征，通过人才盘点，对律所的人才有清晰的地图，律所在人才盘点的基础上形成律师数据库，数据库包括执业年限、毕业院校、专业背景、客户类型等数据，以数据为基础对律师进行精准管理，**让每个律师都有清晰的数据画像，是律所对律师进行管理的前提，也是律所数字化战略的关键所在**。

3. 专业领域

律所引进的律师在专业上要能与现有律师形成**互补或强化**。**互补**，是指律所要针对其专业短板和业务发展方向，针对性地引进相应的专业团队，比如，以非诉业务见长的律所，要发展诉讼业务，应该重点引进诉讼律师；**强化**，是指针对现有专业优势，引进在该专业领域有较强影响力的律师以强化律所的专业优势。律所要避免人才同质化形成业务短板，也要避免人才多样化冲淡专业定位。

律所人才应该结合横向的多元化和纵向的专业化进行发展。对于综合型律所，律师团队应当以多元化为主、专业化为辅，要避免过度同质化，同质化的专业容易造成利冲或竞争。律所应该要求每个律师有清晰的专业定位，原则上每个律师的专业领域不能超过三个。对于专业型律所，律师团队应该以专业化为主，多元化为辅，专业分工要更加精细，多元化以服务专业化为目标。

4. 客户群体

从业有一定年限的律师，往往形成一定基础的客户，律所也是如此，每个律所都有一些主要客户，这些客户构成了律所客户生态圈，律所和律师的口碑会在客户当中进行传播。不同的客户群体会有不同的圈子特征，律所引进律师时要考虑客户的群体特征，避免引进与律所现有客户群体相冲突的律师。

5. 律所文化

律师在执业过程中会形成相应的执业理念和执业风格。大体而言，律师可分三类：资源型，有特殊的资源背景，注重资源维护，偏好单打独斗，不适合公司制或团队制；专业型，专注于精进专业，注重口碑，适合公司制、团队化和一体化；社交型，擅长社交和营销，注重经营人脉关系，适应力比较强，不同管理体制都有适应空间。这三种类型的划分不一定泾渭分明，有的律师同时具备三种特征，不同类型的律师对律所、客户和市场拓展都会有不同理念、态度和方式。律所在引进律师时，需要考虑律师与律所文化的匹配性。很多律所由于自身没有明显的文化特征，在引进律师时也缺乏价值观的考量，故始终无法形成强有力的律所文化。

二、搭建以律师为中心的服务平台

律所要吸引高质量的律师加入，必须转变理念、改变方式，从收费管理型转变为平台赋能型，即不能以收取律师管理费、卡座费为目标，而是应该以整合律师资源、打造律所平台，以帮助律师全面发展为目标，只有律师在律所得到了全面的发展，才能最终实现律师和律所整体收益最大化，律所才有持续的竞争力。

我在《新经济周期下，律所如何激发青年律师新动能?》一文中提到，当前律所管理模式呈现明显两极分化的特点：一是**公司制管理模式下严密的科层结构**；二是**提成制模式下松散的个体结构**。公司制管理模式下青年律师的发展空间受到合伙人既得利益的制约，提成制模式下青年律师缺乏组织保障，难以实现可持续发展。

无论是采取公司制还是提成制，律所都应该在克服公司制和提成制弊端的基础上，建立一体化的平台型组织，着力解决律所内部资源浪费和利益冲突等问题，律所打造的一体化平台，除常规的立案审批、财务管理等服务外，还能为律师业务拓展和业务处理提供以下服务：

1. 品牌加持

律师提供的是无形服务。品牌是赢得客户信赖的最重要背书，也是律师在激烈的价格竞争中的有力保障，尤其是一些大客户、大业务，除律师的能力外，律所品牌是最重要的考虑因素，这正是高收益的业务越来越集中到品牌律所的原因，一旦律所在某些业务领域形成了品牌美誉度，就会对该领域的客户和律师产生吸附效应和聚集效应。相反，一旦律所出现了重大的声誉事件，律所就会面临客户流失、人才流失。因此，**律所着力打造和维护品牌对留住和吸引律师是至关重要的**。

2. 市场服务

多数律师的业务不饱和，律师在拓展市场方面往往漫无目的，四处出击，大部分律师其实并不擅长市场开拓，律师是知识服务的专业人士，很多律师书生气比较重，并不擅长推销业务，但律师行业盛行单打独斗的行业生态，律师集业务开拓、业务办理和售后服务为一体，客户对律师行业的满意度整体偏低。律所需针对律师拓展市场面临的困境提供解决方案。

律所为律师提供的市场服务包括：

（1）**建立内部市场**，即律所为律师搭建业务协作平台、制定合作机制，让律师的案源信息、关系网络、专业业绩等资源能够有效整合，律所要为律师之间的合作定规则、搭平台、促交易。

（2）**提供外部市场拓展的配套支持**，包括提供业务招投标文件制作、业绩资源整合、关系资源配合等服务。对战略性客户，律所应该集中全所优势资源帮助律师赢得客户。

（3）**提供团队资源支持**，律师拓展业务的过程常常显得孤独无助，既缺乏市场推销技巧，也没有形象包装设计，尤其是对陌生客户、陌生业务感到焦灼不安。律所须为律师提供市场营销的专业训练、设计市场营销通用物料，以及提供团队配合，帮助律师把握来之不易的机会，提高成交率。

3. 知识服务

以知识服务为本的律师，经验知识对律师而言无疑是最重要的财富，律所因为松散的管理体制，导致律师形成一个个知识孤岛，每个律师就是行走的知识载体，律师一方面缺乏分享经验的动力，另一方面又有借鉴他人经验的刚需，尤其是经验不足的年轻律师，会经常遇到令人手足无措的业务，迫切需要律所提供及时的知识服务，即便是老律师，也会经常遇到新问题需要寻求帮助。因此，强大的知识服务对律师处理业务将大有裨益，对提高律所的整体服务质量也有促进作用。

4. 智能办公服务

疫情加速了办公模式的转型，法院和仲裁机构的数字化、智能化办公已日趋成熟，客户也适应了各种线上工作模式，律师行业的数字化和智能化正在急速到来，但律所的信息化基础十分薄弱，数字化和智能化处于从 0 到 1 的起步阶段，**律所亟须为律师迎接数字化、智能化办公室时代到来提供基础设施服务**。律所智能办公服务既包括传统的立案审批、财务审批，也包括协同办公、客户关系、文档管理、知识管理、案件管理等办公服务，**越来越多的第三方机构开始为律师行业提供智能云办公的 SaaS 服务，使律所建设智能化办公系统的成本更低、部署更加便捷**。

律所为律师搭建的智能化、数字化的云办公平台，既是律师适应数字时代的迫切需要，也是律所提供知识、市场、品牌、行政、人事、财务等服务的基础。

三、建立科学的激励与约束机制

律所管理从收费管理型转变为平台赋能型，解决好成本与收益平衡的问题是律所管理转型成功的关键。律所需要建立一套科学的评价机制，对律师进行有效的激励和约束。没有激励机制，律师缺乏动力，而没有约束机制，则会出现“搭便车”和公地悲剧等情形。**律所评价律师不能以创收作为单一指标，而应该建立多维的评价指标，律所可以在借鉴现代公司关于绩效管理所形成的平衡记分卡制度的基础上进行改良，形成律师的评价考核机制**。

公司绩效管理中的平衡计分卡的评价内容主要包括四个维度：**财务、客户、运营、学习和成长**，针对这四个维度，律所可以进行分解，形成律师评价指标体系，分解的维度包括：业务创收、客户情况、业绩贡献、市场资源、知识贡献、资源占用等指标。律所需要将这些指标进行量化，形成每个律师的数字资产账户，该账户除记录律师的创收、办公支出等有形财务指标，还记录律师对律所品牌、专业业绩、知识成果等无形价值的贡献。同时，对律师占用律所的公共资源进行计分统计，比如，律所共享的知识调用、办公系统使用、市场资源使用。

前述指标构成了律师和律所之间的“资产”与“负债”关系，平衡计分卡就变成了律师和律所之间的资产负债表。律所可结合律所每年的发展状况为每个律师确定当年的基准指标体系，并设置相应的激励和约束机制。

结语

近几年，律所的发展呈现两种明显的态势，一是规模化集中，二是新设所激增。

在这种趋势的拉扯之下，多数中等规模的律所将陆续陷入发展瓶颈，人员流失将更加严重。律所管理急需转型，传统松散的提成制管理模式和严密科层结构的公司制管理模式都面临严峻的挑战，**律所应该以律师为管理中心，以为律师赋能为主要目标，以数字化技术为工具、以平台化发展为方向，打造韧性十足、竞争力强、可持续发展的律所**。

做好业务管理，首先搞定这三件事

吴剑霞 | 智合研究院

从所涉内容看，业务管理可以划分为业务分类与布局、专业化建设、收益管理；从所涉环节看，可以划分为确定目标与路径、过程管理、复盘改进。

那么，存在下述情形的律所，是没做好业务管理的哪一方面？

· 律所创收过度依赖单一收入来源；

· 年营业额受经济周期波动影响明显；

· 没有核心业务积累，缺少拳头产品；

· 律师专业标签不显著；

· 业务领域和类型常年没有变化；

· 专业能力弱，综合素质偏低。

从结果看，是业务结构单一，专业水平低；从结果倒推回起点，是缺乏目标设定与过程管理。

一、业务结构：单一还是上下游或关联业务

我们先来举几个律所业务布局的例子。综合所就不多说了，以提供一站式服务著称；重点看看那些“精专所”的业务线：

· 建纬（1992 年）专注于建筑房地产领域，业务范围包括建设工程、房地产、自然资源与基础设施、不动产金融等城乡发展综合法律服务领域。

· 阳光时代（1995 年）专注于能源与环境领域，业务范围包括境内外能源、资源与环境项目的开发、建设、投融资、并购、运营等。

· 天同（2002 年）专注于重大复杂商事争议解决领域，业务范围包括“诉讼+仲裁+执行+破产”，注重对金融、知识产权、互联网等新兴领域以及破产重组、跨境争议解决等新板块的投入。

· 世辉（2016 年）专注于为新经济企业提供法律服务，业务领域包括兼并收购、

证券与资本市场、私募股权、投资基金、外商直接投资、境外投资、财富管理等。

以上都是起步于不同年份、在特定领域取得标杆性成就的精专所，其在深耕某一领域的同时，也注重对上下游及（或）关联业务的布局，在行业维度和专业维度有节奏地破圈。其优势也显而易见，能对抗经济周期，满足客户多样需求，实现内部业务推荐等。

就对抗经济周期而言，智合在往期文章中分析过合理业务布局下的律所表现，典型如美邦律师事务所，其此前在亚洲市场开拓了并购/私募股权、资本市场、收购融资、结构性融资、项目融资和重组六大业务线，使其能抵抗疫情带来的传统业务波动，创收反而同比增加 15.6%。[1]

当然，前述所举律所在创所之初基本就明确目标群体，发展至今其行业与业务核心也没有太大变化；但是，发展至一定阶段后想要业务革新的律所，应该怎么做？

那些业务结构单一的律所，在计划改变之前，通常存在如下困扰：

· 新业务培育周期长，且存在失败的可能，如何确保其可持续性？

· 某团队即使主观上愿意布局新业务，但客观上如何平衡收入和分配问题？

· 开展新业务涉及资源投入，或会影响既有业务，如何高效分配律所各项资源？

· 新方向自行培养太慢，容易错过窗口期，但外部招聘人才难觅且融合成本高，如何布局？

· 新业务起步期没有能拿得出手的业绩，如何与同行竞争客户？

· 对内的新领域如何对外宣传，是否会影响律所其他业务板块的客户认知？

在这方面，恒都是从知识产权律所转型为综合所的典型例子。在 2015 年之前，其专精于高端知识产权；2015 年之后，其以知识产权诉讼为支点，拓展至资本市场、争议解决领域；[2] 2018 年，恒都又将知识产权中的商标模块拎出来，与争议解决合并为商业诉讼；[3] 如今，其有资本市场、公司并购、知识产权、商业及诉讼、刑事业务 5 大核心领域、47 个业务部门。[4]

从其发展路径而言，可取之处在于：其一，先在某一领域打出品牌，积累一定数量的客户，并将该领域的成功经验复制到其他领域；其二，施行以高品质为目的的工

---

[1] 参见伊晓俊：《最赚钱律所创收 50 亿，逆势激增，背后逻辑竟是……》，载微信公众号“智合”2021 年 4 月 9 日，https://mp.weixin.qq.com/s/hNVSkOI_TJoom5yoAebXZg。

[2] 参见吴剑霞：《【大所之路】精密如“行军蚁”丨恒都：中国第一家高品质“工业化”律所》，载微信公众号“智合”2017 年 2 月 28 日，https://mp.weixin.qq.com/s/CAuqqoSR9jJbkJBFAox0mQ。

[3] 参见郑鋆、吴剑霞：《恒都进入新时代，专精于为客户解决最重要的问题》，载微信公众号“智合”2018 年 1 月 19 日，https://mp.weixin.qq.com/s/JhMT07zhjLCTcukyuwHopA。

[4] 参见恒都官网，https://www.hengdulaw.com/Category25，最后访问日期：2022 年 12 月 19 日。

业化管理，打造提供案源支持的大客户中心；其三，2018 年开始进行规模化布局，在过程中调整总分所管理模式。

当然，基础仍然是专业本身。

二、专业水平：先解决分配问题

不专业，会面临被投诉、客户流失的问题；专业化，内部又困难重重。明知专业是立所之本，为什么还会出现难以推进专业化建设的局面？

因为，专业水平的载体是人，专业化建设的难点是人的利益分配。

不少律所主任、合伙人反馈，在律所/团队专业化建设过程中，他们存在如下难题：

· 大部分合伙人没有要专业化的意识——一旦专业化就意味着割舍部分既有业务；

· 如果非专业化案件收入可观，合伙人不愿放弃——蚊子腿也是肉，何况收入可观；

· 缺乏专业化、行业化的人才——大家都没有只专注个别专业和行业；

· 人员有限，需要学习研究的内容很多，时间无法平衡——专业化要深入研究，但做业务更重要；

· 对外的专业化，可能意味着对内的同质化竞争——不仅要和外部同行竞争，还要和所内同事竞争。

出现前述问题，本质是律所没有解决好律师最关心的问题——“老客户找我，我不做，这块收入怎么算？”“专注某一领域，收入不如之前，怎么算？”

专业化的本质是分工，即合伙人与合伙人的分工、合伙人与律师的分工；但分工的基础是分配，从根本上解决分配问题才有可能实现业务的分工协作。

以主打“无我”的虹桥正瀚为例，其在确定战略目标的同时，也着手打造组织能力——重点之一是设计分配机制。虹桥正瀚分配机制的特点在于，不考核合伙人创收，以主观考核方式为主：一方面，合伙人入伙时，不设定个人业务创收目标，分红点数根据其专业能力、历史业绩、资源优势、发展预期等因素协商确定；另一方面，主观考核的唯一量化指标是合伙人的年度工作计时，其他任何贡献由合伙人根据其所在不同岗位、不同职责及对事务所各项工作的投入进行述职阐述。具体考核分为年度（短期）考核与三年（长期）考核，年度考核最差不降点，三年考核则会进行点数调整，可能会调减。[1]

〔1〕 参见：《【律所建设】虹桥正瀚：不同凡响的公司化之路》，载微信公众号“上海律协”2015 年 8 月 10 日，https://mp.weixin.qq.com/s/XfUJ0AUMAPeNTjM7Ei5FMg。

这一步做好之后，就是配套措施，如要在哪些业务领域打造品牌、立案登记需要有怎样的规则、后续要加强引进怎样的人才。中伦在其专业化建设的十年期间（2006～2016年），坚决执行“一主两辅”，在知识产权、破产与重整、TMT等目标领域重点引进人才、培养人才，同时分配制度上也向团队协作方向倾斜。

规则是具有引导性的，一旦确定且“有利可图”，大家会自觉地往规则倡导的方向走。

三、目标设定与过程管理

本杰明·富兰克林有一句名言，“没人计划失败，但大多数人失败是因为没有做好计划”。

在目标设定和过程管理方面，分别介绍两个小工具：一是SMART法则，二是PDCA循环（见图1）。

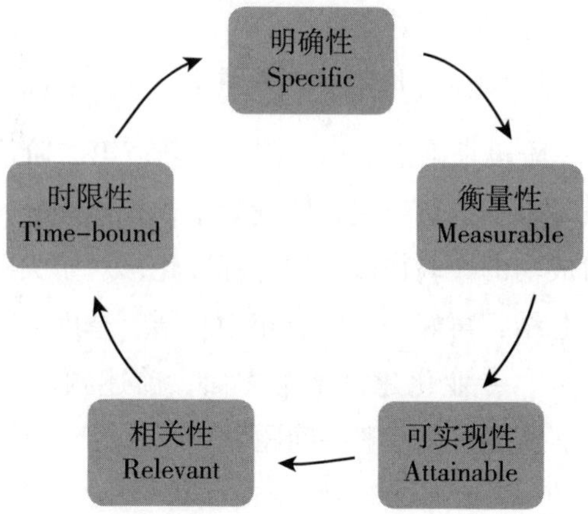

图1 SMART法则

SMART法则下，目标是明确具体的，Specific；是可量化的，Measurable；是可实现的，Attainable；是相关的，Relevant；是有时间限制的，Time-bound。

例如，律所某团队设定一个创收目标——今年完成1500万元创收。1500万元是明确具体的、可量化的，根据往年情况（1200万元）是努力后可以实现的，也是和团队发展相关且有时间限制的。

我们举例可以如上述这样简单，但实际操作中有两个注意点：一是目标维度可以丰富一些，比如，这1500万元的创收构成中，有20%来自新客户——设定拓新目标，为长远计；又如，不同业务的毛利率分别是多少——在关注创收的同时也关注成本；再如，计划在新业务上投入多少资金、人力与时间成本，希望年底能有怎样的结果。二是要能将大目标拆解为阶段性小目标。目标设定后并不是就束之高阁，年底再去对照，而是过程中就要管理（见图2）。

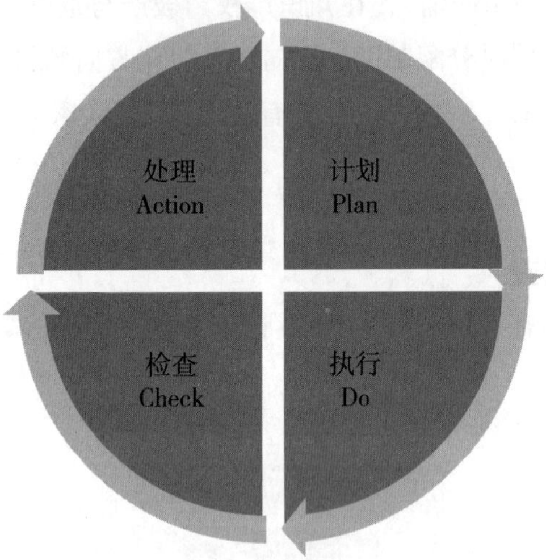

图2　PDCA循环

PDCA循环下，第一阶段是确定目标、制订计划；第二阶段是执行计划，实现计划中的内容；第三阶段是检查执行情况，明确效果，找出问题；第四阶段是根据检查结果采取相应措施，对成功的经验加以肯定并标准化，对于失败的教训及时总结。

很多律所都有年度总结，再好一点的有年中总结、季度总结，但在瞬息万变的市场下，尤其在新业务布局、专业化建设推进方面，前述频次还是太低了。需要缩短PDCA循环的周期，尽早发现问题、解决问题。

总结

最后总结一下：

· 业务结构方面：哪怕是精专于某一行业或某一类客户的律所，也要注重对上下游及（或）关联业务的布局，在行业维度和专业维度有节奏地破圈。

· 专业水平方面：解决利益分配问题，以此为基础厘清合伙人与合伙人、合伙人与律师的分工。

· 目标设定与过程管理方面：善用SMART法则、PDCA循环。

律所知识管理：成功者寥寥，都做对了什么

吴梦奇 | 智合研究院

关于系统性的律所知识管理，概念的集中讨论已流行数年之久，有意识/无意识的实践操作则能追溯到更早时期。

即便大家普遍认可律师这一职业在经验/知识方面相比一般职业更加难以传承和复制，但时至今日，已经很少有人否认信息爆炸的时代背景下知识管理的重要性。对于一些成功建立了知识管理体系的律所、团队而言，更是在逐步演化出自身的知识经济体系，通过知识的长久沉淀和高效传递来实现专业素质和经济效益的转化。

律所知识管理从何而来，当下以何种形态存在，未来又将向何方发展？对这几个问题的探讨也许对于当前律所们进行知识管理有一定参加价值。

一、律所知识管理：从何处来

（一）国外路径：知识管理与专业支持律师

完善的知识管理体系一直是许多“魔圈所”和“big law”极富吸引力的一项重要素。在英美很多大型律所，知识管理往往和专业支持律师（Professional Support Lawyers，PSL）一块出现。

知识管理在英美所的语境下一般被译为 knowledge management 或 know - how management，外在表现为一个经验/案例的共享系统。由于英美所的法律实践中往往充斥非诉尽职调查的提问式思考、诉讼案判例研究和各类简单/复杂的法律文书写作，不具备完善知识管理体系的律所无论在人才吸引还是业务竞争方面都容易落于人后。为此，英美等地的外所普遍建立了包括运营机制、内部数据库和内训体系在内的知识管理体系。

同时，为了更好地对这一系统进行管理、运作和更新，按业务组配置的专业支持律师或知识管理专家/小组应运而生，作为具体进行知识管理的专业人员，与市场专

家、项目管理专家等特色职位一道加入了律所序列当中。由于英美所相对成熟的运作机制，这些拥有丰富执业经验的人员往往并不直接参与具体交易，而是为参与具体交易的专业人员提供法律帮助。

具体而言，英美所依靠 PSL 执行诸如管理律所专用电子知识库、组织举办所内培训讲座、帮助律所收费人员解决疑难问题、指导初级律师快速上手律所知识管理工具等工作。以英国所为例，在其招聘网站上通常会对 PSL 提出以下职责要求：

· 文档的起草、更新、管理；

· 法律研究与成果梳理；

· 组织培训，与讲师、赞助商建立联系；

· 市场拓展和 newsletter 发送；

· 部分复杂疑难事项的咨询。

此类依赖专职人员进行的知识管理体系的成熟之处在于，它让知识体系的传授和迭代有了具体、科学、易用的载体。根据某些体验过英美所知识管理系统的人员反馈，PSL 在新人入职培训时即介入其中，给人的感觉就像一本“百科全书”——这无疑会大大加快新人融入律所环境、掌握有效工作方法和良好工作习惯的速度。

此外，英美所在信息化和法律科技应用等方面也起步较早。21 世纪初，就有外所开始通过创建网页的方式线上进行法律服务产品交付。步入移动互联网时代，又出现了以 App 为载体的知识管理和知识营销工具。各类科技产品和 AI 应用，如汤森路透旗下的文书生成工具，也广泛为外所采用。

总体来讲，以英美所为代表的发达国家外所在知识管理方面起步早、基础牢，其运作机制、技术应用等一直走在前列——这一定程度上也在后来成为国内律所优先学习引进的范本。

（二）国内头部所的早期探索（以金杜、天同为例）

在世纪之交英美所率先迈步探索数字化知识管理的同时，国内律所限于相对较晚的起步，主要精力仍投入在补足专业、规模等方面。尽管如此，一些着眼国际先进的远见者仍在对行业的持续观察中意识到了知识管理的必要性，由此开始了国内律所系统性知识管理建设的启蒙。

1. 金杜：信息先行 + 整体推进

金杜是国内律所知识管理的先行者之一，2014 年陆青律师就曾在《金杜律师事务所知识管理系统建设》一文中对金杜的知识管理进行过详细阐释。

金杜真正开始重视并系统推进知识管理工作是在 2004 年。由于很早就认识到信息化平台对知识管理的重要作用，这一年，金杜从美国购置引入了一款电子文档管理软件，并于同年从外所聘请了一名从事知识管理工作的资深人员，请他组织成立了所内的知识管理部。

初期，金杜知识管理部的主要工作是协助业务部门做一些调研检索，并建立起初步的网上图书馆系统。

到了 2008 年，金杜正式开始实行全所统一的模板系统，以对外形成统一的品牌形象。为此，金杜引进了一款新软件，并以此为基础进行再开发，生成了全所多部门、多语种的模板系统，对所有的信函、传真、备忘录、合同格式等都做了明确规定。这也被视作金杜在知识管理方面真正意义上迈出的“第一步”。

此后，金杜又以管理层为核心，在各个层面开始大力推动律所范本库的建立。依托所内的 DM 系统，金杜将正常项目文件中有价值的那部分单独挑出来形成一个库，业务部门的律师在工作过程中则可以随时入库寻找一些参考文件来辅助自身工作。值得一提的是，金杜的 DM 系统很早就做到了中英文全文检索，在知识管理部对草稿、无价值/低价值内容进行筛除去重后，律师们可以很方便地收集自己需要的知识。

此外，金杜还订购了许多外部文章、调研报告和法律法规数据库，这些内容均丰富了所内的网上图书馆。

经过长期摸索，金杜还建立了以业务部门合伙人为牵头者的知识和质量控制合伙人（Knowledge and Quality Control Ledge，KQ ledge）体系，这些合伙人在部门内牵头，主抓本部门所有电子文档管理、知识管理、范本文件搜集、知识管理部协调沟通以及新调研选题提出等方面的工作。同时，知识管理部也效仿外所做法开展了 PSL 的培训工作，建立起专业化的知识管理系统。

2. 天同：闭环系统的良性运作

蒋勇律师带领的天同一直被视作律师行业中的“拓荒者”之一，其经验也一直被行业长期参考并加以推广。同样，2015 年以前，天同就形成了自身的知识管理运作理念和执行模式。

天同将知识视作一种律师事务所的共同财富，因此认为对知识的管理本质上就是对律所共同财富的管理。

这一视角下的知识管理主要有两大作用：帮助提升律师的工作效率，提高法律服务的质量；帮助律所快速感应多变的竞争环境，不断创新。

为了实现这两大作用，天同认为律所知识管理需要重点解决三大难题：如何采集和输出知识，将律师个人的隐性知识转化为律所的显性知识；如何使知识管理不成为律师的负担；如何说服并激励律师分享知识。

为此，天同在多年摸索中形成了自己的一套独特理念：知识管理应为拓展市场、增加业务量、扩大行业影响力而服务；知识管理的几个步骤应该形成一个闭环，以良性循环的方式运作下去。这套闭环由“知识采集”“知识整理”“知识共享”“知识研发”“知识输出”五环组成。

这套理念驱动天同律师养成了书面工作并将其中好的做法加以标准化留存的习惯，同时依托知识管理主管对此类书面文件进行编辑整理，最终出版形成案例选集、知识总结类的书籍文献。

为了更进一步激励律师主动分享知识成果，天同还通过公号曝光和所内稿酬等形式为律师提供精神、物质上的双重激励。

最终，天同通过各种途径采集加工得到知识成果以多样的形式对外输出，为律师带来了更多的业务机会，而在这些新业务机会的操作过程中，律师又可以积累新的知识和经验，从而形成良性循环。

而对于互联网时代的律所知识管理，天同很早便提出了“标准化、智能化和平台化”的发展趋势，认为创新点应当是知识采集的自动化和智能化，隐性知识可以顺利地转化为显性知识，知识管理将不会为律师增加任何负担；知识分享的利益和成果也会最大化，知识管理和律师的业务机会直接挂钩，同时，通用化、标准化的系统也能更进一步为行业创造价值——这种理念也驱使天同在2014年推出了“无讼”。

（三）系统的演进：从制度到文化

从国内外律所的知识管理探索中不难看出其中几个较为突出的要素：硬件、制度以及文化。

硬件是必要的前置条件。一方面，现代律所知识管理普遍依赖于完善的数据存储设备、网络共享设备或是外部专业数据库这类载体，这些都需要律所拥有较高水平的信息化硬件设施作为基础；另一方面，知识管理本身就包含了对知识进行“标准化”的内容，没有必要的硬件容纳，就难以将律所的知识加以标准化、规范化。

在通过硬件对知识加以约束、留存后，制度则是保障知识管理形成体系的必要手段。无论是明确知识收录、整理和分享流程的细分规章制度，还是类似专业支持律师的专职岗位，都是知识管理体系中必要的制度基础。在综合性大所中，由于涉及的知识体系五花八门，不同专业、不同行业的知识管理、统筹难度还会进一步上升，对制度的要求也就随之变得越发严苛，十分考验律所的管理运营能力。

即便完成了硬件和制度上的双重设置，由于律师职业中固有的独立、质疑等特性，想要使知识管理获得所内律师认同并自发执行也是一件难事。金杜在早期推进知识管理建设时就碰见过“律师不会用知识管理系统，需要文件时找不着东西”“律师不认同知识管理系统，没有输入知识的主观意愿”等问题。这种情况下，形成统一的知识管理理念/文化有助于进一步推动律师参与知识管理的实际操作过程。

理论上的最优方案自然是硬件、制度和文化三者同步推进，如此可以较好地规避某方面发展滞后对其他方面带来的不利因素。但在律所实践中，很多条件并不会在恰当的时机成熟——这也是早中期律所们进行知识管理时频频踩坑的原因之一。

二、律所知识管理：是什么，要什么

随着认知的提升，知识管理已经被越来越广泛地视作做强律师事务所的基础性工作。但具体怎么做，在未经实践或实践尚浅的情况下永远是众说纷纭。

第一部分，我们大致梳理了早中期知识管理的相关案例，本部分主要讲讲当前行业内对于知识管理的一些认识与界定，即律所知识管理应包含哪些内容？需要怎样的条件？遵循什么原则？

（一）知识管理的边界

1. 知识管理包含什么

目前律所对于知识管理其实仍有不同角度的丰富看法。

有的观点认为，律所知识管理就是将项目经验加以归纳总结，形成可记录的载体留存，用以提高同类项目的工作效率。[1]

也有观点认为，律所知识管理既担负知识经验归档的职能，也需要起到具体的品牌建设作用，否则便无法长久地运作下去。

还有的观点将知识管理内容的范畴进一步加大，认为律所一切律师活动和组织律师活动的经验、认知、工作方法、工作模式，乃至于工作智慧的总和，律师事务所的全部职业经验、信息都应当作为知识管理的范围。[2]这种认知下的知识管理，在对有形文档、流程进行留存管理的基础上，又加入了工作文化、社会互动过程中所形成的隐性知识等内容。

2. 知识管理谁来牵头

在知识管理工作的边界得以明确后，对这块工作的划分和安排才能开始进行。

如果将知识管理的内容限定在有形文档，一名专职的 KM（Knowledge Management）人员或许就足以完成相关工作。

如果在前者基础上将内容扩大到律所的种种经验、流程成果并将进一步梳理提

〔1〕 参见彭鹏：《这一年，我在律所做知识管理》，载微信公众号“iCourt 法秀”2019 年 9 月 6 日，https://mp. weixin. qq. com/s/kyaFMwGsBeJNJGW－oE5GEw。

〔2〕 参见王骞：《律师事务所知识管理工作综述》，载微信公众号“广东卓凡律师事务所”2022 年 8 月 2 日，https://mp. weixin. qq. com/s/NhDq4nnWN4FybdinSNZZBA。

炼，一支训练有素、作风优良的 KM 团队也差不多能够满足要求。

但要是再进一步加入经验分享、文化传承的相关要素，就需要管理层更加深度地参与其中，与专职 KM 团队形成精神和实际工作两个层面上的双重领导，以确保这种知识管理体系能够自上而下地得到认同与施行。

3. 知识管理需要多大成本

知识管理的成本投入，视律所层次的需要，大致可以划分成以下几块：

一是硬件设施，这也是知识管理的基础。以自建数据库为主的律所会比以采购为主的律所投入更多资金，但前者主要出现在规模体量较大的情况下，单就硬件而言，不同律所投入成本占创收的比重拉不开多大差距。

二是人力成本，这往往占知识管理成本的大头。单个 KM 人员和整支 KM 团队的成本显然不在一个量级，即便律所没有聘用专门的 KM 人员而选择靠律师自发顶替这部分工作，也得考虑繁杂的知识管理工作对律师创收时间的挤占——这实际上属于一种影响长期专业化发展和律师“士气”的隐性成本。

三是活动经费。这部分经费往往与律所的公共资金池/发展基金密切相关。公共资金池/发展基金建立得越早，滚存金额越大，此类成本的压力也就越小。

其他还有一些零碎支出，如书籍出版、对外交流，但都属于可有可无的细枝末节。

（二）做法与准则——百家争鸣

对内容的明确属于知识管理的事前工作，而当步入实际开展阶段，律所的工作重心也就随之改变。简单来讲，在具体“做”时，律所一方面需要具体的解决方案，另一方面也需要明确的参考准则与处事原则。

1. 解决方案：“以人为核”还是“以制为核”

具体到解决方案，每家律所都各有特点，但实际上可以大体归纳为“以人为核”以及“以制为核”两个大方向。顾名思义，前者围绕“人”做工作，后者则以“制”为一切行动的中心。

“以人为核”的模式下，当前已有的律所实践主要采取团队化工作的方式展开。这种模式下，相对成功的个体经验通过传统的导师带教或较新的社团实践、知识交流等方式被提炼为团队的知识成果，从而形成一个个紧密交流的“知识团体”。团体与团体、律所与律所之间的交流则作为知识横向传递的手段，对知识团体本身的知识体系加以优化、丰富。

这一模式下，律所的 KM 团队除搭建整体平台外，其成员往往需要下沉到各个不同团队。在采取单人配置的律所，团队中的 KM 成员也可能由团队合伙人自行委派、任命。律所层面的 KM 团队更多还是配合知识团队采取管理行动，辅助性质更浓。

“以制为核”的模式下，已有的律所实践主要体现在知识管理工作的标准化和专业化。相对于“以人为核”的模式，这类律所的 KM 团队往往在功能上更为健全，且其工作内容与律所发展战略一脉相承，这使 KM 人员的工作在全所层面均具备更高的职能权限、拥有更丰富的行为场景。

例如，部分律所的 KM 人员并不局限在知识汇总、整理层面，而是已经实际参与到律师服务过程当中，站在第三方视角为律师人员提供知识成果参考——此时，不同律师仰赖的都是同一知识管理体系下的统一规则，只有循章而行的律师才能从中获得最大化的支持与帮助。

2. 参考准则：着眼全局还是细节入手

由于知识管理必然是一个长期过程，即便有了明确方案，也应在执行前限定好具体的参考原则或行为准则，以确保知识管理最终能够取得符合预期的成果。在准则设定方面，目前既有从全局入手，以少量准则自上而下地对知识管理工作进行指引的，也有抓取执行细节，在具体工作上明确标准的。

前者典型的如古城提出的“核心 6 条”：“明确知识管理的目标”“有合适的人专门做律所知识管理工作”“知识管理人员和律师之间的分工合作”“摘取低垂果实”“引入技术手段”“提升待遇，纳入律所分红序列”。[1]这些准则更多的是着眼于在知识管理大框架下实现指导路径的明晰，站在管理层角度来辅助知识管理工作实践落地。

后者典型的如陈枝辉提出的“18 个关注点”：律所文书标准化、文书免检制度化、业务资料体系化、外部知识系统化、知识中心可视化、本所案件共享化、专题研究课题化、内部知识集中化、知识产品成果化、知识成果市场化、工具使用日常化、作业模式流程化、业务讨论高效化、疑难作业专科化、用户体验明晰化、创新管理精细化、新人培训规范化、知识管理专职化。[2]显然，类似这种更为精细和具体的知识管理准则既包含了管理统筹层面的要素，也包含了具体执行的指导路径。

此外，也有将以上两种方法糅合起来的做法，但一般认为过于繁杂的限制条件会对人员执行的积极性有较大影响，因此还是更推荐律所根据自身现状来采取两种方法之一：如果氛围相对自由、团队众多，前者可能更为适合；如果一体化程度、协作程

---

〔1〕 古城：《律所知识管理难做？这里有 6 条落地操作指引》，载微信公众号“智合”2019 年 5 月 9 日，https://mp. weixin. qq. com/s/8VFB4hbGgxuw OxmFJZtwtA。

〔2〕 陈枝辉：《知识中心丨律所知识管理 18 个关注点》，载微信公众号“京都律师”2022 年 2 月 17 日，https://mp. weixin. qq. com/s/4__-BNz3qSTiBo3WFD 3c9Q。

度较高，后者虽在拟订阶段更耗费精力，但执行起来成本更低。

（三）知识管理的几个“雷区”

以上的基本条件成熟后，知识管理工作的落地就可以提上日程了。但从部分律所分享或披露的实践情况来看，如果在认知上存在偏差，律所的知识管理也存在零作用甚至副作用的“踩雷”可能性。以下整理了几个典型的“雷区”以供参考。

1. 律所知识管理≠团队知识管理

前文已经提到过，一些律所的知识管理工作其实是下落到具体的团队当中来开展执行的。但如果执行人员对自身职责不够明确，就容易出现将团队知识管理工作与律所知识管理工作混在一块做的情况。

与律所层面的知识管理相比，团队的知识管理工作更细、更专，其流通性和标准化程度因此必然有所牺牲。有的律所的知识管理人员出于节省工作量等原因，仅对团队知识管理成果进行了简单脱敏处理即上传律所知识库，这实际上省略了作为知识管理人员将知识成果加以提炼和标准化的工序，后果则是要么加大律师的知识库使用成本或知识管理人员的“翻译”成本，要么使知识库的使用率每况愈下、形同虚设。

2. 律所知识管理与个人知识管理

与律所知识管理的定位类似，律师个人的知识管理水平也决定其成长速度与职业天花板。由于一般情况下对个体发展的认知都会优先于对组织发展的认知，个人知识管理的优先级也往往会高于律所知识管理。

但一些律所在实践中为了短时间建立起知识管理体系，选择强推并采取各类“萝卜”或“大棒”要求律师为律所知识管理输送成果，甚至必要时让个人知识管理为律所知识管理让路，比如，强制律师在休息时间参与律所知识管理活动并输出观点，或是要求律师定期提供限定选题的报告/文章。如果律所其他配套措施做得好，这种行为也许还有利弊权衡的空间，如果律所其他方面做得也不尽如人意，那这无疑是竭泽而渔，必然影响律所后续的长远发展。

3. 律所知识管理与律所战略制定

通常情况下，律所战略是一个周期性强且具备一定延续性的稳定课题，但在律所产生合并、加盟等一系列重大变化的情况下，律所战略也会迎来较大调整。近年来，随着外部环境的变化和经济形势的波动，律所也需要更为频繁地对外部变化进行审视并快速反应，这都为律所战略增添了变数。

在频繁的变化下，也有律所因为此前的知识管理理念与现行律所战略相悖而产生疑惑，进而在决策上出现迟疑，导致“朝令夕改”或“不合时宜”等情形：例如，两个月内对知识管理部门的工作内容进行了三次调整，影响了律所知识库的交接和更新；或是让受疫情影响的A地分所沿用与B地刚完成合并后的总所相同的知识管理政策，使A地成员苦不堪言。

为了避免此类情形，律所最好能够在依照律所战略构筑知识管理体系时设置一定的快反机制/触发条件，或在具体执行中赋予知识管理人员某些方面的更高权限。尽管知识管理服务于律所战略往往是一大前提，但对于坚持“长期主义”的律所而言，在变化中尽可能保证长期事务的稳定运作才是更为合理务实的做法。

三、律所知识管理的当下与未来

一套成功的律所知识管理系统应当如何搭建？

如果从知识管理的长期目标来看，这个问题的答案显然是大家一直在追求的终极答案。可惜的是，尽管行业内已经并不缺乏一些极具参考性的成功案例，但却并没有产生一套能够让大多数律所放心抄作业的知识管理法门——这与律所的发展阶段和自身条件有关，也与做知识管理的目的、业务发展方针乃至律所文化等方方面面的因素离不了干系。

在一个完整的律所知识管理系统中，律所层面和团队层面分别应该怎么做？

（一）律所层面：平台构建，系统统筹

如果只是打算让律所具备最基础的“知识管理”功能，向第三方采购具备对应功能的案例库、检索工具和数据库，再加上一个专司软硬件维护和简易开发的岗位也许就已足够。

但想要更进一步，建立起真正堪用且统筹在律所管理层手中的知识管理系统，就需要对各项工作事无巨细地进行研究、讨论、规划和落地。例如：

· 运营成本如何计算？从何而来？是从发展基金中提取还是另立名目由合伙人集资？如果选择后者，该怎么说服合伙人并制定分摊方案？

· 成本问题解决以后，如何合理进行知识管理工作的分工？如果知识管理部门服务于各个团队，怎么协调成员与各个团队的对接？如何制定知识管理工作的基本程序？如何设置紧急情况下的反应机制？

· 知识管理系统中的知识以何种形式授予成员？如何平衡知识贡献需求和知识获取成本？如何将团队知识成果“翻译”成律所知识成果？

· 如何确保律所知识管理系统在管委会换届后稳定更新、长久运营？

以上种种问题决定了现阶段的律所知识管理系统最好是围绕“平台构建”和“系统统筹”这两组关键词来进行建设。平台构建的方法论能够保证知识管理系统的服务性，其以结果为导向的运营策略也有助于将知识管理系统作为长期工程加以推

进；系统统筹主要是为了维持知识管理工作的相对独立性，使其在跟随律所战略规划的同时能够在必要时独立运作，避免因律所动荡而遭受知识成果损失乃至断代的风险。

卓建律师事务所曾经对其知识管理建设进行过系统性的介绍[1]：

在卓建，知识管理工作被提升到了组织战略层面，并被列为创新点之一。以其2018年对“三五”发展规划战略的监测为例，就包括了人力资源发展层面的合伙人提升培训机制、人力资源公共积分制度以及文化发展层面的公众号知识管理专栏。

同时，卓建也制定了详尽的系统性知识管理规划，完善对应制度，并打算视情况逐步设立知识管理专员、知识管理部门、知识管理体系和知识管理交易机制。其中，包括利用信息化手段搭建“业务管理平台”和“知识管理平台”，用以将各部门形成的知识管理成果整合成一体化系统，建立知识分享权限分级和知识内部交易制度以鼓励分享、保护产权。

将2018年定为“知识管理年”后，卓建形成了知识管理平台、知识积分系统和专业委员会三套体系。

知识管理平台包含商业数据库、目标客户资源数据库及企业智力资本信息库等，为所内成员提供快捷上传、查询、检索、下载各种具备参考和实用价值的内容。

知识积分系统将员工在为知识库贡献的知识文档量化为积分资源，员工需要通过积分购置知识文档。知识积分直接和律师的管理费二次分配、年终评选、合伙人升降级以及学习晋升等机会挂钩，意在消除知识分享的人为壁垒。

专业委员会是支持知识管理平台建设的关键性组织。借助培训与律师发展委员会，专业委员会得以在知识管理、业务培训、公共管理等方面横向构建起各部门间的联系互动，加之纵向带动全员参与，所内全体成员均被纳入律所知识培养体系。

当然，卓建的做法更多与其一体化运营的发展模式适配。在更广泛的应用场景里，由于律所层面的知识管理更多着眼于全局，对于具体知识成果的管理主要体现在激励、筛选和翻译，必须与团队层面的知识管理工作相衔接。

（二）团队层面：高度聚焦，长线运营

如果把律所知识管理系统看作“表”，那么团队层面的知识管理就更近似于“里”。律所知识管理系统能够为全体成员搭建起知识分享和获取的平台、树立有利分享的规则和反馈，但如果团队层面缺少与实操高度结合的知识挖掘与统合，整个系统就难以达到事实层面上充实可用的程度。

---

〔1〕 卓建律师事务所：《律所一体化运营能为律师的知识管理带来什么?》，载微信公众号“法律出版社”2022年7月23日，https://mp. weixin. qq. com/s/2aW FXMW40Gdv9gtYWpFAbQ。

虽然团队知识管理的重要性显而易见，实际做起来却有不少难点，例如：

·律所层面知识分享和管理的成本可以由律所负担，但一般情况下律所很难有余力继续为每个团队的知识管理埋单。

·团队知识管理“定制化”的要求与律所知识管理“标准化”的要求相悖，偏向前者则对律所贡献有限，偏向后者则容易题材重合或流于空谈。

·团队成员从事知识管理工作既缺少时间精力，也缺乏专业性思维，将知识管理和业务打通的成功案例并不多。

目前，这些难点有的可以借助律所知识管理系统在一定程度上解决或缓解，不过成熟的知识管理系统毕竟并不多见，因此，行业内对于团队知识管理更多还是走高定制、低成本、轻技术而重内容的长线运营路线。

兰台律师事务所主司劳动法领域的程阳团队就属于其中相对成功的案例。[1]

2013 年起，程阳团队开始借助微信公众号进行知识管理，设置了“劳动业务百问百答”栏目，截至 2021 年已经积累了 1000 余个高频问题。

以此为基础，程阳团队分别拓展建立了团队层面的咨询库、案例库、文本库等板块。咨询库基于客户咨询中的高频问题，结合劳动法领域的积累需要，在遭遇新问题时及时补充，属于相对原始的知识管理方式。案例库是定期更新的行业案例聚合，并形成了统一的对外口径，能够完善专业形象，提升客户信任度。文本库根据文本类型、对象进行了细致的划分，基本覆盖了团队日常工作中需要的劳动文本。

当客户向团队咨询时，团队会先提供一份详细内容供其学习吸收，之后再进行沟通，就能取得更高的沟通效率和更好的客户体验。借助庞大内容库的支持，即便是团队新人也能相对轻松地独立对接客户，不仅提高了出具意见的响应速度，也有助于提高法律服务的附加值。

在知识管理的执行层面，程阳团队所有成员均需参与，日常工作主要围绕提升内部沟通效率和作业品质、提高服务标准化程度来展开。在知识管理的激励层面，团队前期以“死磕”为主，后期则主要是“自我激励”。当然，从第三方视角来看，由于这一层面的知识管理与业务紧密相关，且通过客户对接中的实际应用收获了具体反馈，可以认为知识管理工作的“激励”一定程度上与业务成就、客户认可度挂钩。

整体而言，团队层面的知识管理需要在形式和内容层面聚焦所处领域，确保知识成果具备实操性，并借助律所知识管理系统或微信公众号等手段维持积累，从而提供长期更新的知识管理“活水”。关于知识的标准化工作，一部分需要团队自发进行，

---

[1] 法天使：《优秀的律师团队，究竟是怎么做知识管理的?》，载微信公众号“法天使”2021 年 9 月 8 日，https://mp. weixin. qq. com/s/zEkP4IhmFYaKN 182tiJg6g。

另一部分则交由律所知识管理部门进行翻译和梳理，如此方能推动律所知识管理飞轮实现运转。

（三）知识管理的未来：人工智能的引入，还是其他

知识管理离不开律所数字建设和信息系统，这是已有的共识。但技术本身能够在多大程度上帮助到知识管理工作，并没有一个确定的答案。一般认为，法律服务行业的知识成果仍然高度依赖律师个体的总结和梳理，律所知识管理更多起到的是简化流程、便捷行动的功能。

但会不会有一天，知识管理工作将从律师或律所专职人员手中转移给其他文体，如 AI？

ChatGPT 在 2023 年年初的爆火一方面给互联网平添了几分快活的空气，另一方面也让许多人听到了警钟的敲响——目前的机器学习系统可能还只能满足娱乐或者逻辑性文字的初级、不稳定输出，但在其不断改进、迭代，乃至借由法律科技公司等机构之手获得定制后，为律师知识管理工作乃至部分业务带来的究竟是助力还是替代，似乎仍未可知。

当然，AI 只是一个方面，未来太近，很难说往后的律所知识管理会向哪个方向演进。但至少数字化、系统化的趋势是确定的，早一步行动起来，就能为未来多争取一份竞争资本。

你所熟悉的案源开发，可能是错的

古　城*

“案源”一直是律师所关注的核心问题。

那么，该如何跳脱出传统的案源开发思路？抓住案源开发的底层逻辑？本文内容也许有点长，但相信阅读过全文后，你会对开发案源有全新的认识。

一、律所的“发展死循环”

案源开发是一家律所、一个团队、一位律师的生存核心，谁掌握案源谁才有话语权。

可实际上案源的作用远不止于话语权，在一定程度上，案源的开发方式决定了律师行业的作业方式。

以律师熟悉的作业方式为例，当前的律师大概可以分为两种，**一种是专业律师，另一种是“万金油律师”**。但实际上这两种作业方式的产生不是律师主动选择的结果，而是案源倒逼的结果。

大部分人都认为专业律师好过“万金油律师”，专业化是一件好事，但最终真正实现专业化的律师数量有限，很大程度上就是担心“专业化没有足够的案源支撑”，导致律师短期内收入降低。

实际上我之前辅导的一家规模律所召开年中会的时候就碰到这个问题。这家规模律所一直希望在律所内部引导律师的专业化，也在年中会的时候把专业化列为会议的重要事项。在讨论律师要不要做专业化的时候大家几乎没有任何异议，都认为专业化是好事。

但到了具体的措施讨论环节，包括律所内部是否要推行“一专两辅”、要不要按照“一专两辅”的原则做案源的分配，专业以外的案源律所要不要做强制安排，不

---

* 古城，北京德恒（西咸新区）律师事务所运营总监。

再交给专业律师承办，对于这些措施普遍的观点又认为“条件不成熟”，不能太过激进，可以采用一些比较缓和的措施。

比如，“一专两辅”定的范围可以大一些，类似商事诉讼、刑事业务、民事业务这些大类可以作为“一专两辅”的选择。

其实，大家也可以看出来，律师虽然觉得专业化是好事，但真要落地专业化还是有一些担心的，担心专业化没有足够的案源做支撑，更担心专业化给自己打上某个专业标签后，非专业的业务客户是不是就不会找自己的。

简单地概括就是，“案源焦虑导致专业化无法真正落地，专业化无法落地又导致律师品牌很难建立，律师品牌很难建立始终会局限在中低端业务上，始终局限于中低端业务又会引发新的案源焦虑”。

这似乎成了律师的一个“发展死循环”，不解决案源问题始终很难跳出这个死循环。

二、律师行业的“发展死循环”

这还仅仅是专业化一个方面的问题，这两年律师行业开始了一些新的探索，如引入技术工具优化律师业务效能。

当然，我不是说这些技术工具不好或者优化律师业务效能这件事不对，只不过这里有一个优先级的问题。当案源多得做不过来的时候，业务效能优化才更有价值，否则一年只做几单业务，业务效能优化的价值就没那么大了。

这也是为什么法院、检察院技术工具一直走在律师行业前面的主要原因，实际上就是“案多人少”的困境所驱动的，当然，法院、检察院内部的行政机制、财政支持也是技术工具落地的保障。

基于这点，我们发现相较于刚刚提到的律师“发展死循环”，律师行业还存在一个正向的驱动飞轮。

驱动飞轮这个概念源于亚马逊，核心作用是在资源、人员有限的情况下，能帮助律师（律所/律师团队）找到一个切入点，单点切入进而带动其他环节的发展，最终带动整体发展。

比如，亚马逊的驱动飞轮（见图1）是“以更低的商品价格带来更多的顾客访问量，更多的访问量能带来更多的销售量，同时带来更多第三方卖家入驻亚马逊。这使亚马逊能够将自身的成本分摊给第三方，从而确保自身获得更高的收益。更高的收益则促成亚马逊进一步降低商品价格”（摘自《飞轮效应》）。

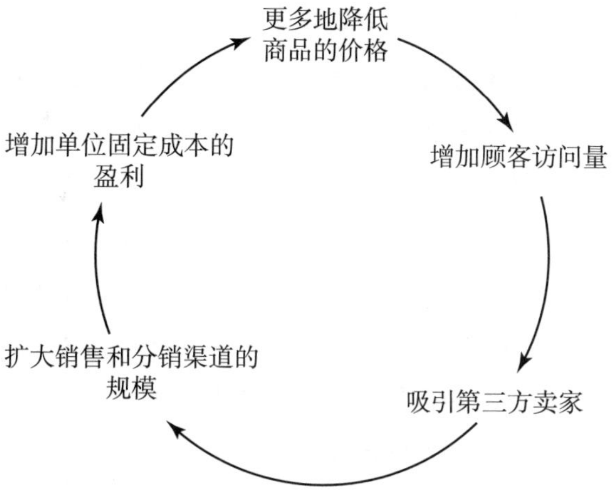

图 1　亚马逊飞轮

如此循环往复，一步一步成就了今天的亚马逊。在发展早期，亚马逊更多的精力放在“如何降低商品价格”，这是亚马逊找到的“发展切入点”。

这个逻辑对律师行业同样适用。就当前来说，无论是个体律师、律师团队还是律师事务所，你会发现有各种各样的问题需要解决，有的时候真可以用“一地鸡毛”来形容。

但越是这样越不能“头痛医头，脚痛医脚”，而是需要找到那个“触及一点，带动全盘”的发展切入点。

我们发现这个发展切入点就是“案源开发”，这也是案源开发战略层面的意义所在。

参考亚马逊的驱动飞轮，我们设计出律师行业驱动飞轮（见图 2）。

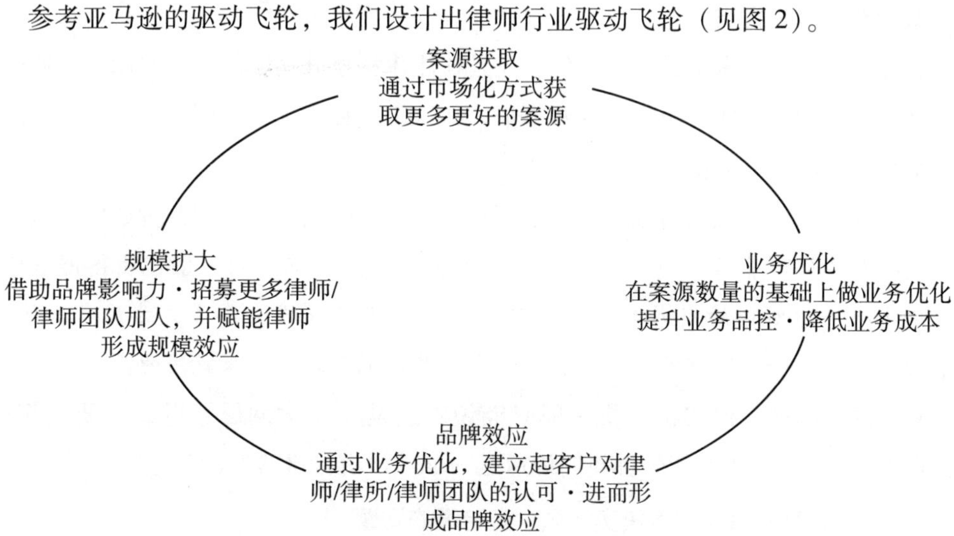

图 2　法律行业驱动飞轮

从案源获取做切入，通过合适的方式获取更多更好的案源；有了更多更好的案源必然需要做业务消化，这个时候才会考虑业务优化的问题，提升业务品控，降低业务成本，而业务层面的优化进一步强化了客户对律师的认可度，从而形成一定的品牌影响力；有了品牌影响力，才有机会做大规模，招募更多优秀律师加盟，并在优秀律师的加持下获取更多的案源。如此循环往复，一圈一圈，最终形成良性的发展循环。

而在这个过程中，案源开发是一个起点，其他的问题如业务优化、品牌打造可以不用太着急，在前期发展的时候集中更多的资源、人员着急解决案源问题，打造出适合自己的案源开发闭环，等案源问题解决了，在案源的“驱动”下，其他问题也会逐步得到解决，最终形成正向的发展闭环。

其实，对这点整个律师行业在这两年应该有切身的感受，几乎可以说律师行业所有的变革都是在案源变革的驱动下发生的。

当前律师行业的变化实际上也是案源变化驱动的结果，简单地说就是《明日世界法律人》所描述的“事多钱少、执业泛化、信息技术”已经从预言变成了现实，尤其是这三年在疫情影响之下，客户对法律服务的“采购”发生了很大的变化。

所以，我们经常看到“砸价竞争，零元中标”等，律师行业发展到现在，已经进入了“竞争状态”，律师不再那么“稀缺”，前些年轻轻松松就能“躺赢”的时代已经一去不复返，所以，我们看到案源开发从部分人的焦虑成为行业普遍的焦虑，甚至业内流传说“红圈所都在降价以获取更多的案源机会”。

三、案源开发的关键点

这几年我一直在做案源开发工作，先是在法律科技公司，然后加盟律所，冲到了案源开发工作的第一线，也做了一些事情。在这个过程中，常有同行过来交流，问到我们案源开发应该如何做？

我发现和同行接触的时候，他们最喜欢问的一个问题是：案源开发如何落地？

因为在律师行业待了这么多年了，这句话的“潜台词”我一般也听得懂。律师其实是想问“你所谓的案源开发工作到底能不能带来案源？要多久才能带来案源？带来案源的质量如何？有没有一个直接的方案是我们可以拿过来就用的？”

对于这个问题，说实话，我一般只能说：这是一个大问题，得先“研究客户、研究业务”，实际上我不能告诉他们说这是一个“没有标准答案的问题”。

（一）案源开发首先得解决卖什么、卖给谁的问题

我一直赞同一句话，这句话实际上揭示了案源开发的本质，就是“帮助客户成

功的同时顺便赚点律师费”。作为律师我们做案源开发，更多的不是单纯的案源，而是在帮客户成功或者说帮客户解决问题。在这个基础上做延伸，首要的问题就是我们拿什么帮助客户成功或者解决问题？

之前的模式我们更多是在“卖人”，以律师本身作为案源开发的载体。这个时候的案源开发更多是围绕律师品牌做文章。

比如，我们熟悉的讲课、写书、做文章、搞活动，无一不是在打造律师的个人品牌，而后依托律师的个人品牌吸引客户在发生法律问题的时候主动过来找律师，并通过洽谈形成有效案源。

这种模式在律师“个体经营”的模式下确实也是有效的，再进一步延伸律师不断重复上面的流程，手头积攒了一些人脉和客户关系，仅靠这些人脉和客户关系以及衍生的推荐案源就能过得不错。

之前我们辅导一个律师团队的时候也发现“卖人”的模式目前还是多数律师、律师团队案源开发的主要模式，其中最大佐证在于律师或者律师团队上年度案源来源数据的分析，很容易得出结论：多数律师、律师团队的案源主要源于“熟人介绍”。

案源模式决定业务模式。既然多数律师、律师团队的案源主要源于“熟人介绍”，而熟人介绍过来的案源实际上很杂，各类案子都有，律师在初期的时候基于创收的考虑，很少会拒绝，基本上是来什么案子就做什么案子，慢慢就形成了我们所谓的“万金油”的状态。

有一些资深的律师，做到一定程度之后，熟人介绍的案源比较丰富了，自然也会筛选，不过筛选的标准多是“案件标的或者收费标准”，仍然没有脱离“万金油”的状态，不过案件的客单价是有所提升了。

这是当下多数律师、律师团队的案源开发模式。

另外一种是“卖产品”的案源开发模式，主要体现为专业律所或者专业团队的案源开发。

专业律所或者专业团队一般会有明确的目标客户，当然客户的“精细化”可能会有差别。比如，我们辅导的成都锦瑟团队，起步之初就确定了婚姻家事的业务方向，这一业务方向我们做过客户分析，基本上 90% 以上是女性客户，所以我们在确定锦瑟团队目标客户的时候就直接确定为“女性客户”。再进一步结合锦瑟团队的实际情况，细分为“高端女性客户”，包括但不限于女企业家、白领女性等。

在目标客户确定之后，下一步就是研究“目标客户需要什么”，通过案例数据、业务数据以及客户访谈相互结合的分析，逐步提炼出“婚家调解—婚家诉讼—婚家执行—女性法律服务”四个板块的法律产品框架，而后围绕每一个板块设计不同场景的法律产品。

比如，婚家调解板块就涉及女性私人法律顾问、婚家健康体检等产品。在这些法律产品到位之后，围绕法律产品再去构建法律产品的“推广机制”，将具体的“法律产品卖给目标客户”，从而实现创收变现。

在这个过程中卖什么的载体就从律师转变为法律产品。这种转变在我们看来也是未来十年案源开发必然的趋势。

之所以说是必然趋势，原因如下：

首先是量级上的考虑。

“卖人”的模式更多依托于“熟人介绍”，而熟人是需要靠时间和情感积淀的，所以我们才看到“老律师更吃香”，很重要的一个原因就是老律师经过之前的时间和情感的积淀，而新律师没有足够的积淀。

但问题在于律师个人的时间和精力有限，能维系的熟人数量也是有限的，自然也就很难做大，所以我们看到不少律所或者律师团队走传统的“卖人”的案源开发模式，很容易就碰到天花板，连续多年创收可能没有明显的变化。

而卖产品的模式实际上做的不仅是熟人的“生意”，还在做数量更多的“陌生人的生意”，自然在量级上就比传统的模式优化了很多。一旦形成围绕法律产品的案源开发打法，所能带来的案源数量、客户规模以及创收空间就不是传统的模式所能相比的。

其次是对竞争的应对方式不同。我们做案源开发不是在“真空”的环境，只有我们一家在做不用考虑其他人。

正如我们上面提到的，当前法律服务行业已经进入一个“竞争状态”，客户会找更多的律师“货比三家”，优质客户也有更多的律师都在盯着。

比如，最典型的建工领域，建工领域的优质客户多是各个区域建设单位，而我们从建设单位法总反馈的信息来看，法总手里基本上不缺律师，而且这些律师和法总之间的关系都还不错。一旦有需要委托律师的项目，建设单位的法总基本上就是挑着“合适”的律师来做。

而且，随着律师人数越来越多，这种竞争的态势必然会愈加激烈。这个竞争背景下，仅仅靠“熟人的信任关系”显然已经不能满足客户的要求，需要从“信任关系”升级到“价值关系”，以能帮助客户成功、为客户解决问题为核心。

对比两种案源开发模式，“卖人”的案源开发模式，还是停留在熟人之间的信任关系上，有的甚至会过度依赖熟人关系而忽略了业务能力和服务质量的提升。这点也是我接触的不少律师团队已经出现的现象。

在当下的环境下，这种模式还是有一定生存空间的，尤其是一般诉讼、基础常法等对业务技能要求没有那么高的领域，熟人关系还是影响客户选择的重要因素。

但同时这些领域也是竞争比较激烈的领域，大家都有资源人脉的情况下，价格的比拼就成为必然，这也是这两年律师行业“砸价竞争”出现的主要原因。

而以法律产品为核心的案源开发模式本身就瞄准为客户提供价值，是一种以客户为导向的案源开发模式。

这种模式“倒逼”律师主动了解客户、挖掘客户需求，进而形成法律产品化的解决方案，通过帮助客户成功、解决客户问题获取创收回报。这种模式一方面是还没有多少律师真正地去做，我们称为“法律产品的莽荒期”，相对来说在这个层面的竞争比较少。另一方面，以法律产品为核心的案源开发模式以客户为导向，会围绕特定的客户做深度开发，做的是特定客户多方面、多层面的案源开发以及客户终身价值的发掘。正如我们给锦瑟婚家团队做辅导的时候说过的，“沉淀 2000 个精准的目标客户足够养活一个团队”，沉淀下来的客户资源就构成了最好的竞争壁垒。

所以，做案源开发，首先需要明确的问题就是“卖什么、卖给谁”的问题，上面两种不同的案源开发模式直接决定了后续案源开发的具体运作。

（二）案源开发实际上是一个漏斗模型

第二个需要明确的问题是“案源开发实际上是一个漏斗模型”。这个漏斗模型和我们经常听到的销售漏斗没有太大的差别，只不过环节设置上会有一些区别。

以我们之前实践的线下端案源开发为例，以电销 + 活动为核心，先做的是具体法律产品的研究，比如，“企业工伤事故优化赔付”法律产品，第一批次考虑的目标客户是“发生过工伤诉讼的企业”，也只有这类企业对工伤事故的培训才会有更切身的感受。

第一步是做客户数据筛选。通过裁判文书网采集发生过工伤诉讼的客户数据，并进一步筛选形成客户名册，进而做客户联系方式的检索，之后交付给电销人员，以“工伤优化专题活动”的名义邀约客户参加，而后就是专题活动的承办，通过专题活动初步建立客户对《企业工伤事故优化赔付》产品的认知，进而再跟进有效客户，跟进过程中结合客户的情况形成定制化的工伤事故赔付解决方案，从而完成《企业工伤事故优化赔付》产品销售签约工作，之后就是方案的落地部署，通过落地部署真正为客户解决问题（见表 1）。

表1　线下案源开发（电销端）

客户数据筛选	电话邀约内训（活动）	客户内训安排（活动）	客户谈案签单	客户业务部署
确定筛选标准	设计邀约话术	安排培训讲师	谈案事宜安排	客户签约跟进
按照课程，渠道做客户信息筛选	由电销团队负责，首批电话跟进	每个主题课程3个讲师，由案源负责人统一安排	以谈案小组为主体，沟通谈案时间、地点	业务机会跟进，实现快速成单
制作客户名册	安排电话跟进	培训现场管理	主办律师谈案	客户签约仪式
通过阿尔法系统导出客户名册	借助法数云系统，填写跟进记录和客户标签	对客户电话培训回访，发掘谈案机会	对客户电话回访，推进客户签约	签约之后，拉企微服务群，沟通服务事宜
检索客户电话	填写跟进记录	发掘谈案机会	谈案客户回访	服务落地部署
由案源负责人负责每月客户数据筛选并安排律师从阿尔法系统导出客户名册。 客户名册导出后交由电销负责人。 由电销负责人安排人员检索客户电话	由案源负责人、电销负责人对接设计邀约话术。 设计好之后交由电销负责人做人员话术培训并安排具体人员电话邀约	由电销负责人根据电话邀约情况形成《待培训客户目录》，并与案源负责人对接。 由案源负责人做讲师的具体安排，每家企业安排两名人员，1名讲师负责课程分享，1名辅助人员负责课程跟进和现场管理。 培训结束后及时与电销负责人沟通。 由电销负责人对培训后的客户做回访，发掘谈案机会	由电销负责人根据培训电话回访形成《待谈案客户目录》，并与案源负责人对接。 由案源负责人做谈案律师的具体安排。 每家企业安排2名人员，1名为主办律师，负责该案，1名辅助人员负责谈案配合	由辅助人员向案源负责人汇报谈案成果。 谈案成功的,由案源负责人安排签约仪式。并在企微建立服务群，部署后续服务。 谈案未威功的，反馈给电销负责人。 安排人员做客户回访跟进，并记录跟进结果

在上述的流程过程中我们能明显感觉到各个环节就像一个漏斗，在这个过程中客户数量会不断减少。第一步筛选形成的客户名册，客户数量级基本上都在千位数，经过电话邀约之后剩下的是百位数的客户，再进一步能来现场参加活动的可能只剩下几十位客户，而几十位客户中值得跟进的也就十几位，最后能形成签约的多数都是个位数。

后来我们发现不仅是线下案源端如此，任何一种案源开发方式在任何场景之下基本上都会遵循漏斗模型。

不过这点也给了我们做案源开发很大的启发：

一是做案源开发基础量级得足够大，这样才能保证后面签单的案源数量。比如，现阶段不少律师依托自身的人脉关系做案源开发效果不明显，很重要的一个原因就在于律师的人脉关系数量有限，这些数量有限的人脉关系所能转化的签单案源数量就更有限了。

二是做案源开发要注意各个环节的转化率，先搭建案源开发的转化环节，而后着力于提升各个环节的转化率，这是具体案源开发的主要工作内容。其中，最典型的就是线上案源的开发，一般都会经历线上内容投放—案件信息筛查—电话邀约上门—资深律师谈案—案件委托代理这么几个环节，每一个环节都会有一些客户的流失，而想要做好线上案源就必须着力提升各个环节的转化率，这样才能保证前期的投放取得预期的效果，尤其是在当下线上投放成本越来越高的情况下，提升各个环节的转化率就成为做好线上案源开发的当务之急。图 3 是权为法律工作室业务流程。

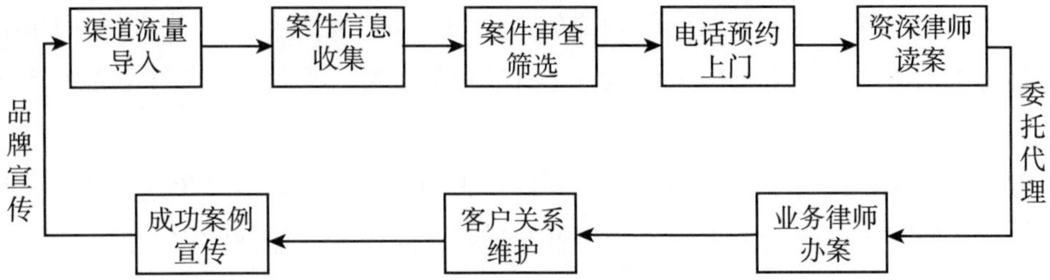

图 3　权为法律工作室业务流程

（三）案源开发是一个长效机制，需要做整体设计

了解了这些情况，我们再来看案源开发的具体工作。对案源开发这件事，其实律师做上几年基本上都会有自己的打法，这也是现实环境“逼”的，你没有案源就没有收入，现实环境就要求你去开发案源。但对于案源开发，实际上先得搭建好整体规划，然后才能更好地做案源开发，具体地说就是做案源开发要养鱼而不是钓鱼，需要形成案源开发长效机制。

律师这个群体是一个很特殊的群体，多年的提成制惯例让律师群体始终处于不安和焦虑的状态。没有业务，就没有创收，没有创收就没有收入，没有收入问题就多了。而且，律所一般也不会说养着律师（授薪律师另当别论，授薪律师群体人数还不多），反而是律师以自己的业务创收支撑律所。对律师这个群体来说，“短平快”，可以直接带来案源或者收益的项目是最受欢迎的。

这种状态下，我打个比方，律师的案源开拓方式更像“钓鱼”：找一个鱼多的地方下钓竿，而后就等着，鱼上钩了放到盆里，再下竿继续钓第二条、第三条。

之前的几年，鱼是蛮多的，钓的人不多，这样即便是匀下来，每个人也能钓到一些。当然，钓多钓少就看你下竿的地方和准备的饵料以及钓鱼的技术了，有时候也看运气。比如，有人是在资本市场下竿，钓到的多是并购、IPO 这类“大鱼”；有人是在道路交通、婚姻家事领域下竿，虽然鱼不大，但量有了，多钓几条也够生活了。

但问题在于，正如我们上面提到的，律师行业竞争越来越激烈，现在的鱼没增加多少，钓鱼的人增加了，甚至法律科技公司、法律营销公司、智能法律技术、四大会计机构、公共法律服务都来“钓鱼”，开始挤占律师“商业法律服务”的市场。

钓鱼的人多了，鱼被谁家钓到还真说不定了。

这个时候，有一些律师觉得原来钓鱼的方式不行了，能不能换一种方式，挖一个鱼塘，自己养鱼呢？

思路没有问题，这也是我们现在在做的事情，但关键在于“挖一个鱼塘是需要时间的”，挖好鱼塘把鱼吸引过来，然后投饵、换水、清淤，都有一个过程。

不像钓鱼那样，钓上来就能吃现成的。养鱼得有一定的投资、得花一定的时间、得做好不少的事情，更重要的是这是一个有过程的事情，不是一个做了就能吃现成的事情。

但对律师来说，这个过程不好，不如钓鱼来的更直接。既然养鱼这么费事，那还是回去钓鱼吧！虽然钓鱼的人多了，但谁知道什么时候鱼才能被钓完，说不定等退休了，还能搬个小板凳再钓几条。

两种不同的案源开发模式把律师分成了两拨：一拨还在钓鱼，坐等客户上门；另一拨开始养鱼，直接跑向市场，做主动营销。

当然，哪个好哪个不好，短期内也看不出来，也许 5 年、10 年之后，养鱼的话会有一个大渔场，不用再到处换地方钓鱼了。

（四）案源开发依赖于团队运作，需要搭建综合性团队

第四点是人的问题，做好案源开发，1 个人很难，得有 1 个团队。

正如上面提到的，在钓鱼的时候，我们有个竿子（业务能力），一个人就能钓鱼。但到了养鱼的时候，1 个人就有点吃力了，因为这就不是 1 个人能干成的事情。

首先，要养鱼，先得考虑客户群，养什么鱼合适。

其次，得做品牌，让别人知道这里要养什么鱼、提供什么服务、能给鱼带来什么价值。这是一系列品牌定位、视觉设计、品牌推广的工作。

再次，结合品牌定位设计市场案源获取方案，也就是所谓的市场策略的问题，确定合适的市场方法，或线上，或线下，或地推，或会销，或讲课，或出书，或广告，或者考虑和目标客户群相同的第三方对接，和第三方一起向目标客户提供一体化服务，借第三方实现案源获取。当然，这些工作得有人去做，律师自己也可以参与进来，不过律师最擅长的是法律，做市场有点考验律师的学习能力了。

又次，案源获取之后的承接就得发挥律师的专长了，更重要的是承接之后：一方面，能管控好成本，降低律师在单项业务上投入的时间；另一方面，还得提升客户满意度，让客户愿意为我们做口碑传播。这是一个“既要马儿跑又要马儿不吃草”的活，有个团队一起做的话相对容易实现。

最后，客户的维护工作。对律师来说，最重要的因素就是有一批认可自己的客户，而且这批客户不会轻易被同行或者替代律师的机构挖走。但我们也知道，这个市场上不只我们一家，而且如上面所说，还有众多替代性法律服务机构正在虎视眈眈。想要留住客户，不是给客户服务完了就完了，而是要做好客户的跟进和维护工作，不断向客户提供价值。哪怕最简单的方式，逢年过节向客户说一声问候，也是一种客户跟进维护的方式。

综上所述，这些工作都交给一个律师来做，想想都有点累，所以我们的建议还是组建团队来做，毕竟各有分工、各有所长，有一个综合性的团队来做，成功的概率会更高点。

当然，还有一类叫作“资源型律师”，凭借积淀下来的人脉、资源，基本上已经形成了自己的打法，我上面说的这些东西对他们来说“有点多”，也有点烦，也未必正确。这点我也是同意的。

正如我们做案源开发的体验，没有什么正确的方法，我们能做的顶多是少踩点坑、少走一些弯路。做出效果了，就证明我们走对了，做不出效果，就当我上面说的都是错的。

（五）没有最好的案源开发方法，只有最合适的案源实战打法

最后一点是案源开发的实战打法。

和律师交流的时候，我们会发现律师是一个非常爱学习的群体。有案源开发做得好的律所，比如，元甲、家理、恒都，律师都会积极地向这些律所靠拢，去学习他们

的先进经验，并把这些“模式”引入进来，作为自己案源开发的参考。

但我想说的是“律师学习市场，需要学的不是模式，而是案源开发的底层逻辑”。

做个简单的假设：元甲所主打交通事故，家理所主打婚姻家事。如果这两家律所的人员做个调换，元甲的团队入驻家理，家理的团队运作元甲，采用的是之前熟悉的并经过市场验证的打法。结果会如何呢？

我个人的估计会是一场灾难。

元甲的打法，核心是“地推+业务流程化+业务品牌化”，之所以会走这样的道路是由其目标客户群、市场容量、团队管理能力、律所领导者的眼光和见识决定的，同时我个人猜测也是从不断“踩坑”的过程中一步一步踩出来的。

家理的打法，从公开的资料看，“线上营销+电话咨询服务”占了很大的比重，而且家理的团队也是一个综合性的团队，再加上婚姻家事市场的体量逐年增加，这些综合因素成就了家理。

但我们律师群体有的时候往往看到的是自己想看到的东西。

看到元甲成功了，就觉得地推模式是有用的；看到家理的成就，就觉得做线上营销、买百度关键词、做搜索引擎优化（SEO）是可以带来案源的。

问题在于，这些很容易被看到的市场因素仅是一个环节，而不是全部；是一个重要的要素，而不是整个系统。

即便你也是做婚姻家事，也模仿家理做线上营销+电话咨询，但家理关于客户的理解、在客户体验上下的工夫、在业务知识上的梳理、内部团队的配合、技术工具的引入，这些背后的东西，你真的能模仿过来吗？

学习这些案源做得好的律所，绝不是仅仅学习他们的案源开发方法，因为这些案源开发方法对他们有效，对你未必有效，而是要学习如何洞察客户需求、如何结合客户需求设计法律服务产品和流程、如何形成差异化报价、如何提升业务效能、如何降低业务成本这些底层的逻辑。

案源开发方法无法模仿，但底层逻辑是相通的！

数字时代的法律服务产品：如何定义？怎么设计？

贺倩明 *

律师制度最早萌芽于公元前二三世纪的古罗马时期，早期律师只针对刑事案件参加庭审辩论、代写法律文书，如今，律师的服务领域延伸至社会、经济、政治的各个领域，律师提供的服务种类也包括民事、商事、刑事、行政等各个专业。综合型大所服务的专业领域甚至多达上百个，律师的专业更加精细，很多律所开始注重法律服务产品的设计，法律服务产品化将成为趋势，**如何定义律师服务产品？如何对法律服务产品进行设计？如何形成产品竞争优势？**这些问题都是法律服务产品化要面临的问题。本文从产品的底层逻辑、设计思维、交付体系三方面进行分析。

一、理解产品的底层逻辑

产品可以从多个维度去定义，通常定义为：所有满足用户需求的物品或服务。产品的用户既包括普通消费者（B2C）、企业用户（B2B），也包括公共服务机构（B2G）、其他各类组织等，产品的形态包括有形产品、无形服务，以及有形和无形相结合的混合产品。有形和无形产品的混合产品形态随数字技术的发展而越来越常见。数字技术的驱动使很多实体产品数字化，产品内容和形式在随着技术的变革而发生变化。但有一点是亘古不变的，那就是产品必须能满足用户的某些需求，用户愿意为这些需求支付对价。

关于如何理解产品，著名营销管理大师科特勒在1960年出版的《营销管理》一书中首次提出了产品五个层次的著名论断，包括 core benefit（核心利益）、generic

---

* 贺倩明，上海市建纬（深圳）律师事务所主任、深圳市华勤城市更新研究院院长、中国政法大学法学博士。

product（基础产品）、expected product（期待产品）、augmented product（增强产品）、potential product（潜在产品），科特勒关于产品的五个层次分析后来成为研究产品的基础框架。

结合科特勒的分析，本文从产品的用户价值视角出发，将产品解构如下：

1. 核心价值

用户购买产品的动机和基本需求是产品的核心价值。用户花钱购买产品或服务，都有最基本的动机和需求。同类产品都必须理解并满足用户的动机和最基本的需求。产品如果不能解决用户需求，用户则不会为此埋单。

2. 通用价值

同类型产品需要有为满足用户特定需要的通用功能，比如，无论何种类型的酒店都必须满足住宿的基本功能，汽车必须满足行驶的功能。产品通用功能不全则是缺陷产品，用户将选择退货和索赔。

3. 期待价值

不同用户群体有不同的消费偏好，也有不同的期待价值。用户对产品的偏好会因为用户的教育、地域、文化、年龄、民族等因素而不同。用户的偏好也会因为市场的变化而发生变化，用户对产品的期待价值会随着市场竞争、产品迭代等原因而有越来越高的需求。

4. 差异价值

用户愿意为核心价值、通用价值和期待价值付费，但**体现产品的竞争优势和盈利能力则是产品的差异价值**，普通招待所和五星级酒店都能提供满足用户居住睡眠的基本功能，但其价格会相差 10 倍以上，其主要原因是提供了差异化的价值。

5. 延伸价值

延伸价值是指给用户带来意外惊喜或建立持续关系的价值。延伸价值包括给客户各种增值服务、礼物赠送、长期会员服务。产品延伸价值旨在与用户建立情感连接，增强用户黏性。

产品的核心价值、通用价值让用户愿意支付对价，产品的期待价值让用户感到满意，产品的差异价值让用户形成品牌信赖，产品的延伸价值让用户建立长期忠诚度，这些是产品的底层价值逻辑，法律服务产品化需在理解产品的底层逻辑基础上，围绕五个问题展开：

（1）能否抓住法律消费者的核心需求？

（2）是否达到了行业管理的规范化标准？

（3）是否针对不同法律消费群体有精准的产品定位？

（4）与同行相比能否体现差异化？

（5）能否与法律消费者建立长期持续的关系？

二、运用产品设计思维

要解决产品的五个核心问题，需要运用产品设计思维。世界著名的设计公司博奥集团（IDEO）的首席执行官蒂姆·布朗（Tim Brown）于2008年在哈佛商业评论发表了一篇《设计思维》（Design Thinking）的文章，对设计思维这样定义："运用设计师的洞察力和方法论，以人为本，将技术可行性、商业策略和用户需求进行匹配，从而为消费者创造价值，并赢得市场机会。" Tim Brown 提出的**设计思维是一种关于产品的思维模式，该思维模式包括五个要素：**

1. 共情思维，从用户出发，从不同视角全方位理解用户；

2. 整合思维，将各种不同甚至对立的思维、方法、观点进行分析、整合，并创造出新方法；

3. 乐观主义，创新之路充满不确定，无论遇到多大的挑战、挫折和失败，要坚信总能找出比现在更好的方法；

4. 勇于尝试，选择一个切入点，以最快速度设计出原型，深入用户反复验证；

5. 多方协同，要与不同背景、不同专业的人员进行合作，通过跨界知识的整合实现创新。

设计思维已成为产品设计必不可少的思维方式，硅谷的很多产品创新无不是设计思维的体现，设计思维不仅体现于各种有形产品设计，也运用到各种无形服务的设计当中，对法律服务行业当然也适用。不过，能全面正确理解设计思维并真正落地实施的非常少见。**法律服务产品的设计思维包括如下要点：**

1. 找准痛点。不同法律消费者遇到同样的法律问题有不同的痛点和需求，同一法律消费者遇到不同的法律问题其需求也不同，法律服务需满足各种个性化的需求，这是法律服务产品设计最大的挑战。无论提供什么法律服务，律师需从消费者的立场出发，法律消费者对律师的需求通常不仅是解答法律问题，还会寻求一种安全感。律师不能只提供冷冰冰的法律知识服务，还需化解法律消费者因为法律问题、法律争议引起的焦虑、紧张甚至是恐惧，让法律服务有温度，法律消费者既需要一个满意的结果，也需要一个满意的过程。绝大多数法律服务难以达到这些要求，这也是当事人对律师满意度低的原因。

2. 输出价值。在找准法律服务消费者痛点的基础上，要思考如何让法律服务为消费者创造价值。长期以来，法律服务价值并没有得到正确的认识，人们寻求律师服务往往只是寻求一种法律安全感，多数人将法律服务视为成本支出而不是价值创造，虽然法律安全感也是律师服务的一种价值，但律师的价值远不止于此。好的律师，能够挽救一个公司、一个家庭和一个人的命运，很多商业模式、交易架构的创新都是律师设计的，国家法律制度的进步也有律师的推动，公司治理结构的健全也离不开律师，家庭财产的安全和个人自由财产的保护也有赖于律师。律师的价值无疑是巨大的，遗憾的是，这样的认知在中国法律服务市场仍是少数，其原因是多方面的，但主要原因还在于律师自身，一方面法律服务质量低下，另一方面律师缺乏产品思维，以客户为中心的价值观并没有真正落实到日常的服务中。

3. 清晰定价。长期以来，法律服务的定价困扰着律师和法律消费者，行业协会的指导价也难以在市场中发挥作用。在有形商品消费市场，产品的规格、性能、价格等消费者能清晰地识别，消费者容易在不同产品中进行比较而快速作出决策，但法律服务是一种无形服务，产品的性能、效果难以事先评判，其定价也千差万别，导致法律消费者在寻找律师时难以抉择，往往到处打听、比较、询价，不同律师不同报价相差很大，甚至法律判断和解决方案也各不相同，有的消费者在经历了若干次咨询之后甚至放弃选择律师而自行处理，律师洽谈业务的成交率非常低，这是导致法律服务市场生态恶劣的主要原因。律师要改变这种状态，**需要建立清晰的价格机制，降低法律消费者的选择成本，**让法律服务的价格和法律消费者的需求能完美地达成匹配。

4. 标准服务。法律服务的无形化、个性化导致其标准化难度非常之大，但并不意味着法律服务标准化缺乏可行性。事实上，很多律所已经在法律服务标准化之路上有非常成功的探索，比如，提供交通事故服务的元甲所、婚姻家事服务的家理所、地产工程服务的建纬所、争议解决服务的天同所、私募投资服务的汉坤所。律师事务所之外的法律科技公司、会计师事务所、法律服务公司等其他机构在法律服务标准化之路上还有着更多的探索和成功实践，国外已经出现大量的替代性法律服务机构（ALSP），他们采取线上线下相结合的方式，利用 AI 技术和法律工作者协同工作，选择某些细分领域提供标准化的法律服务产品。**法律服务产品的设计应该以标准化为方向，要做到法律服务产品标准化，不能急功急利，不能贪求大而全，要从某一细分领域着手，从服务流程、服务价格、服务形式、服务结果等方面实现标准化，从局部到整体、从形式到内容，采取渐进式的策略，定期总结服务经验，及时更新迭代产品标准。**

三、建立可靠产品交付体系

越来越多律所开始重视法律产品的设计，律所的产品宣传册争奇斗艳，但为何法律服务产品化真正落地的律所却非常少见呢？主要有两方面的原因：

其一，法律服务产品手册的设计者与法律服务产品的交付者是不同的人，法律服务产品设计由律所行政或市场人员主导，法律服务产品的交付则是由不同律师完成，律师在提供法律服务时一般不会以法律服务产品手册为依据，而是依其经验习惯完成交付，产品的设计和产品的交付完全“两张皮”。

其二，法律服务是一个过程，多数时候还需要团队协同完成交付。法律服务产品的交付与有形货物产品的交付有根本的不同，有形货物交付往往是一次性完整的交付，且产品的交付标准清晰可见，而法律服务产品的交付不是一次性完成的，而是一系列的过程动作完成的，客户对交付的满意不仅取决于交付的结果，更取决于交付的过程。

法律服务产品化要最终落地，除精美的产品宣传册，更需要从体系上完善产品的交付体系。**一个完整的产品交付体系需包括以下五个部分：**

1. 产品品牌。**产品品牌既依附于律所品牌，也可独立于律所品牌**。一个强大的律所品牌可以为产品背书，有利于产品的市场推广；一个强大的产品也利于增强律所的品牌力。律所之所以成为知名品牌，往往是因为其在某些专业领域有广泛的影响力，产品品牌和律所品牌影响力主要通过两种方式实现：一是各类品牌推广活动，如举办专业论坛、发表专业文章、出版专业著作；二是通过律师在服务客户过程中形成的客户口碑。律师和律所都需要努力打造律所品牌和产品品牌，这是让客户对法律服务交付产生信任的前提，品牌能降低客户的选择成本，提高成交率。

2. 产品包装。**产品的包装设计能让法律服务的无形价值实现显性的表达**。法律服务产品的包装设计包括产品宣传册、律师名片、媒体展示、律师个人形象、法律文书版式等系列要素。产品包装设计是专业技术，很多律所缺乏这方面的专业人才，导致产品设计低劣，影响律师专业的表达和品牌的传播。

3. 服务流程。**无论是诉讼服务还是非诉讼服务，业内都有规范的业务流程**。对律师服务流程进行设计，能让客户感知到律师服务的严谨性和专业性，也能让客户体验服务的价值；服务流程化是法律服务产品化的关键步骤，没有服务流程的产品化没有任何意义；服务流程化也是产品标准化的必经之路，流程设计得越精细，产品的标准化程度就越高；服务流程化对降低服务成本、提高服务效率也有重要意义，从而能够为客户提供性价比更好的服务；服务流程化还能为律师实现数字化转型提供基础条件，让技术能够更好地赋能律师。

4. 服务律师。**律师是法律服务产品具体实施者，是法律服务产品化的核心主体，**如果没有律师的正确实施，再好的产品设计对客户都没有意义。律师是法律服务产品化的全过程参与者，从产品设计、产品包装、产品宣传到产品落地，律师都需参与。产品包装、产品流程的设计可以模仿、外包，只有律师在提供法律服务过程中能彰显法律服务差异化，律师不仅是法律服务产品的形象代言人，也是法律服务产品价值的传递者和创造者。提升律师的产品能力是提升律所法律服务竞争力的核心环节，律所需要对律师进行全面的产品能力培训，包括产品设计、客户沟通、专业技能、产品交付、客户服务等方面。

5. 客户关怀。**律师作为专业服务提供者，与客户会产生很多的互动，除专业上的帮助，还有很多情感上交流**。法律消费者找律师解决法律问题，如同病人找医生治疗疾病，他们不仅希望快速、高效、低成本地解决，还希望有足够的安全感、信任感。客户对律师的投诉主要集中在对律师诚信的质疑和对结果的不满，律所需要建立客户关怀机制，包括事前、事中和事后三个部分：事前需要进行风险告知和充分沟通；事中要求律师服务过程与客户保持同理心，关注客户的情感诉求；事后则需要建立客户回访、投诉处理机制，与客户保持互动。

结语

律师职业因其悠久的历史传统自带一抹神秘色彩，律师往往以知识精英自居，而忽略了法律消费者的真正需求，随着技术的变革和社会的进步，法律服务市场的竞争更加激烈，以数字技术驱动的各种替代性法律服务逐渐涌现，传统法律服务将面临严峻的价格挑战，法律消费者对法律服务质量和效率有更高的要求，**律师需要洞察趋势、掌控先机，将法律服务产品化，并巧妙运用设计思维以此形成竞争优势**。

团队建设篇

无法打通的团队化律所，弊端凸显，怎么办

吴剑霞 | 智合研究院

团队化律所发展至一定阶段，原来的制度特点下“硬币反面”的影响加剧。

出现如专业资源不互通、客户资源不互通、团队发展不均衡等现象，这些问题又将导致错失大客户、利冲管理难、形成“所中所”、律所品牌受连带影响等问题。

在竞争愈加激烈的市场环境下，以上问题将严重阻碍律所做强，团队化管理的下一步应该怎么做?

一、团队化管理模式是什么

在探讨律所管理模式时，我们可以根据律所的一体化程度将其划分为三类：公司化、团队化、个体化。

· 公司化管理模式是单中心，一体化程度最高，也有称一体化管理模式。顾名思义，公司化律所的管理模式与公司类似，律所是“公司”，合伙人是“公司股东”，律师是“公司员工”。其核心特点是人、财、物由律所统一管理，全所用同一套机制，有高度集中的决策中心。

· 团队化管理模式是多中心，半一体化。团队化律所指的是由一个个团队组成并由该团队负责人掌握团队话语权的管理模式，各个团队都是一个小中心（在大团队之内也可能同时嵌套小团队)，律所内形成多个团队并存的多中心格局。其核心特点是团队化律所的成本由各团队分摊，团队自负盈亏，除涉及律所全体的重大事务在律所层面决定外，其他管理运营事务主要由各个团队自行决定，如招聘。

· 个体化管理模式无中心，完全松散。这种模式下，律所没有什么明显的决策中心，更类似于“农贸市场”，合伙人租用“摊位”执业、自负盈亏，彼此间相互独立，合作紧密度不高。

在律所发展早期，个体化律所居多，但随着外部环境及法律行业的发展，不少律所已经或正在有意识地往团队化、公司化的方向发展。

如果说公司化是一体化发展的阶段性目标，团队化则是抵达目标前的过渡状态（个体化是初始状态）。就像律师都希望晋升为合伙人，实践中往往存在有一定资历但某些方面尚未达标的律师，这些律师无论是否晋升为合伙人都不合适，因此部分律所会设定“顾问”这一层级与之匹配，“顾问”即“tobepartner”（成为合伙人前的过渡状态）。

公司化对于合伙人的共识要求过高，这就导致两个典型现象：一是原来偏个体化管理模式的律所在转型为公司化律所的过程中，大量人才出走；二是一些公司化律所在分所布局时进度缓慢。

所以，律所层面有一定共识要求但团队负责人又有一定的自主性的团队化，就成了很多律所的选择，不仅是全国性的规模所，精专所、区域所也都有尝试。

不过，不同发展阶段中的团队化律所，无论是其一体化程度还是团队化程度均有差异。

二、团队化管理模式的“三利”与“三弊”

那么，团队化管理模式的利与弊是什么？

（一）“三利”

团队化管理模式的优势显而易见，多中心利于激发团队合伙人的管理自主性，包容性利于规模扩张，团队形态利于资源集中与协调。

1. 多中心，利于激发团队合伙人的管理自主性

团队化律所的典型特点是多中心、半一体化，团队在承担亏损风险（盈利收益）的同时，律所也向其让渡了一定程度的管理权限——律所层面的体现是管理扁平，律所层面抓好各团队的负责人即可，团队内部的管理无须律所操心；团队层面的体现是管理垂直，向上需遵循律所设定的基本原则与规则（否则就类似个体化律所），向下可自主进行团队内部管理。其优势在于，管理有章法、有效率，但并不遏制团队积极性，在提升一体化程度的同时激发团队合伙人的自主性。

2. 包容性，利于扩张规模

团队化留出了多样性的空间，例如，在某大所规模化发展阶段，求同存异是其能快速招揽人才的关键。虽然有些规模所并没有主动提自己是团队化管理模式，但其发展路径都带有这一特点——合伙人带团队整体加盟、原当地所翻牌成为新所办公室、两两合并等——无论这些团队、律所原来采取怎样的管理模式，在加盟合并后，基本保留原团队或原所的做法，并不强制要求必须接纳同一种标准。

就规模化的速度而言，“先大后强”比“先强后大”更快，后者已经将“强”

（无论是哪一方面）纳入标准，满足条件的团队势必又会少一波。如果律所想要在一定时期快速扩大规模，建议门槛不宜太高（此处需注意，如果原来门槛高但为了招人突然降低门槛，这种方式不妥，会影响律所品牌调性。可以由低至高，不宜由高转低）。

3. 团队形态，利于资源集中与协调

在一些律所实践中，团队化通常会和专业化相伴，他们基本认同专业化是律所立身之本，团队化是专业化的前提。这一点可从两个层面理解：

第一个层面是聚集“同类人”。相较于个体化管理模式，团队这一形态可以改变律师各自为战的现状，让有同一专业方向或相关专业方向的律师聚集到团队之下。这比仅仅在律所层面建设专业委员会更有实际意义，因为专委会顶多承担举办活动、指导专业化建设等职能，并不对接客户，具体承办案件/项目的还是一个个团队。

第二个层面是便于“行事”。不在一个团队，做什么都不方便，开展业务交流、项目协作还需要跨团队。同在一个团队，有一个牵头人且大家目标是一致的，力能往一处使。

（二）“三弊”

当然，问题也在一些团队化律所中显现出来了。此处需注意，无论看待优势还是问题都需要用发展的眼光，在某一阶段是优点，在下一阶段可能就成为掣肘。

本部分主要谈三个问题：专业资源不互通带来的错失大客户，客户资源不互通带来的利冲管理难、形成“所中所”，团队发展不均衡带来的律所品牌受连带影响。

1. 专业资源不互通，错失大客户

前文提到团队化律所有一定的包容性，这种包容性的另一面表现是，A 团队主打某一业务，B、C、D 团队也主打这一业务。这个现象我们姑且称为“团队同质化”。

对此，有律师曾提供过一个案例：某家企业公开招投标，同一家律所、业务类似的两个不同团队分别参加招投标，为了自己的标书能投进（还不是投中），各自争分夺秒抢时间。作为同一家律所的律师团队，一旦甲团队进去了，乙团队就进不去了。

最后结果无从得知，但可以看到的问题是，这家律所并没有整合甲、乙两个团队共同去争取这家企业，这显然是对专业资源的浪费，最后可能会错失大客户。

2. 客户资源不互通，利冲管理难、形成“所中所”

当团队有充分自主权时，很多资源也被留在团队层面，律所层面也难以要求各团队进行客户、案件、专业等资源的共享（共享之后会接近公司化）。这会导致两个问题：

其一，只要规模达到一定程度，哪怕是公司化律所也会存在利益冲突，客户资源不互通的团队化律所尤甚——团队化律所中的权力让渡使作为“裁判者”的律所在统筹把控风险方面缺位或能力不足。

其二，当某一团队发展得非常好，就完全可以在团队内部另聘非律师支持人员（行政、人事、技术等），在职能方面类似一家律所（有客户、有律师、有后台支持），不考虑品牌因素，团队整体离开、带走客户的成本并不高，即形成所谓的“所中所”。

3. 团队发展不均衡，律所品牌受连带影响

经过一段时间的发展，不同团队的专业实力势必会拉开差距，外在表现在于团队创收、业绩表现、客户质量、行业口碑等，内在则可能还体现在服务流程、业务标准、人员构成、响应速度等。虽是同一家律所，但是外界感知度会存在差异，一旦发展较慢的团队出现负面消息，则将影响律所整体品牌。

三、问题的解决思路

要解决前述问题，最关键的是要先能统筹风险——提升一体化程度，然后再想办法降低风险——提升专业化程度。

一体化程度和专业化程度是相辅相成的，在一体化程度提升的过程中，相对也能更容易地整合所内专业资源，进而提升专业化水平；在专业化程度提升的过程中，必然涉及分工与整合，也会促进一体化水平的提升。

以下主要探讨有哪些同行经验可作为提升一体化及专业化程度的参考。

（一）提升一体化程度——统筹风险

阶段性推进一体化建设。以浩天为例，其在2022年年初提出管理方面的系统性战略，其中一项是一体发展，具体分为六个阶段：品牌一体化、中台一体化、客户一体化、制度一体化、薪酬一体化以及利润一体化。其中，“客户一体化”的目标是实现客户分类、把握客户需求、提升客户体验、解决客户问题，实现客户的异地再开发和专业再开发，此举也能更好地避免利冲。

统一配置作业资源。以兰台为例，其一体化中有一项是“统一配置作业资源”，即任何作业律师均按专业服务于有需求的合伙人，将“一事一议”式的跨专业团队协作固定为有组织、有约束力的专业分工。

（二）提升专业化程度——降低风险

设立“专业化和团队化建设委员会”等专门委员会。以广和为例，其在2018年推出“两委”模式：其一，所务线设立12个工作委员会，对应原本需要管委会负责的各项律所管理职能，原来仅由9名管委会成员牵头相关事务，如今每个工作委员会

都有十余名成员；其二，业务线设立 14 个专业委员会，承担专业化建设任务，每年都有培训等各项指标。两者之间以“专业化和团队化建设委员会”（12 个工作委员会之一）为连接点。

提升进人标准后推出“一主 N 辅”制度。以大成上海为例，其在推出“一主三辅”前，已经有意识放缓人才引进速度、提升进人标准，开始关注专业标签（某一业务创收占总创收比例）；之后进行意见摸底，在得到近 90% 的律师选择了“一主一辅”“一主两辅”“一主三辅”这三种专业化模式的结果后，才推出“一主三辅”制度；推出后，不断优化具体规则、福利政策等，最重要的是，监测专业化后的业绩表现，给大家继续践行的信心。

总结一下，针对团队化管理模式下的“三弊”问题：

· 专业资源不互通，错失大客户；

· 客户资源不互通，利冲管理难、形成“所中所”；

· 团队发展不均衡，律所品牌受连带影响。

本文提供如下解决思路：

· 提升一体化程度以统筹风险，具体可以参考如阶段性推进一体化建设、统一配置作业资源等同行经验；

· 提升专业化程度以降低风险，具体可以参考如设立“专业化和团队化建设委员会”等专门委员会、提升进人标准后推出“一主 N 辅”制度等同行经验。

团队管理的关键词：人才、规则、目标

吴剑霞 | 智合研究院

在我们谈团队管理之前，首先要搞清楚“团队”是什么。

有学者根据群体的显性程度和结构严密程度，将其形态划分为团伙、派系、团体和团队四种。[1]而实践中很容易出现混淆，以为带的是团队，实际上只是个团体。

《管理学》作者斯蒂芬·罗宾斯（Stephen Robbins）提出，团队是由两个或者两个以上相互作用、相互依赖的个体，为了特定目标而按照一定规则结合在一起的组织。[2]

这句话中有几个关键词：人才、规则、目标。团伙会因利而聚、无利而散，团队则有规则、有除利益之外的共同目标。无论是做企业还是管律所，如果想在商业上取得更大的成功，没有能打胜仗的团队是不行的。

现在，从人才、规则、目标的角度复盘一下，你所管理的律所，是团队，还是团体？

- 青年律师较多且尚未独立。
- 团队成员之间发展不均衡。
- 人员不稳定，流失率高。
- 专业不共享，缺乏团队协作。
- 缺乏团队意识和共同目标。
- 工作环境不和谐。

如果出现上述情形，怎么解决？团队怎么建设？

---

〔1〕 参见刘艳红、裴蓉：《从团伙、团体到团队》，载《管理现代化》2009 年第 6 期。

〔2〕 也有定义称，团队是由基层和管理层人员组成的一个共同体，它合理利用每一个成员的知识和技能协同工作，解决问题，达到共同的目标。

一、没有高投入，能培养人才吗

能吸引有潜力的人才加入律所，通过体系化培养使其满足工作要求，将其留住持续为律所创造价值，是律所管理、服务人才的三步骤。

但事实上，很多律所卡在第二步。

吸引人才时，通常是拣“好听”的往外说，诸如工资高、福利好、大咖多、客户优，业务有人教、拓客有人带、出错有人兜、发展前景佳。听起来就很美，很是一回事。

人才进来后发现，律所层面的培训只是“入门须知”，合伙人只在需要劳动力时才会捎带讲解这个问题怎么解决、那个流程怎么走。都知道人才很重要，但一看人才培养需要长期投入时间和金钱，就想能往后就往后，导致下述情形在律所中屡见不鲜：

· 青年律师进来时符合招聘需求，但因为没有体系化培养而成长缓慢；

· 执业一两年后，青年律师未来发展方向仍然模糊；

· 青年律师真正遇到困难时，无人带教，甚至出现推诿或者计较带教的利益分配（如纳入合伙人分配要素）；

· 人才培养完成后出现流失问题，难以实现人才梯队搭建与传承；

· 律所凝聚力不强，内部协作存在认知差异，且缺乏制度支撑；

· 无法引进成熟的、创收能力强的律师或者合伙人。

怎样的培养是有效的？实践出真知且类型丰富。要么针对不同层级的律师设定不同的培养计划，要么能让青年律师有充分地参与不同业务的实战机会。

金杜的人才培养是全方位的，仅是人才相关的计划，就有“百人计划”[1]、“铸金计划”[2]、“超越计划”（Propel Program）[3]、“青年法律英才培养计划”（Legal Elite + Program）[4]等，不同计划针对不同群体：

· “百人计划”：合伙人为主；

· “铸金计划”：国内法学院在校生为主，通常距离毕业还有1～1.5年，实习

---

〔1〕 2013年，金杜启动“百人计划”，即金杜中国境内办公室与澳洲、欧洲以及中国香港地区各区域办公室之间相互派遣合伙人和律师工作，并进行交流和学习。

〔2〕 2015年，金杜启动“铸金计划”实习生项目，旨在招收毕业前1年至1年半的学生。

〔3〕 2018年左右，金杜启动“超越计划”，该计划根植于金杜国际中心，致力于培养具有国际视野，并有中国执业资格的专业律师，加快金杜国际中心香港特区、深圳和广州三地办公室间业务与人员的融合。

〔4〕 2019年5月，金杜学院发起“青年法律英才培养计划”，旨在培养面向未来、拥有国际视野、追求卓越职业发展与时代担当、专业品质与创新品格的高素质复合型青年律政精英。

期为半年；

· “超越计划”：留学生，计划为期两年，录取后主要在金杜香港与华南地区分所执业；

· “青年法律英才培养计划”：从事法律职业工作的本科毕业生，内容涉及法商课程、现场实习、海外研修等。

虹桥正瀚也曾公开分享过其人才培养的心得，即“踢进水里”：用大量案件训练律师，哪怕是刚入职的培训生都可以全程参与接触客户、出方案、报价、与客户沟通等环节。这种模式有两个特点：其一，合伙人没有固定对应的律师及助理，合伙人和律师之间没有人身依附关系；其二，律所通过各个渠道得到案源后，由内部业务管理中心根据案件需要来组建律师团队。[1]青年律师可以最大限度地参与不同类型的案件、与不同资历及风格的合伙人合作，并基于实践经验与兴趣确认未来发展方向。

有人说，“我们律所小，没有金杜的综合实力”“我们律所管理松散，不像虹桥正瀚那样可以一体化管理”。这些都不是核心问题，关键在于想不想改变人才培养的现状。只要想，无论是先针对一类群体设定培养计划，还是让新人到不同项目组中实战，都不需要立马投入大量人力物力。有什么条件做什么事，先让轮子转起来，比什么都重要！

二、没有高薪资，能留住人才吗

在某一次律所访谈中，我们与一个创收近千万元的团队聊起成员的利润分配与考核，团队负责人表示一开始就是均分，现在也是如此。这或许是因为团队核心成员没有变化，也无人提出异议，所以初期简单的制度一直沿用下来。

但随着创收增长（创收近千万元已经是很大的规模了）、人员扩招，都将对既有模式提出升级要求，原来没有规则的要明确规则，原来有规则的要重新设计量化指标与衡量体系。

果不其然，到后面该团队果然出现人才流失问题。团队负责人还纳闷，不都和以前一样的嘛，怎么当时能留得住，现在留不住了？

很简单，一要有规则——你希望团队成员做什么、怎么做；二要有激励——遵循规则后的回报，并且规则与激励要顺应时势变化。

律所领导者无外乎希望大家可以做到两件事：一是发挥自身专业特长，给律所创造直接价值；二是共享业务资源，给律所创造间接但潜力更大的价值。

那么，什么能够激发大家这么做？给予高薪资吗？

---

〔1〕 参见王储：《从“我执”到“无我”，“纯粹公司制”律所的发展路径选择丨虹桥正瀚》，载微信公众号“虹桥正瀚律师”2021年8月25日，https://mp.weixin.qq.com/s/h5BV_kSt4QHUbPKACwdT_Q。

没有钱是万万不能的，但钱不是万能的。丹尼尔·平克（Daniel H. Pink）在《驱动力》（*Drive*）一书中指出：在这个驱动力3.0时代，旧有的奖励惩罚式的激发人们积极性的方式已经不再有效。[1]驱动力1.0时代是生物性冲动，解决最基本的生存需求和安全需求，类似于马斯洛需求层次理论的第一、二层；驱动力2.0时代是寻求奖励、避免惩罚，管理者就开始用“胡萝卜+大棒”模式；驱动力3.0时代是自主选择、达到专精、寻找目的，人的内在驱动力在发挥作用。

法律行业有人工智能可以替代的工作，更有需要人的创新智慧的工作，律所需要创造相对自主的环境，让人才能把想做的事做得越来越好，并在这个过程中完成自我实现。

此外，作为管理者，要能识别你的团队成员属于哪一类，根据其特点给予反馈。大卫·麦克利兰（David McClelland）在《追求成就的社会》（*the Achieving Society*）一书中提出“三需求理论”：对成就的需求，对归属感的需求以及对权力的需求。成就需求的人会给自己设立具有挑战性的目标，归属感需求的人希望友好持久的人际关系，权力需求的人渴望能影响他人。[2]

在明确人才的诉求之后，如果律所鼓励专业化、鼓励团队协作，那么无论是薪酬架构、奖金机制还是晋升安排、资源分配，都要向往这条路上努力的人才倾斜，不能一方面倡导专业，另一方面给予创收重担；一方面倡导合作，另一方面却不设置对贡献案源与客户资源的激励。

三、没有目标，团队能成功吗？不能

如果说，不重视人才培养，哪怕招得进来一批优秀的青年律师，也难以让其发挥作用；如果说，没有明确的利益分配等配套规则与激励，专业人士没有条件专业化，也“不敢”贡献智慧；那么，缺乏共同目标和组织文化，则人心不齐、泰山难移。

这也是为什么很多战略课都会先从使命、愿景、价值观开始谈起，这是起点。

在德锐的一项关于团队人效的调研中披露了一个结论：人均创收高的律所/团队，其战略规划与目标越清晰、宣贯越到位（见图1）。[3]

---

[1] 参见［美］史蒂夫·格拉维斯基（Steve Glaveski）：《想让员工发挥潜力，就请别再妨碍他们》，载微信公众号“哈佛商业评论”2021年7月22日，https://mp.weixin.qq.com/s/HG1BO1O3jWUsbyzJMnKltg。

[2] 参见安妮·麦基：《优秀管理者就是先成就他人，再成就自己》，载微信公众号“哈佛商业评论”2017年10月18日，https://mp.weixin.qq.com/s/G-WmQIWLtqpdWUOAR78nWA。

[3] 参见德锐人效咨询：《高人效律所的8大管理特征（附人效倍增报告下载）》，载微信公众号“智合”2022年9月28日，https://mp.weixin.qq.com/s/7S9DavJDIc0tZFKjs_M0yg。

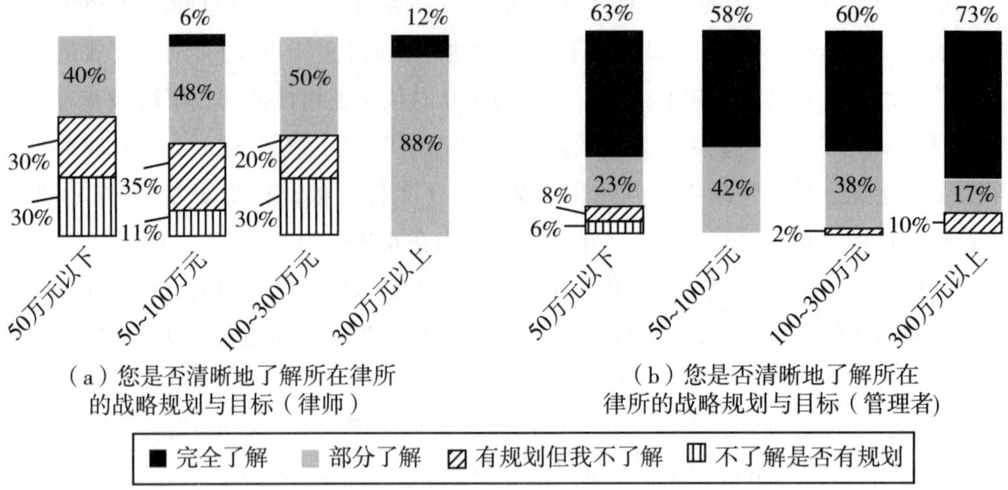

图1　德锐人效咨询关于《高人效律所的8大管理特征》的数据

数据显示，人均创收300万元以上的团队中，88%的团队成员对律所战略规划与目标部分了解，12%则完全了解；但人均创收在50万元以下的团队中，仅有40%部分了解，剩下的都是不了解的。而两类团队的人均创收差距至少是6倍。足见目标共识对于团队成功的重要意义。

在团队管理中，管理者必须要做的是，指导团队成员明确“自己要去哪儿”“怎么去”。

关于目标设定，除了SMART法则和PDCA循环外，还有一个模型——GROW模型，用于管理者帮助团队成员进行职业规划，达成目标与行动的共识（见图2）。

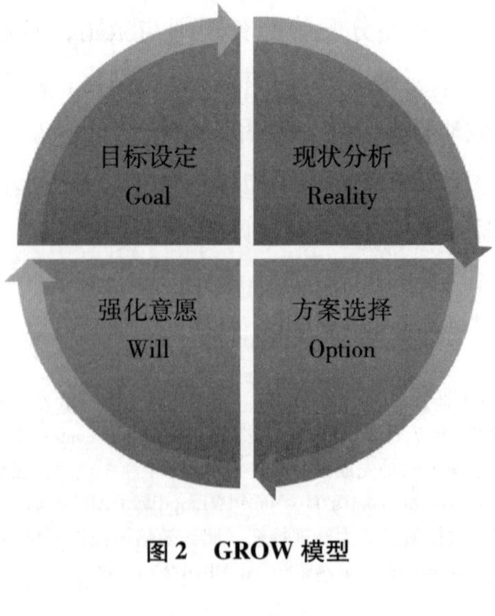

图2　GROW模型

整个过程，很考验管理者的“谈话水平”（引导水平），为了帮助管理者从0到1应用这一模型，网上有专门的问题库，读者可以自行检索。

总结

1. 培养人才不是财大气粗律所的专利，小所有小所的做法，关键就是要么针对不同层级的律师设定不同的培养计划，要么能让青年律师有充分的参与不同业务的实战机会。

2. 留住人才不一定是高薪、高福利，明确规则、给足激励就能留下志同道合者，而激励则要“因材施教”，知道人才是成就需求、归属感需求还是权力需求，同时要尊重其自主性。

3. 但一定要有目标共识，在组织的目标共识下，帮助具体成员确定其目标与路径。

英明的领导者、科学的制度……打造团队凝聚力到底需要什么

吴梦奇 | 智合研究院

虽然都说律师这个职业天然有“独立性”，但团队化协作越来越成为行业的重要趋势，在客户服务、收益共享、风险共担、成长提升方面，团队作战都比单打独斗更有优势。

但如果只是单纯地聚拢起来，实际上还是各干各的，并不能发挥团队价值，团队成立的基础也不够稳固，这就带来了一个课题——如何让团队拥有足够的凝聚力，并将其不断保持下去？

一、一位出类拔萃的领导者

靠领导者个人魅力产生的团队，能长久维持凝聚力么？

在律师行业发展的早期，不少律所其实都是在其灵魂人物的牵头下得以发展壮大的，同样，许多在行业内快速崛起并占据一席之地的团队，往往也都是由一个最为重要的灵魂人物牵头聚合而来，尤其是在刑事、行政法等相对更考验个人能力的领域。

这样聚合而来的团队，好处显而易见：主要资源集中在团队负责人手里，其他成员大多是“服务者”“执行者”，话语权、决策权集中，不易产生内耗。

但问题通常是：团队成员的专业实力依赖于负责人的言传身教，团队案源也大多以负责人为主要来源，团队能触及的未来发展天花板与牵头人的视野高度及管理能力紧密相关。也因此，部分律师团队保持规模较小且业务精品化的特点，一方面是主观的发展方向、发展路线选择问题，另一方面也是基于内外客观条件的取舍。

如果牵头人实力够强，是否就不会遇到团队凝聚力不足的问题？

“70后”合伙人A是一家地方老所的刑事业务团队牵头人，组建团队近20年，团队内还有合伙人2名，律师7名，实习生若干。

A 的行事风格十分板正，甚至有些独断专行，业务上也非常严苛，无论文书写作还是案情分析都要求很高，也因此，很多人在试用期就被筛选掉或者选择了自行离开。但是，A 的专业素质确实过硬，社会关系基础也很深，对内对外解决问题的能力都很强，所以团队里留存下来的律师黏性强，比较稳定，工作年限基本在十年以上。

但近几年，A 因为长期高强度加班和出差，身体状况逐渐不如往年——他不得不把团队牵头人的更新换代日程提前，但直到此时，他才发现问题所在：找“元老”顶上，团队里其他两个合伙人习惯了以他为方向行事，到了要“挺身而出”的时候，却多少有些顾虑或自谦，百般推让；提拔新人，几位律师习惯了“打下手”从事零碎工作，统筹起来力不从心；引进外援，难以服众不说，很多长期客户可能不一定认这块牌子。

A 面临的问题在特定群体中很有代表性，但在以领导者为核心的团队里，还可能出现其他影响团队凝聚力的情形。

如果领导者对于行业风口或发展方向的判读出现了失误，团队成员很可能因案源短缺、工作推进困难等原因出现迷茫、焦虑情绪，进而导致人心涣散；如果领导者在分配、擢升等方面施加的个人因素过多，也容易引发团队成员间的相互猜忌，团队因此产生割裂……

领导者对团队所起到的凝聚作用，在团队草创阶段往往效率较高，可以很快地推动团队发展壮大，但在品牌方面，壮大的更多还是领导者个体——如果不能及时将影响力复制，就必然要在度过初级阶段后采取其他措施来建设、巩固和加强团队凝聚力。

二、一套科学全面的制度体系

在存量竞争越发激烈的市场格局下，几个旗鼓相当的人“拼团”，从制度、模式的角度出发组建团队，在开拓新业务领域、打造差异化竞争优势方面有其长处可取。

但在实际运作过程中，团队核心成员出现意见和发展方向分歧的情形乃至分道扬镳的案例也不少见。诚然，这本身是团队的一种自我优化、自我更新行为，但如果没有处理好团队发展过程中的关键问题，长远来看也不利于团队凝聚力的形成与维持。

如果用大家都认可的系统性的制度对团队成员加以约束，能有效降低团队解散的概率吗？

“80 后”合伙人 B 有志于为互联网企业提供法律服务，硕士毕业后便加入了一家知名律所从事 TMT 领域的业务。独立后不久，受几位志同道合的朋友邀请，共同组建了一支小型服务团队，专门为中小型互联网企业提供法律咨询、法律顾问服务，团队规模不大，运营数年后总人数也才 7 人。

团队组建后，几位核心成员专门考察了许多律所的做法，在一开始就确定要在所处的合伙制律所里尝试计点制考评分配，并围绕这一思路制定了一整套的内部制度体系，上至服务流程，下至文化奖惩，事无巨细均有规定，全面但又没有过分烦琐。

初期的效果确实很好，一方面是因为大家普遍“一穷二白”，都有干劲，另一方面，由于制度十分强调团队成员的激励和自驱，对团队没有贡献的成员很容易被新人替代，客观上也起到了不错的导向作用。

但随着时间推移，度过拓荒期后，制度没有及时调整，对团队运作的副作用开始体现：早期成员有的不满足于当前的业务池，选择带人跳出去换赛道，其间的一些摩擦则一定程度上破坏了制度的公信力；另一些成员开始躺平吃老本，钻制度空子，为了约束他们不得不增补一些制度条款，结果陷入“水多加面、面多加水”的困局。

诚然，这种结果和制度本身科学、先进与否有相当紧密的关联，但仅有制度或者说仅基于制度或模式来团结团队是不够的。

三、一条精准明确的核心价值观

近年来，有越来越多的律所开始频繁提及“律所文化”“价值观”，业内越来越意识到系统性的文化、价值观在律所发展中扮演的“无形系带”角色。

律所强调的“文化”“价值观”，往往和律所自身的特征和发展战略紧密相关。侧重打造国际影响力和行业口碑的律所，就会强调业务质量、客户服务；侧重为所内律师提供平台的律所，就会重视制度建设、配套措施。不同的发展方式背后亦有相对务虚的理念、文化和价值观在推动。

同理，将律所发展经验应用到团队打造上，就会发现，很多成功的律师团队都会有这样一条“暗线”。有的律所可能表面上受益于一名慧眼如炬、懂得借势、“秀外慧中”的领头人，背后是领头人无论顶峰还是谷底始终坚持一以贯之的带队策略；有的律所可能口碑上享誉于独树一帜、先锋前卫的制度模式，背后是对于制度及其背后理念的一致认可和上下齐心。

“70 后”合伙人 C 在踏进律师行业前有极为丰富的工作经历，先后在国企、外企、政府机关工作过，后来转行做律师从事非诉事务，组建起了多达二十人的业务团队，服务各种类型的企事业单位。

C 素来极为重视文化、价值观的相关工作建设，包括但不限于党建、团建，在规划和日程里安排了专门的时间段和人员来负责相关事项，每年年终也能罗列出一系列相关成绩，包括但不限于外出访学、公益服务、授课讲学、见义勇为。长期坚持下来，团队在客户单位、公众媒体方面都获得了不错的评价与口碑，在所处城市的对应行业里保持在第一梯队。

但随着时间流逝，近几年一些问题开始显现：比如团队内部的成员换血相对频繁，虽然核心班底动荡不大，但 3 ~ 6 年经验的资深律师总是流失严重。对于长此以往可能带来的后继乏力、转型困难，C 律师时常忧心忡忡。

问题出在哪？

C 的团队固然较早开始重视文化和价值观建设，也有明确的实施方法和措施。但 C 在这方面的建设更多依靠的是其早期在国企、事业单位的文化建设经验，对律师职业的商业属性、团队内律师个体的核心诉求把握不足。换句话说，C 对于文化、价值观的理解，和成员对于同一事物的理解，基本是两个概念。团队对此没能达成共识，自然也就松松散散。

律师团队成员之间需要分工协同，才能各司其职。牵头人引领团队的发展方向，其他成员则根据一定的文化、价值观形成相互之间的协同关系——如果对这个原则的理解出现了偏差，各执一词，就无法发挥团队本身应有的“1 + 1 > 2”的作用。

文化、价值观打造是建设团队凝聚力的重要环节，但在具体执行中，还是不能流于表象——得找准根源，并与时俱进地调整。

总结

回归问题——如何让团队拥有足够的凝聚力，并将其不断保持下去？

· 如果想要利用好领导者的特有能力和个人魅力，就得充分考虑如何应对未来可能出现的方向偏差、领导力断层等问题。

· 如果想要用可以服众的制度来团结队伍、润物无声，就要明确制度本身的角色和定位，让制度去服务人、适应人，循序渐进式地引导团结人心。

· 如果想要更进一步，从建设团队文化入手，不能仅从领导者自身的角度来思考、理解问题，而是要从更多不同的立场上审视团队，找出团队赖以成功的特质，围绕这一特质并用具象的手段将“文化”落地。

总结一下，要打造团队凝聚力，可以从顶层下手，先明确团队发展的短期、中期和长期目标，综合把握多个方面的管理要素，无论是以领导者个人魅力、制度模式还是文化建设为抓手进行团队建设，都需避免以偏概全或流于形式，要扬长避短并服务于团队发展目标。

打造团队凝聚力是一项极具挑战性的工作，既需要彻底理解团队，也需要重新认识自我。但带团队就是这样，不仅要服务于自己的选择，也要为团队里其他成员的理想和目标考虑。

做好这三点，让律师团队持续充满活力

董宇洲 丨 智合研究院

近年来，行业普遍的感受是律师业务越来越难做。一方面，经济下行，客户付费能力下降，需求减弱；另一方面，大所下沉，律所数量、律师人数增长，第三方法律服务机构截流，行业竞争越来越激烈。业务增长一放缓，原先被增长所掩盖的内部问题也逐渐暴露出来，优秀人才留不住、团队流动性大，年轻人想法多、不服管、积极性低，团队整体士气低迷、缺乏活力。

为了改变这一现状、激活团队，很多律师团队负责人第一反应就是制定激励制度，但往往实施一段时间后，发现效果并没有设想的那么理想，因为激励像是注射兴奋剂，药效持续时间非常有限。想要让律师团队持续充满活力，可以尝试做好以下三个管理动作。

一、目标管理

律师团队想要实现“1 +1 >2”的效果，最重要的是做好目标管理。目标管理的价值在于能够帮助团队统一方向，实现资源的有效配置，激励团队成员不断进步。做好目标管理能够解决团队 50% 以上的问题，但大部分律师团队不做或者不会做目标管理。

目标分两类。

一类是方向型目标，是团队长期奋斗的方向，体现团队发展的长程导向，起着“灯塔”作用，如“在重大复杂商事争议解决领域，成为最值得客户信赖的律师团队”。**方向型目标往往是团队在想做、可做、能做中间找到的交集，也可以被称为战略目标**。对于团队负责人而言，方向型目标是帮助他有效配置资源的基础，能够帮助其梳理清楚团队应该服务哪些客户、提供何种服务、招募什么样的人、如何搭建团队架构、如何设计分配机制、打造什么样的文化、如何分配自己的时间和精力。如果目标充满意义和挑战性，还能够起到吸引、引导与激励团队成员的作用。

另一类是具体目标，是在一定时期内科学、合理、可实现的目标，起到“行动指引”的作用，例如“本年度新增常法顾问单位 5 家”。SMART 法则是在制定具体目标时比较常用的工具。具体包括以下五个要点：S – Specific，明确具体的；M – Measurable，可量化的；A – Attainable，可接受、可实现的；R – Relevant，相关的；T – Time bound，有时间限制的。

目标管理中最重点也是难点的工作是目标共识。做目标共识，不仅是让团队成员理解并接受目标，更重要的是要让团队目标和团队成员个人目标对齐，从而打造团队一致性。

目标共识做好了，团队成员的自主性会大大提升，因为他们能够清楚地知道团队往哪里去，自己在团队中处于什么位置，自己应该如何提升和发展。做目标共识，**打造团队一致性最好的时机有三个：**

第一，招人。

团队目标的共识从招人开始。实践中，很多律师团队的负责人为了能够招到“好苗子”，特别容易在招聘的时候给应聘者“画大饼”——高端的业务、完善的培训、高速的成长、有竞争力的薪资、弹性的工作时间。

但实际上团队可能大部分时间都是处理一些简单的民商事业务，培训只是项目过程中的业务指导（文本修订），高速的成长是直接上项目，有竞争力的薪资可能是较低的底薪和完全不确定的奖金，弹性的工作时间等于 24 小时随时待命。

让新成员带着过高的预期进团队，很容易产生隐患。很多律师团队的负责人经常反馈优秀的人才留不住，但真正复盘的时候会发现，团队的发展目标和团队成员个人的发展目标不一致，可能是招人的时候就出了问题。因此，建议律师团队负责人在招人的时候要讲“真话”而不是“好话”，在招人阶段就做好目标的共识管理。

第二，离职。

大多数的律师团队以师徒制的方式传承“手艺”，师父和徒弟之间具有较强的人身依附性，这就让“离职”这个词莫名带一点“背叛”的意味。很多团队负责人也不愿意公开讨论员工离职的原因，往往会用个人原因或者家庭原因等带过。

在“离职”这个问题上，优秀的律师团队负责人往往允许并且鼓励和团队发展方向不一致的成员离开，这样的成员越早离开，对于团队的负面影响就越小。同时，他们还会利用好这个契机，向剩下的团队成员重申团队的发展目标以及对团队成员的要求。

第三，加薪和发奖金。

很多律师团队加薪和发奖金都很神秘，团队成员多半不知道其他成员的情况，也不知道自己为什么加薪或获得奖金，只能偷偷打听和比较，猜测其中的原因，这种方式反而容易滋生不满和猜疑。

事实上，大部分律师团队负责人在给成员加薪和发奖金时无非是对于他们表示肯定。完全可以将这种肯定“光明正大”地表示出来，告诉他们因为他们做了哪些事情，对于团队目标的达成有促进作用，因此会得到加薪或奖金。加强团队目标和个人成长之间的一致性，也让团队成员有为团队目标努力的意识。

二、有效授权

做业务和带团队本质上是两个完全不同的工作。前者要求律师能够凭借专业能力完成工作，懂专业；后者要求团队负责人能够通过其他人完成工作，会授权。

很多律师做了团队负责人以后会发现，带人干比自己干更累，每天起早贪黑，工作时间比做律师时更长，效率却低了，因为他们会习惯性地把团队成员做不好的工作拿来自己做，结果往往是自己非常疲惫，还打击了团队成员的自信心，久而久之，还会让团队成员养成“不负责任”的习惯。

律师团队负责人做不好授权，主要是不放心。想要**做好授权，从不放心到放心，关键是做好这三件事：**

第一，做好工作计划。

律师团队负责人很多时候没办法进行有效的授权，原因可能是自己也没想好某项工作怎么开展。当他给下级布置任务的时候，下级自然也是一头雾水，既不知道要做什么，更不知道该怎么做。

想要改变这种情况，可以尝试四步法：第一步，明确任务的边界范围；第二步，将任务拆解为具体行动；第三步，明确行动对应的结果；第四步，根据人员的能力情况分配对应的工作，这里需要注意不能给团队成员分配高于能力太多的任务。

第二，做好任务沟通。

律师团队负责人经常遇到的另一个问题是，自己知道怎么做，以为自己给团队成员交代清楚了。但团队成员实际上并不清楚。

和团队成员进行沟通，需要确保他们知道：自己所负责的事项是什么；该事项的目的是什么；自己在整个任务中处于什么环节，流程的上、下游是谁；自己的决策范围是什么；遇到问题该向谁寻求帮助。

交代完工作后，可以让团队成员把上述信息再复述一遍，确保他们是真的清楚了。

第三，做好评价和改进复盘。

当团队成员完成任务后，一定要给予评价和反馈。如果结果令人满意或基本满意，就要给予正向反馈，如果不满意，需要根据事实的情况，和团队成员一起制订改进计划，需要让他们知道**“哪些行为→影响谁→造成什么样的后果→如何改进”**。如果事情不是特别紧要，团队负责人要尽可能地克制自己插手后续工作的冲动，让团队成员自己完成改进工作，这样有助于培养团队成员的责任意识。如果事情特别紧要，团队负责人要及时插手。**要给团队成员“犯错”的机会，但不能让这样的机会影响大局**。

三、即时反馈

许多律师团队负责人反映年轻律师不愿意加班、工作积极性低、主观能动性差。他们一般会认为，主要是因为现在年轻人家庭条件好没有经济负担不愿意努力，或者优秀的年轻人眼高手低，简言之是选人的问题。

但在和一些年轻律师交流后，我们发现事实并非如此。事实上，年轻律师往往比资深律师对于工作有更强的好奇心，更愿意学东西，更有激情，这一点并不会因为家境好、能力强有所改变。可能的变化在于，现在的年轻律师会更关注自己是否创造价值，自己的努力是否被关注。

很多年轻律师在工作中都会面临这样的情况，当自己熬了几个大夜拼了命完成一项工作提交上级律师后，再也没有收到任何消息，或者在过了很长一段时间后收到一份上级律师甩过来的修订过的文件。他们经常不知道自己做得好还是不好，更不知道自己要如何改进。

如果年轻律师一次次在工作中付出了努力却得不到外界对他们努力的反馈，长此以往很容易消磨他们的热情、打击他们的积极性，让他们对工作产生厌倦乃至厌恶，这种情绪会成为他们高效工作的干扰。即时反馈，无论是表扬还是批评，都能够让年轻律师感受到自己的努力以及自己的成长需求被关注，而这一点本身就能够给他们带来动力。

律师团队负责人一定不要吝啬对团队成员的表扬和赞美，塑造一个人行为的最好方式，是在他做对一件事的时候肯定他。如果青年律师在工作中经常得到正向的反馈，就会激发他们对于工作的兴趣和热情，产生良性循环。表扬一个人，不能是简单地讲一句“做得不错”，而是要言之有物。

可以通过这几步让反馈更加有效：

第一步，陈述事实和行为；

第二步，陈述因事实和行为产生的影响（包括对自己的和对他人的）；

第三步，表达欣赏和感激；

第四步，表达对于对方未来表现的期待。

“批评”也是一项让很多律师团队负责人非常头疼的工作，话说重了怕打击成员的自尊心和积极性，说轻了又无法起到效果。为了避免这种情况，很多团队负责人会把“对事不对人”作为“批评”的开场白。但事与愿违，讲了这句话，反而会让被“批评”的对象在沟通中处于一种紧张的自我保护状态，使沟通很难进行。我们建议团队负责人把这句话当作自己的行事准则即可。

从“对事”的角度上来说，**“批评”本身不是目的，通过沟通，帮助年轻律师将事做好才是目的**。因此，我们可以用“发展性反馈”来代替“批评”这一表述。发展性反馈，是和年轻律师拉近距离、培养信任的最好时机，因为问题的出现，使你们可以一起完成一项改进工作。

在做发展性反馈的时候，建议采用以下几步：

第一步，陈述事实和行为；

第二步，陈述因事实和行为产生的影响（包括对自己的和对他人的）；

第三步，表达希望能够和对方一起将事情做好的意愿；

第四步，分析出现这种情况的原因并和对方一起商讨下一步的改进计划；

第五步，按期跟进改进的进度和效果。

总结

1. 目标管理的价值在于能够帮助团队统一方向，实现资源的有效配置，激励团队成员不断进步。

2. 目标分两类：一类是方向型目标，起着“灯塔”作用；另一类是具体目标，起到“行动指引”作用。

3. 制定具体目标可以使用 SMART 法则。

4. 做目标共识，打造团队一致性最好的时机有三个：招人，离职，加薪和发奖金。

5. 做好授权，从不放心到放心，关键是做好三件事：工作计划，任务沟通，评价和改进复盘。

6. 即时反馈，无论是表扬还是批评，都能够让年轻律师感受到自己的努力和成长需求被关注，能够给他们带来动力。

7. 律师团队负责人一定不要吝啬对团队成员的表扬和赞美，塑造一个人行为的最好方式，是在他做对一件事的时候肯定他。

8. “批评”本身不是目的，通过沟通，帮助年轻律师将事做好才是目的。发展性反馈，是和年轻律师拉近距离、培养信任的最好时机。

团队利润分配，一分身份，二分创收，三分管理

张金捷 *

开宗明义，所谓的团队利润分配三分法，是指律师团队的业务营收扣除员工成本、业务成本和发展成本等成本后，由团队合伙人从以下三个维度进行利润分配。这三个维度，一是身份分配维度，二是创收分配维度，三是管理分配维度。

一、什么是身份分配，为什么要有身份分配

身份分配就是合伙人在团队中基于身份享有的分配权利，这个分配的权重可以是每个合伙人的比例相同，也可以通过对合伙人进行分级来实现比例不同，但身份分配的最大特点是，在身份不变的情况下，该合伙人当年在身份分配中的比例是不会发生变动的，和他当年的业务创收没有关系，和他对团队的贡献及其他因素也没有关系。

为什么要有身份分配，这就要先谈清楚为什么要组建团队。一个律师，当他的个人盈利能力达到合伙人的数值的时候，我们先不谈那些业务互补、承做能力、发展空间、期待愿景等方面的必要性，单纯在财务上，我们来看看他继续自己单打独斗和组建或参与团队有什么不同。

继续一个人（或一个人带一名到几名流动助理）开展律师业务，从分配比例上，在绝大多数情况下，肯定是大于在团队中的（但极少数情况下，也存在因为团队创收多、合伙人业务创收特别大，而实现创收少的合伙人最终分配收入超过个人单独执业比例的情况）。

但是，单打独斗的合伙人的问题是他的业务很可能是不稳定的，在年度和年度之间，有时候增减的额度甚至会超过 50%。这样的业务波动对合伙人的财富稳定倒不

---

* 张金捷，浙江海泰律师事务所高级合伙人、执委、争议解决部主任，白玉公司法律服务团队创始人之一。

见得一定会有影响，如果该合伙人能够有一定的基础财务知识，有一定储蓄和量入为出的能力的话，他在收入好的年度的积累就能解决这个问题。这样的业务波动的坏处，就是这种情况会阻碍该合伙人持续为业务发展投入成本。因为业务波动，所以本年度聘用这么多员工（助理和行政人员）真的有需要吗，抑或考虑到业务的不确定性，把业务拿出去和别的律师合作到底有无必要，甚至是否真的要走专业化的道路，因为专业化如果遇上不好的年份，那收入岂不是会大大减少。

上述这些问题就会降低这位合伙人律师进取的雄心和能力，从而可能导致他蹉跎了最应该深耕专业和努力开拓的时间。所以，加入团队的目的之一就是抵抗波动带来的不确定性，以及因为不确定性而带来的极保守策略。

讲清楚这个道理，我们就可以理解身份分配的底层逻辑。身份分配就是为了让合伙人有一个稳定的基本收入，即使该合伙人在某一年的创收低迷，他仍然能够有和其他合伙人一样用来保障生活和发展的基本钱粮。

除此之外，该分配制度实质也类似“黄金降落伞”的功能，我们都知道，绝大多数律师的执业收入也是有曲线效应的，从最初的最低点随着执业年限的增加达到最高点，但又开始慢慢滑落到较低点。可是，即使这些慢慢老去的合伙人在直接创收上有所下滑，但是他在团队建设初期的付出，他个人的社会资源和地位的影响力，他对团队内部的团结和管理智慧，同样是团队不可或缺的重要能量。为此，仍要给予他和创收不完全相关的尊重和回报，这也是身份分配的另一重要价值和作用。

从比重上来讲，合理的身份分配的比重（身份分配占到全部可分配利润中的百分比），应当比你想象中的比重要再多一点，只有这样，身份分配才不会沦为创收分配比重的配角，甚至最终流于形式，而使团队仅仅成为财务的集合，起不到吸引人才、团结一致、共谋发展的黏合剂的作用。

二、创收分配怎么分，如何区分团队业务的创收

律师团队是一个经营实体，既然是商业主体，收入是一切的源头活水，没有创收，就跟兵马没有粮草一样，团队也就是海市蜃楼，一碰即碎。所以，尊重合伙人的创收价值，并在分配中体现这个创收价值，是非常重要的事情。从原始社会开始，经济规律已经证明，在有剩余价值可供分配的情况下，对创造剩余价值的贡献方进行激励是非常重要的，这不仅是因为没有人愿意吃大锅饭，更重要的是团队的发展就是以剩余价值不断被创造出来为前提的。最简单的道理，创收多了，团队自然就能发展好。那怎么才能创收多？让创收多的合伙人拿到更多的钱，他才有意愿继续去多做创收。

创收分配怎么分也就很好理解，就是在根据创收进行的分配中，创收多的人拿走其中更多的钱，而无须考虑任何其他的因素。

举一个极端的例子，如果一个新进入团队一年的合伙人，他的创收占到整个团队的 80%，那么这一部分的分配就由他直接拿走 80% 而不需要考虑任何其他因素。

既然谈到这里了，我们也讨论一下创收分配的比重，一般的建议是，创收分配比重肯定不能超过 60%，但不能低于 30%，低于 30% 的创收分配对合伙人就缺乏创收激励的作用了，而高于 60% 的创收分配比重则会压缩其他分配的存在价值了。

但额外值得提的一点是，从发展团队的角度出发，创收高的合伙人应当尽量降低创收分配的比重占比，这个道理很简单，创收分配的比重在正面激励上主要还是奖励给团队的大合伙人（当然，从反面的角度确实可以起到一定激励创收少的合伙人增加创收的作用），但是，对团队的管理合伙人，以及上文提到过的在下行曲线的合伙人的激励价值就会大打折扣。

这里在操作层面上的一个问题是，如何进行团队业务的归属确认。这里，我们就要提出一个概念，叫作客户中心化，既然是一体化的团队，那么客户本身也是属于整个团队并由整个团队去开发维护的，所以，客户的价值和利益均是属于团队整体的。

因此，我们推荐的一种最为简单也最为高效的方法是，直接按照第一次接触来进行客户的划分。只要某位客户的第一次触达是 A 合伙人引荐或完成的，那么该客户当下的业务收入，以及该客户再发生和介绍及再介绍的一切相关创收，都应当归属于该 A 合伙人的创收。

这样的好处或者目的就在于，鼓励团队的合伙人更放心也更积极地将客户交给团队一起管理，这一点对团队的信任和发展都至关重要。

三、管理分配定多少合适，到底谁来做管理人

管理分配当然不能过多，毕竟律师团队的管理更多还是要以业务创收为导向，主要是要以业务端律师自己和项目负责人的管理为主，管理上要尽量简单为主。

但是，不可否认的是，当团队的人数越来越多的时候，无论是日常的联络管理，还是业务的监督管理，抑或团队建设和发展的宏观管理，都会占用管理合伙人大量的时间和精力，这一方面对团队长治久安和稳步发展非常重要，另一方面又会占到管理合伙人大量的精力，因此，不单独做一个分配序列，既会影响这些重要工作的安排和推动，又会在团队贡献分配上出现不匹配的情况，最终只能靠个人情怀和个人英雄主义来进行管理工作，不经济，不合理，不科学，也不靠谱。

管理的比例当然不能过高，一般在团队内部，根据团队的管理规模、管理人在管

理中的投入以及管理对团队的经营和发展的作用等因素，在5%～10%内确定管理分配的比例比较合适。

此外，根据我们白玉团队的经验，管理分配可以在创收分配中做劣后安排，以确保每个合伙人对身份及创收贡献的可得利益是明确的，而管理分配则根据团队的经营和规模以及实际情况，在最终剩余的可分配比例中灵活调整。

那么，谁适合做管理人？这个问题众说纷纭，但是我认为仍然需要由团队最资深、最能打的核心创始人担任。这是因为，只有自己的业务和专业达到一定的高度，才能对行业发展和团队建设有高瞻远瞩的心得和体会，才能够从高处看到每一个团队合伙人和项目的优点和缺点，才能在每一个项目和业务中起到最后的定海神针的作用。

至于这位核心创始人的业务谁去做？那么大一个团队干啥的。

如何破解“无人可选”“选人不准”两大难题*

董宇洲 | 智合研究院

在律所这样的知识密集型组织中，人无疑是最重要的资产。如何获得优质资产、如何对资产进行有效配置实现持续增值，是每一位律所管理者、律师团队负责人必须面对的课题。

在这个过程中，招聘既是起点，也是决定成败的关键点。但现实是，律所/律师团队想要招到合适的人非常难，困难具体体现在两方面，**一是无人可选，二是选人不准**。

一、无人可选怎么办

律师这一行，想要出头实属不易，聪明、努力、运气一样都少不了，但是从实习律师到知名律师，是千军万马过独木桥，过程不可谓不艰辛。对于大多数法学生而言，更倾向于谋一份稳妥体面的工作，更愿意去公检法、政府机关做公务员或者去大企业做法务，律师往往是他们劣后的职业选择。

这种现象在三、四线城市甚至一些二线城市尤甚。有些合伙人学习了很多招聘、管理技巧，但面对这样无人可选的局面，也只能发出“空有一身屠龙技”的感慨。破这个“局”需要改变思路和方法。

（一）心理上重视，行为上也要重视

《中国律所人效调研问卷》[1]中有两个问题的调研结果非常有趣。

---

* 本文部分内容节选自邬辉林、董宇洲、吴梦奇：《中小律所的科学管理实践——方法、思维与原理》。

〔1〕 2021 年，德锐咨询面向中国律所开展人效调研，调研结果现已形成《人效倍增：中国律所高质量发展之路》报告。该报告于 2022 年 9 月 28 日在“智合”微信公众号发布。

问题一　我所在的律所：

A. 相比招到合适的人才，案源开拓更难。——29%

B. 相比案源开拓，招到合适的人才更难。——71%

问题二　我所在的律所：

A. 合伙人投入在招聘上的精力、人力、财力高于案源开拓。——10%

B. 合伙人投入在招聘上的精力、人力、财力低于案源开拓。——90%

在调研对象中，有71%以上的受访人认为招到合适的人才比案源开拓更难，但是只有10%的受访人认为合伙人投入在招聘上的精力、人力、财力高于案源开拓。这意味着大多数合伙人属于**“心理上重视，行动上忽视”**。

造成这种结果的原因或许并不是合伙人不愿意做招聘，而是摆在合伙人面前最紧迫的事情是案源开拓。

大部分人在做优先级排序时，一般是“重要紧急”“紧急不重要”“重要不紧急”“不重要不紧急”，这样的安排往往会让那些“重要不紧急”的事项最终变成“重要紧急”的事项。而大多数成功人士，会将更多的时间放在第三项——“重要不紧急”上，这也使这些人能从容地应对变化。

“招聘”恰恰归属“重要不紧急”这一象限。因此，我们会发现，很多律所/合伙人总是在到了缺人的时候才开始手忙脚乱地招人。而那些正在优秀的律所/律师团队似乎从来也不缺人，因为他们早已做好了准备和布局。

因此，改变“无人可选”局面的第一步，是改变思路，在行动上将“重要不紧急”的招聘工作提上日程，花更多的时间和精力在招聘工作上。**心理上重视，行为上同样要重视**。

（二）用开拓案源的方式去做招聘

具体该如何操作？**一言以蔽之，像开拓案源一样做招聘**。既要像重视开拓案源一样重视招聘，也可以借鉴开拓案源的方法。

事实上，招聘和开拓案源非常相似。开拓案源是把产品或服务卖给客户，招聘是把岗位卖给应聘者。因此，可以参考开拓案源的思路去做招聘，做好Branding（品牌）、Marketing（营销）和Sales（销售）。

首先是Branding——品牌。

品牌是客户心中律所/律师团队的形象。深入人心的优质品牌形象是律所/律师团队的重要资产，能够对律所的业务开拓起到非常重要的作用。在招聘中则对应雇主品牌。尽管行业内也有一些雇主品牌排名，但真正的雇主品牌是律所/律师团队在员工心中的形象。

雇主品牌，既可以“制胜”，也可以“致命”。近期某新锐律所青年律师自杀事件，在行业内引起轩然大波，给该律所带来了铺天盖地的负面评价。我们不对该律所的管理模式做评论，单从该青年律师的选择，就可以推断出该律所在处理员工关系时可能存在问题。这位律师应该不会愿意推荐自己的朋友或者校友到这家律所，这一事件也可能会使那些本来已经跃跃欲试的天之骄子们开始重新思考自己的选择。相反，如果员工对律所/律师团队的认可度足够高，他就可以成为你招聘最好的渠道，自发地推荐合适的人才。做雇主品牌，和做专业品牌一样，要久久为功，需要投入时间经营。

其次是 Marketing——营销。

营销的定义是，寻找、定位、接近客户或潜在客户，建立知名度并获取和保持业务的过程。移植到招聘上，就是寻找、定位、接近人才，建立律所知名度和保持联系的过程。比较常见的方式是在高校设立奖学金、赞助模拟法庭、赞助专业会议。在高校讲课也是性价比非常高的方式，适合经费有限但专业过硬的律师。

现在也有一些律所采用比较新颖的方式。比如，金杜的“青年法律英才培养计划”、君合参加综艺节目“心动的 offer”都对于律所雇主品牌的营销有比较好的作用。此外，还可以通过在年轻人比较聚集的平台（如知乎、B 站）持续做一些专业内容的输出和职业问题的解答，资金成本低，但效果也非常不错。

最后是 Sales——销售。

为了开拓案源，一些律所或者律师团队负责人会采用鼓励青年律师接案、发动周围亲朋好友推荐案源线索并且给他们案源费的全员销售方式。招聘同样可以通过激励内部成员，发动周围亲朋好友的方式进行，两者本质并无不同。

想到销售，潜意识地就会想要“拿下”客户。很多合伙人在招人的时候，也会有这样的想法，觉得一个人不错，就会不管三七二十一想方设法地“拿下”。很多律师团队的负责人为了能够招到“好苗子”，特别容易在招聘的时候给应聘者“画饼”。让新成员带着过高的预期进团队，很容易产生隐患。很多律师团队的负责人经常反馈优秀的人才留不住，但真正复盘的时候会发现，可能是团队的发展目标和团队成员个人的发展目标不一致，招人的时候就出了问题。

最好的销售，是把产品销售给真正需要的人，并从中获取合理的报酬。招聘也是一样，要把工作“销售”给对律所认可、对团队认可、对律师职业认可的人。

此外，我们建议合伙人们在招人时可以和应聘者深入聊一聊，帮其梳理一下职业规划，如果双方一拍即合最好，如果不是，在这个过程中也能够建立起信任关系，可能这个应聘者未来会成为你的客户或者你的招聘渠道。

（三）用“高固定”薪酬吸引人才

“拿下”优秀人才的另一个要领是——“高”薪。目前，国内大所的人才战愈演愈烈，部分律所的起薪已经涨至3.5万元。这是很多中小律所难以企及的高度。杭州律协在2021年年底发布了一份《“杭州市中小律所管理能力和生存现状”调研分析报告》，调研结果显示，即使在经济较为发达的杭州，中小律所实习律师工资也大都在4000元以下，占整个样本的70%以上。这个薪酬几乎是没有任何竞争力的。

不过，很多律所/律师团队的薪酬会包括固定工资和浮动工资（奖金、提成）以及年节福利。如果能够把浮动的部分以及年节福利加入固定工资中，就能够让固定工资显得高一些，在总金额不变的情况下能够给应聘者稳定的预期，有更强的吸引力。假设你是一名律师，同样是12万元的年薪，以下两种方式你会选择哪一种：

方式一：固定工资6万元（5000×12）+浮动奖金/提成6万元；

方式二：固定工资9.6万元（8000×12）+浮动奖金/提成2.4万元。

我想，大部分人应该会选方式二。因此，资源有限的律所/律师团队，在同等条件下可以考虑通过提高固定工资的部分来吸引人才。

二、选人不准怎么办

在律所/律师团队招聘中，让合伙人们头疼的另一个问题是招错人。招错人的代价是显而易见的，除金钱上的损失外，还包括对合伙人精力的消耗，更有甚者可能对于律所/律师团队在客户面前的品牌信誉造成伤害。

招错人的原因，一方面可能是合伙人心态上急于用人，对于招聘不重视，另一方面则有可能是合伙人没有掌握正确的方法。针对前者，只能由合伙人进行心态上的调整，而针对后者，则有章法可循。相比律所，企业招聘的方法论已经非常成熟，结合律师行业的特点，我们从中精简出四步法以供律所/律师团队以参考。

（一）人才画像——定标准

大多数招错人的源头是很多合伙人、律师并不了解自己需要什么人。对于所招对象的岗位职责及其所对应的知识、专业技能、工作经验以及价值观等没有系统地梳理。因此需要借助人才画像工具。

美国心理学家麦克利兰于1973年提出了一个著名的模型——“冰山模型”（见图1），将人员个体素质划分为表面的“冰山以上部分”和深藏的“冰山以下部分”。

这个模型在人力资源领域被广泛应用。

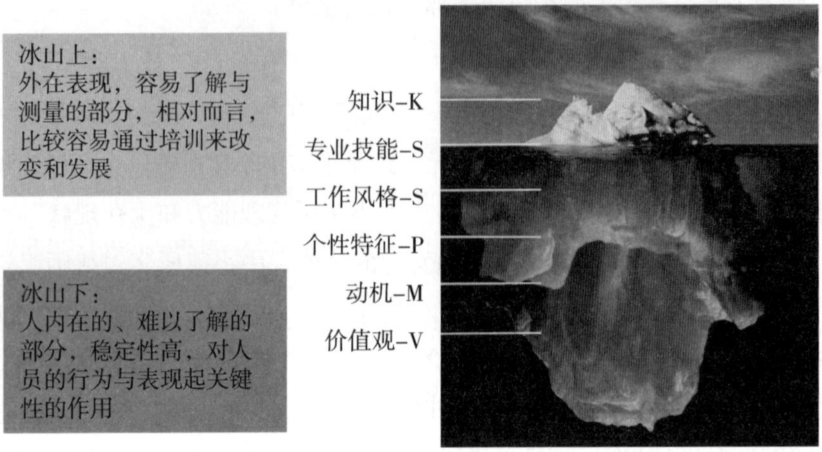

图1　冰山模型

冰山以上部分包括知识、专业技能、工作风格等，是外在表现，属于容易了解与测量的部分，相对而言也比较容易通过培训来改变和发展。

冰山以下部分包括性格特征、动机及价值观等，是人内在的、难以测量的部分。它们不太容易通过外界的影响而得到改变，但却对人员的行为与表现起关键性的作用。

应聘者如果没有良好的求职动机、品质、价值观等相关素质的支撑，能力越强、知识越全面，对律所/律师团队的负面影响会越大。因此，招聘人才时，不能局限于对技能和知识的考查，还应从应聘者的求职动机、个人品质、价值观、自我认知和角色定位等方面进行综合考虑。

实践中，很多合伙人往往会脱离业务实际，在招聘时对学历背景、专业能力、工作经验设置较高的要求，但在价值观等事项上却重视度不够。由于冰山上的素质可以通过学习来改变，冰山下的素质则不容易变化，因此，可以稍稍放宽冰山上的要求，比如对于学历背景、实习经验等的要求。**冰山上要求越少，能够选择的对象就越多**。

在具体进行人才画像的绘制时，可以参考使用表1。先描述岗位职责，再对岗位职责对应的专业能力、素质能力等进行描述，此外，可以根据个人偏好设置负面清单及正面清单。

表1　××岗位人才画像卡

岗位名称			
岗位职责	专业能力 （知识、技能、经验）	素质能力 （价值观、个性特征等）	个人偏好 （负面项、正面项）

优秀的人才身上往往有一些共性。根据《中国律所人效调研问卷》的调研结果，律师需具备的前十大素质项（见图2）为：尽职尽责、团队协作、高效执行、客户导向、积极进取、专业至上、诚信正直、严谨细致、沟通协调、敢于承担。

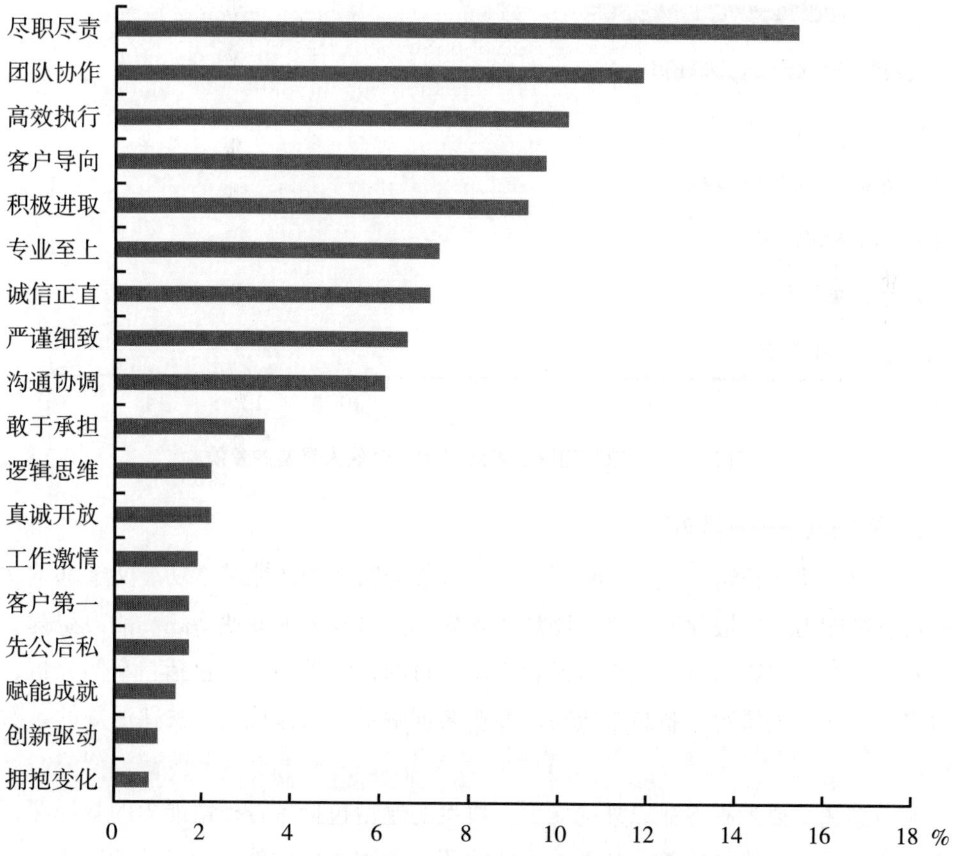

图2　律所/律师团队的发展最需要律师具备的素质

合伙人需具备的前十大素质项（见图3）为：战略执行、统筹规划、全局意识、团队管理、勇担责任、以身作则、培养团队、团队赋能、激励人心、解决问题。

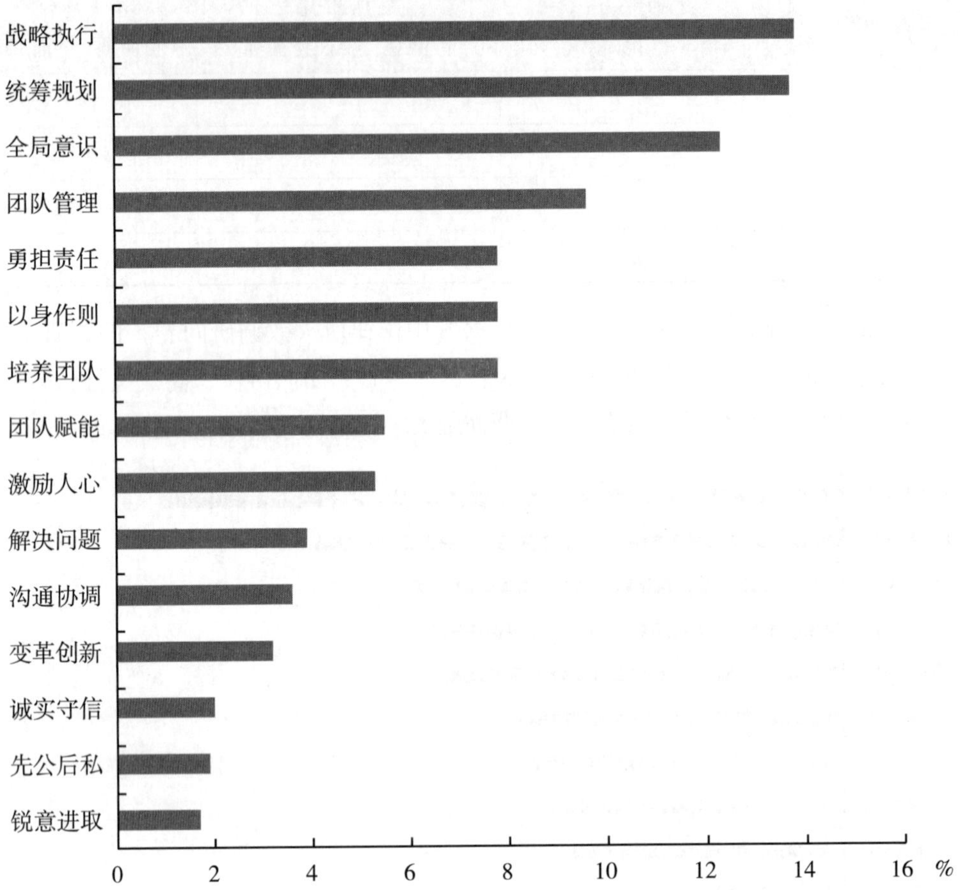

图3 律所/律师团队的发展最需要合伙人具备的素质

（二）笔试——测基本功

笔试对于律所招聘来说非常重要，可以考查应聘者的法律基本功、文字基本功以及逻辑思维能力。一般律所的笔试题从考查重点上可以分为专业型题、能力型题。

专业型题主要以考查专业知识或者经验为目的，常见的题型包括：案例分析、合同拟定、诉讼文书撰写、备忘录撰写、专业名词解释、法律检索、法律法规的条款解析等。

能力型题主要考查专业以外的能力，典型的题型包括考查外语能力的翻译题，考查应急能力的情境模拟题等。甚至有一些律所会考查办公软件如幻灯片的制作，要求应聘者制作客户服务方案。

一些国际知名的咨询公司或会计师事务所还会向专业测评机构定制在线测试题库，来考查应聘者的逻辑推理、语言表达等各类能力。麦肯锡甚至创造了五款在线测评游戏（PSG，Problem Solving Game），类似于商学院的沙盘模拟，来测试应聘者的批判性思维（通过将问题分解成更小的部分来解决问题的能力）、决策（吸收大量信息并对其进行有效处理以在时间限制内做出最佳决策的能力）、元认知（监控你的认知过程并改进它们的能力）、态势感知（同时跟踪多个任务或活动的能力）、系统思维（识别问题的根本原因和可能的解决方案的能力）。

律师可以根据自己的用人场景、所需人才的画像，设置考查重点，有方向性地进行考题的设置。**笔试题目设置时需要提前确认笔试题考查的主要事项，避免陷入为笔试而笔试的问题**。

（三）面试——验真伪、看契合度

面试是识别人才的重要环节，有助于辨别简历真伪、识别职业契合度。

但实践中，很多合伙人、律师在招人的时候会出现“凭感觉”面试的情况。建议在面试前，根据人才画像制定的需求，围绕招聘需求设计面试问题清单。

面试提问也有非常重要的技巧。很多律师喜欢问“意愿型”“封闭型”问题，比如“是否愿意加班”“是否愿意出差”“会一直留在律所吗”。基本上这类问题都能让提问者得到满意的答案，但是当这个满意的人招进来以后，可能和预想的不一样。想要知道求职者真正的想法，需要掌握面试提问技巧。

面试提问有两大重要技巧：

第一，用 OBER 法则有效发问。

O－open（开放性）：多问开放式问题，少问封闭式问题。

B－behavior（行为性）：多问行为事例，少问想法、决心、意愿。

E－easy（简洁性）：问题要尽量简洁、确保容易理解。

R－related（相关性）：问的问题要和所考查的素质项高度相关。

第二，用 STAR 法则进行深度追问。

S－situation（情境）：应聘者过去的工作或生活所处的背景、环境，即在什么情况下？

T－task（任务）：在上述事件中所承担的具体工作任务或角色，即要完成什么任务？

A－action（行动）：完成上述工作任务其本人所做出的具体行动，即采取了哪些具体行动？

R－result（结果）：完成上述工作任务后得到的最后结果或产生的影响，即达到了什么效果?

除了学习提问技巧，还可以学习大型企业或者咨询公司，采用群面的方式来考查应聘者的领导能力、应变能力、组织协调能力。

群面通常采用情景模拟的方式，让应聘者进行无领导小组讨论。一般包括“读题—讨论—演示—点评”四个环节。在这个过程中，考官可以观察每一位参与者的表现并打分。

我们在综艺节目“心动的 offer”里看到的应聘者升级打怪的过程，可以看作一场情境更真实的加强版“群面”。当然，对于规模比较小的律所或者律师团队来说，这样的方式成本是比较高的。

（四）性格测试——纠正偏差

性格测试可以补充面试过程中尚未发掘的性格特点，同时借用性格测评可以对候选人的全面性格特征做深入评估。

许多企业会在招聘中使用性格测评工具作为面试的补充，有的企业甚至将性格测评作为筛选人才的重要标准。现在有一些律所、律师团队在招人的时候也增加了性格测试环节。目前市面上比较常见的有：大五人格、九型人格、MBTI、PDP、DISC 等。

性格本身没有好与坏，只有适合与不适合。一个岗位所需要的人员的性格特质既和岗位本身有关，也和团队其他人员的性格特质有关。**很多合伙人在招聘的时候会倾向于招和自己相似的人（mini - me 式人才）**。但往往同一类型的人太多容易让团队失衡，需要在招聘时从整体的角度去配置不同类型的人。

需要注意的是，目前大部分性格测试工具使用的都是心理学上的自陈量表法，即让答题者按自己的意见，对自己的性格特质进行评价的一种方法，再准的性格测试也会有偏差。一些具有丰富经验的面试者也能够在答题时有意识地让自己表现为某种性格特质。**因此，建议将性格测试作为参考因素，而非决定因素**。

结语

人才是团队发展的基石，招到对的人就能事半功倍。可以确信的是，市场能供应的人才数量肯定大于你的需要，但实际情况却是一方面很多优秀的法律人才找不到合适的工作，另一方面很多律所/律师团队招不到合适的人。解决这一矛盾的关键是合伙人要真正重视招聘并为此投入精力，拿出足够的诚意并用对方法，只有这样才有可能改变现状。

“95 后”律师难招、难留，他们到底想要什么*

陈　元

经济学家认为，社会经济活动存在繁荣、衰退不断交替的周期性波动。2022 年，疫情反复、经济下行、局部战争爆发——世界正处于动荡的衰退期，任何突变都可能形成巨大冲击。对知识密集型的法律行业而言，人才竞争在疫情背景下越发激烈。

随着近年第一批 Z 世代（出生在 1997～2012 年的群体）毕业后涌入人才市场，律师团队将逐渐开始面对“95 后”人才带来的一系列难题。其中，难招的问题尤为突出。

一、“95 后”就业难，法律人才源头性流失

自疫情暴发以来，近年高校应届生就业持续受到影响，人才市场目前形势不容乐观。如表 1 所示，根据中国人民大学中国就业研究所最新发布的 2022 年一季度《高校毕业生就业景气报告》数据显示，与 2021 年一季度、四季度相比，就业市场景气指数同环比均下降，已降至疫情暴发以来最低点[1]。（该指数基于数据分析所得，通过行业、地区、企业类型等供需指标变化，反映职位空缺与求职人数的比例变化，进而反映就业市场整体走势及景气程度。）

表 1　专业服务/咨询行业（含法律行业）就业市场景气指数

2022 年一季度	2021 年四季度	2021 年一季度
1.45	1.75	3.07

资料来源：中国就业研究所：《2022 第一季度〈高校毕业生就业市场景气报告〉》，载 http://www.cier.org.cn/ShowPaper.asp?ID=307，最后访问日期：2022 年 6 月 15 日。

虽然法律行业所属的“专业服务/咨询行业”整体上仍属于就业比较景气的行业，但与 2021 年一季度、四季度相比，景气指数也不断下滑。

---

* 本文首发于“智合”微信公众号 2022 年 6 月 15 日，文中数据收录截至 2022 年 6 月 15 日。

〔1〕 参见中国就业研究所：《2022 第一季度〈高校毕业生就业市场景气报告〉》，载 http://www.cier.org.cn/ShowPaper.asp?ID=307，最后访问日期：2022 年 6 月 15 日。

行业就业不景气有多方面的原因，但其中律师应该关注的是，法学生就业意向正在变化。**在疫情冲击下，“求稳求编制”逐渐成为不少应届生的第一选择，越来越多法学生将公务员的优先级提到了律所之前**。如表2所示，以华东政法大学、中国政法大学为例，从两校2020年、2021年的“就业质量报告”来看，硕士研究生去向单位中，机关的占比呈大幅上升趋势，律所的占比则呈下降趋势。

表2　华东政法大学、中国政法大学2020届、2021届硕士研究生就业去向统计　单位:%

学校	单位/行业性质	就业比例		
		2021届	2020届	趋势
华东政法大学	律师事务所	35.84	39.23	↓
	党政机关	25.23	19.88	↑
中国政法大学	居民服务、修理和其他服务业（含律师事务所）	18.74	20.86	↓
	机关	45.2	33.66	↑

资料来源：华东政法大学信息公开网：《华东政法大学毕业生就业质量年度报告（2020）、华东政法大学毕业生就业质量年度报告（2021）》，载https://xxgk.ecupl.edu.cn/1246/list.htm，最后访问日期：2022年6月15日；另参见中国政法大学信息公开网：《中国政法大学毕业生就业质量报告（2020）、中国政法大学毕业生就业质量报告（2021）》，载http://xxgk.cupl.edu.cn/xxgkml/jxzlxx/gxbysjyzlndbg.htm，最后访问日期：2022年6月15日。

是什么导致“95后”产生以上的择业倾向呢？

二、吸引“95后”，团队文化是关键

特许公认会计师公会（ACCA）于2021年对全球9000余位18～25岁的受访者进行了调查，最终形成了《生生不息：Z世代与会计行业的未来》报告。[1]

根据该报告，**全球58%的受访者将工作安全感视作重点关注的问题，且51%的受访者对个人幸福感和心理健康心存担忧**。如表3所示，在中国，以上问题同样是受访者最大的担忧。该结果与“95后”成长的时代密不可分。21世纪以来，“95后”先是经历了2007年的次贷危机，又经历了新冠疫情带来的经济下行。显然，环境的不确定性影响了“95后”的工作观。

〔1〕参见ACCA特许公认会计师公会：《生生不息：Z世代与会计行业的未来》，载https://cn.accaglobal.com/insights/c87/gen-z.html，最后访问日期：2022年6月15日。

表 3　中国受访者对未来的担忧优先级　　单位：%

个人幸福感和心理健康	缺乏工作机遇/工作安全感	收入不平等	包容性和平等	全球经济衰退	教育的未来
64	59	42	40	37	37

资料来源：ACCA 特许公认会计师公会：《生生不息：Z 世代与会计行业的未来》，载 https://cn.accaglobal.com/insights/c87/gen－z.html，最后访问日期：2022 年 6 月 15 日。

由于法律行业的工作压力大，愿意当律师的年轻人在减少。与此同时，当上律师的年轻人为兼顾工作生活平衡放弃这份职业的也不在少数。此前，浙江某律所的主任曾在交流中表示：所里不少年轻律师因为压力最终选择转行做法务或考公。

其实，无论是招聘，还是留住人才，归根结底需要的是“吸引力”。对员工而言，吸引因素，或者说激励因素，其实很多。

根据德锐咨询人力专家的观点，全面激励人才的体系包括物质激励因素（薪酬福利）和非物质激励因素（职业发展和企业文化）。[1]随着求职者对薪酬重视程度的下降，文化的重要性越来越高。**要照顾到“95 后”员工的安全感、幸福感需求，团队应重点进行文化建设。**

ACCA 在报告中对雇主吸引力要素也进行了调查。抛开薪酬福利，中国受访者心中最重要的吸引力要素分别是：持续习得新技能/学习的机会、良好的工作与生活平衡、公司价值观与己趋同、工作安全感。

清楚“95 后”真正想要什么之后，律师便可开始团队文化的打造。

三、建设“双高”文化，解决“95 后”人才难题

理想的团队文化应该是什么样的？

德锐咨询从管理和关怀两个维度提出了“双高”文化模型[2]。**“双高”，即高严格、高关怀，这两者对团队而言同等重要、缺一不可。**

“95 后”看重的安全感和幸福感，正是来自团队文化中的关怀。但如果一味强调关怀，则可能形成所谓的“和气文化”，宛如温水煮青蛙，让成员失去斗志。同理，过分严格的管理，会产生高压文化，令成员难堪重负（见图 1）。

〔1〕 参见德教授：《不给“钱”，就不能激励人才吗?》，载微信公众号“德锐人效咨询”2022 年 5 月 9 日，https://mp.weixin.qq.com/s/4rlPl3b4FnrTAnKY9GzqeA。

〔2〕 参见李祖滨、汤鹏：《聚焦于人：人力资源领先战略》，电子工业出版社 2017 年版。

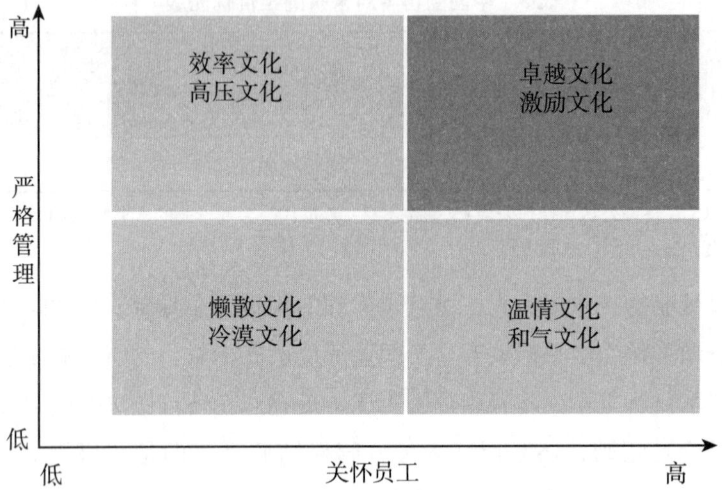

图 1　德锐咨询双高模型

（资料来源：参见李祖滨、汤鹏：《聚焦于人：人力资源领先战略》，电子工业出版社 2017 年版）

由于律师本身的工作性质，压力在所难免。正因如此，建设“双高”文化兼顾团队效率和个人幸福感就更加重要。根据律师的工作及前文提到“95 后”心中的雇主吸引力要素，团队文化的要点可大致总结为：

· 严格管理维度：制定目标、卓越交付；

· 关怀成员维度：平等环境、职业发展。

为便于律师团队领导者落地建设，可以参考如表 4 所示的关键行动及示例。

表 4　团队“双高”文化关键行动参考

维度	关键子维度	关键行动及示例
高严格	制定目标	• 清晰长远的目标：年初组织核心成员制定当年目标，并向全员宣贯； • 有挑战的目标：每年坚持增长目标（如不低于 30%）； • 坚决执行目标：每月围绕目标达成情况进行回顾复盘。
	卓越交付	• 清晰的考核标准：公开绩效考核指标，帮助成员了解自己的贡献与不足； • 重视客户反馈：服务结束后及时了解客户满意度，并进行复盘。

续表

维度	关键子维度	关键行动及示例
高关怀	平等环境	• 通畅的信息机制：每周定期沟通，给予成员发表自己想法的机会； • 持续的反馈与认可：根据成员表现给予及时反馈，肯定其具体贡献，或告知其改进方式； • 相互协作的氛围：鼓励成员协作，尤其是跨业务协作，促进成员互相学习、尊重。
	职业发展	• 明确晋升标准：制定相对明确的晋升条件，并保证每位成员都了解； • 持续培养投入：定期为成员提供业务、技能等培训，帮助成员不断取得进步。

资料来源：德锐咨询《南京市企业文化白皮书》。

结语

在多种挑战并存的当下，要解决“95后”律师“难招、难留”的人才问题绝非易事。作为危机中成长的一代，“95后”的工作观已发生巨大改变。要顾及他们的安全感和幸福感，应建设高严格、高关怀的“双高”文化，增强团队吸引力。

当然，解决人才问题有多种途径，建设团队文化仅是其中一种。如何管理知识型员工将一直是律师团队领导者的难题。本文仅从团队文化视角为律师提供引玉之砖，要真正在人才竞争中赢得先机，薪酬福利等诸多因素也都不容忽视。

业务前沿篇

2022 年中国合规法律服务市场：风口已成，谁人腾飞

韩柠宇 |

当今中国的法律服务市场已然呈现一个多层次、多样态的系统。中国社会中不断产生新的经济模式、新的发展赛道和新的技术创新。

社会经济细分度和复杂度的增加将进一步带来法律行业的细分度和复杂度的增加。法律行业生态的多样化，对应的是竞争生存之道的多样化。

在已经过去的 2021 年，合规已然成为一个焦点领域。随着中国社会经济发展的成熟，我国对于合规的重视程度逐年上升，市场对于企业合规观念的接受也从纸面上渐渐落到了实处，企业合规法律服务需求涌现，合规业务成为备受律师们关注的新蓝海。

2022 年，中国合规法律服务市场形势如何？合规法律业务的市场需求和热门领域是什么？律所该如何开拓合规业务领域？未来在合规法律市场上等待律师的挑战又有哪些？

一、合规成为法治社会的通行证

回顾 2021 年的众多热词，“合规”绝对可以算得上是其中之一。国际上，2021 年的合规大事件当属 ISO 37301：2021《合规管理体系 要求及使用指南》国际标准正式发布实施。ISO 37301 是有指标可量化、可认证的 A 类标准，提供了可迁移适用至各个具体领域的合规建设方法论，起到了重要的指引与示范的作用。

环顾国内，关于合规的改革、试点与建设也如火如荼地展开，“大合规时代”已然来临。

（一）全国范围内合规建设遍地开花

1. 企业合规改革全国试点

企业合规改革试点，指的是由检察院牵头，在对涉案企业依法做出不批捕、不起

诉决定或者依据认罪认罚从宽制度提出轻缓量刑的同时，督促企业进行合规整改的活动。

2020 年 3 月，最高人民检察院开启了第一批的企业合规改革试点工作。2021 年 4 月，企业合规改革试点第二期工作启动，第二期企业合规改革试点相较第一期在地域范围、案件范围、监管机制等方面进行了新的尝试。

企业合规改革试点大大推动了企业合规的国内实践，为相关行业的企业合规建设提供了样板和借鉴。

2021 年 6 月，最高人民检察院发布四例企业合规改革试点典型案例。总结四例典型案例可以发现，改革试点中的合规建设流程通常可以分为三个阶段：一是前期检察机关调查走访阶段，二是企业主动进行合规建设阶段，三是后期检察机关进行合规监督的阶段。四例典型案例的发布对后续的合规案件处理有重要指导意义。

2. 企业合规第三方监督评估机制建立

2021 年，最高人民检察院、司法部、财政部、生态环境部、国资委、国家税务总局、国家市场监管总局、全国工商联、中国贸促会九部门联合印发《关于建立涉案企业合规第三方监督评估机制的指导意见（试行）》，在总结前期试点工作经验，研判不同模式利弊得失的基础上，探索建立“检察主导、各方参与、客观中立、强化监督”的第三方监督评估机制。

涉案企业合规第三方监督评估机制，指的是在企业合规改革试点的情形中，由第三方监督评估组织对涉案企业的合规承诺进行调查、评估、监督和考察，考察结果作为人民检察院依法处理案件的重要参考的一种机制。

企业合规不仅是法律问题，更是企业管理层面的问题，要求很高的跨领域、跨行业的专业知识储备。因此，检察机关往往需要委托第三方进行合规有效性的监督和评估，这也是国际上比较通行的做法。

企业合规第三方监督评估机制意味着，如果第三方监督评估组织给予企业合格的考评结果，企业或相关涉案人员就有可能获得检察院的不批捕、不起诉决定。第三方监督评估机制的建立与落实为律师提供合规法律服务带来了巨大的市场。

在落实第三方监督评估机制的过程中，合规领域的律师不仅可以扮演协助企业与第三方监督评估组织沟通的角色，律师还有可能担任合规监督员等角色。企业合规第三方监督评估机制作为一种新兴的法律业务，将为合规法律市场注入大量活力。

3. “企业合规师”成为新职业

企业合规师是国家人力资源和社会保障部于 2021 年 3 月 18 日颁布的新职业。根据人社部发文，企业合规管理需要对企业法律、财务、审计等多方面进行合规管控。

企业合规师将在规范企业投资经营行为、注重环境保护、履行社会责任、提高企业竞争软实力等方面发挥积极作用。

企业合规师作为一种新职业的出现，将促进有效合规管理经验向企业移植的进程，预计未来几年市场上将会涌现出大量的企业合规师。

4.《中小企业合规管理体系有效性评价》开始起草

中小企业是社会主义市场经济发展的重要力量，是稳增长、惠民生、保就业、防风险、促改革的重要载体。近年来，工信部持续加大对“专精特新”中小企业培育力度，完善“百十万千”梯度培育体系。党中央与国务院都高度重视促进中小企业发展工作。

然而，目前国内对于中小企业合规体系评价存在标准不具体、体系不完善、权威性不足等问题，制约了有效的中小企业合规管理体系的建立。中小企业合规管理和规范化发展的需求日益迫切。

2021 年，中国中小企业协会企业合规研究院设立；同时，“中小企业合规评价认证标准”——《中小企业合规管理体系有效性评价》开启了起草工作。标准的制定，将在推动中小企业进行合规体系建设、构建中小企业合规文化、助力中小企业实现可持续发展等方面发挥重要作用。

（二）全国各地稳步推进合规工作落实

中央政策发布后，各地积极响应，采取了一系列措施推动合规政策的具体落实。

1. 上海：上海自贸区涉案企业合规第三方机制建立

2021 年 8 月，上海自贸区涉案企业合规第三方监督评估机制管理委员会成员单位第一次联席会议召开，会议审议通过了系列规范性文件，正式确立上海自贸区涉案企业合规第三方监督评估机制。

2. 湖北：规范监督执纪执法，推进企业合规治理工作

2021 年 8 月，湖北省纪委监委出台《关于规范监督执纪执法工作保障企业及企业家合法权益的意见》，将严格执纪执法与推进企业合规治理有机结合，规定对于企业涉嫌违法犯罪，情节轻微，不移送司法机关的，应交由有关行政主管部门处理，加强对企业合规治理的过程监督和效果评估工作。

3. 深圳：构建合规建设示范区

2021 年 8 月，深圳市司法局出台《关于推进城市合规体系建设的指导意见（征求意见稿）》，围绕政府合规、企业合规、社会组织合规、公民合规以及重点领域区域先行示范五个方面，探索城市合规管理范本。该指导意见通过“双区建设”推动整个城市合规体系的建设，以城市合规将各类主体的合规工作整合起来，真正将合规

作为社会治理的一种手段，是具有前瞻性的创新之举。

4. 江苏：发布《律师从事合规法律服务业务指引》

2021 年 11 月，为指导和规范律师开展合规法律服务，江苏省律师协会合规业务委员会根据国家法律法规，国资委、发改委等部门制定的相关文件以及国际规则，发布《律师从事合规法律服务业务指引》。该指引将合规法律服务的业务流程进行了分门别类的展现，充分阐述了律师从事合规法律服务的行为准则和潜在风险，对律师提供合规法律服务起到了灯塔与航标的作用。

二、企业全生命周期的系统性业务

合规服务是贯穿企业全生命周期的系统性法律服务。在企业生命周期的不同阶段，企业需要不同的合规业务，如企业初创阶段需要资格资质合规、劳动用工合规等，待企业进入稳定的运行阶段后，产品质量合规、采购合规、销售渠道合规等多方面的合规议题便会纳入企业治理合规的大议题。

合规业务的种类多种多样，按照企业的发展过程，可以大致将各类企业合规治理话题划分为三类。

第一类是基础合规业务，这类合规业务是所有企业必然面临的合规话题，主要包括资格资质合规、财务合规、税务合规、审计合规、劳动用工合规、安全生产合规等。

第二类是企业的业务生产链条形成过程中可能会涉及的合规问题，包括产品质量合规、仓储物流合规、采购合规、销售合规、消费者权益保护合规等。

第三类是复杂程度高、业务类型新颖，企业需要特别投入注意力和资源才能应对的高端合规业务，包括数据合规、反垄断合规、知识产权合规等。

（一）数据合规

数据治理已经成为当前时代国际治理领域对话博弈的重要议题之一。2021 年我国形成了以《网络安全法》《数据安全法》《个人信息保护法》三部法律为核心的数据安全保护体系。

数据合规相关立法的高度与执法的强度都展现了国家规范企业数据合规建设的决心。企业中出现了专门的隐私保护、数据合规岗位，数据合规也成为很多律所瞄准的业务重心。

数据合规业务要求律师清楚地了解客户企业涉及的数据技术是什么、存在什么样的问题。对于律师来说，精专的是法律知识，很多律师难免会面临在技术上“从零发问”的窘境。

随着数据安全领域立法的加强以及律师数据合规业务领域竞争的加剧，客户的要求会提高，耐心会下降。律师越来越需要在提问时能够迅速切中要害，对于要将数据合规业务作为团队主营业务的律师而言，首要攻克的难关就是技术上的难关。

（二）反垄断合规

2020 年，国务院反垄断委员会为建立反垄断合规管理制度，保障经营者持续健康发展，制定《经营者反垄断合规指南》。2021 年 11 月，国家反垄断局正式挂牌，体现了国家充实反垄断监管力量、切实规范市场竞争行为的决心；同月，国家市场监督管理总局出台《企业境外反垄断合规指引》。地方上，北京、陕西、江苏等地也发布了反垄断方面的合规指引。反垄断和防止资本无序扩张成为监管新常态。

互联网时代，在大数据和海量用户的驱动下，平台经济已经成为一种全新的经济模式和市场业态，在推动产业迭代升级，促进市场经济繁荣增长方面起重要作用。平台经济发展面临的一个突出问题是垄断问题。平台经济市场主体的垄断行为会导致国民经济受损，危害市场经济的健康发展。为防止资本无序扩张、保障社会主义市场经济的高质量发展，平台反垄断势在必行。

近年来，律师协助互联网企业进行反垄断风险排查、整改等合规业务需求量明显增加。未来，反垄断领域的律师将具有更加重要的地位，另外，正处在发展阶段的反垄断合规业务，对律师的研究能力和综合素质提出了很高的要求。律师需要紧跟法律的发展变化，理解市场环境、政治环境乃至国际竞争环境，才能为客户提供有针对性的反垄断合规法律服务。

（三）知识产权合规

中国经济发展正处于由高速增长向高质量增长转型的关键节点，鼓励技术创新、保护知识产权的法律环境日益成熟。近两年，知识产权领域的法律法规和司法解释频频出台，国家从各个层面对知识产权法律体系进行了战略布局。知识产权强保护时代已然来临。

知识产权合规风险，指的是企业及其员工因知识产权不合规行为，引发法律责任，造成刑事追责、经济或声誉损失以及其他负面影响。涉知识产权的法律风险包括但不限于专利权法律风险、商标权法律风险、著作权法律风险、商业秘密风险等。

在知识产权强保护以及企业合规强监管的时代大背景下，对于原先以知识产权为主要业务的律师来说，时代的契机已来到眼前，需要思考如何将合规的业务纳入原有的业务体系，从而进行有效的业务开拓。

三、进军合规领域，需要注意什么

（一）律所在合规领域的布局

关于合规领域的榜单排名，目前大部分国际评级机构或法律媒体在榜单设置时仍以“公司调查与反腐败”作为合规领域的释义。与近年来热门的“数据合规”相关的“数据保护”领域，在部分榜单中也作为单独的一个业务领域被列出。

2022 年 1 月，钱伯斯发布了 2022 年度《大中华区法律指南》，其中“公司调查/反腐败”领域的榜单如下（见表 1）：

表 1　2022 年钱伯斯大中华区排名：中资所律所榜“公司调查/反腐败”领域

律师等级	律所
Band1 律所	方达、金杜、元达
Band2 律所	环球、中伦

资料来源：2022 钱伯斯大中华区排名：中资所律所榜。
注：整理、制表：智合研究院。

2022 年 1 月，The Legal500 发布了 2022 亚太地区的榜单，其中中资所律所榜“数据保护”领域的榜单如下（见表 2）：

表 2　2022 年 The Legal500 亚太地区排名：中资所律所榜“数据保护”领域

律师等级	律所
Tier1 律所	方达、汉坤、环球、金杜、中伦
Tier2 律所	安杰世泽、安理、达辉、汇业、权亚、通力
Tier3 律所	大成、奋迅、海问、汇衡、竞天公诚、瑞栢、元达

资料来源：2022 The Legal500 亚太地区排名：中资所律所榜。
注：整理、制表：智合研究院。

目前，许多中国律所都纷纷布局合规领域，大体呈现以下几个特点：

1. 明确的专业分工，精准的人才定向培养

合规业务的复杂程度决定了合规团队内部需要明确的专业分工和对人才的定向化培养。以方达为例，在人才培养上，方达合规组成立之初就单独聘用人员专注于合规，进行精准的定向培养；同时，方达还注重引入跨法域人才，组建了一支兼具境内外经验的合规团队。

2. 以客户需求为导向进行资源整合

合规领域客户的需求往往是跨行业的，可能会覆盖反贿赂、反垄断、金融市场监管、税务、海关贸易、数据与隐私保护等多个业务领域。这就要求律所有能力以客户

需求为导向进行资源整合。以环球为例，环球在团队整合上，将不同细分领域的团队整合成一个有机的合规业务团队，以便根据客户需求和特点组建项目团队，满足客户跨领域的多元合规需求。

3. 提供“一站式”合规法律服务

传统合规法律服务模式是，出现问题，解决问题。头痛医头，脚痛医脚。新的合规政策环境下，律师为企业提供合规法律服务的阶段拉长了，律师需要提供的事前合规业务比重大大增加。

随着合规法律市场竞争的加剧，客户逐渐会倾向于选择能满足其全生命周期的合规需求的律所为其提供合规服务。近年来，很多在合规领域有资源储备的律所都提出了为客户提供“全方位、一站式、一体化”合规服务的目标。

从全国的形势来看，不少大型综合所均在所内设立了合规法律服务研究机构，探索如何帮助企业构建全面的合规体系建设，许多小而精的专业所则基于长期以来深耕细分领域的专业优势为企业提供专项合规服务。由于合规业务覆盖面广，需要不同领域的法律人才协作配合，也有律师团队和其他律所的团队联合成立合规业务中心，加强人力资源与业务资源的整合。

（二）合规业务团队的搭建

1. 合规业务团队的战略定位

进行战略定位的意义在于，寻求团队自身的特点及其与市场环境的动态结合点，面向市场，在利润分布图上寻找属于团队合适的位置。

在合规业务领域，由于客户的生产经营情况处于持续变动中，所需要的合规法律服务也是动态的，且具体的业务内容综合性和复杂性高。律师团队需要对企业的合规动态进行长期的持续性地跟进。

不同类型的团队擅长的领域是不同的，面向的客户群体也有所不同。团队领导者应当综合考虑团队目前所能调动的资源，对团队未来往合规领域进军的方向作出合理的规划，比如规模较小的团队可以考虑针对数据合规、环保合规等领域为客户提供专项合规法律服务，规模大一些的团队可以考虑为客户提供全套合规管理体系的搭建服务等。

律师团队要综合判断市场需求与现有资源，找准自己在合规领域的战略定位，集中有限力量，努力突破重点业务领域，以实现战略目标。

2. 合规业务团队的人才建设

在搭建合规业务团队时，要注意团队成员的能力图谱建设，注重团队成员构成的多元性与综合性。

搭建合规业务团队需要保证团队成员在合规领域的专业化培养与定向化培养，同时需要跨领域的法律人才，组成优势互补的合规团队。

3. 合规业务团队的专业建设

在日益激烈的市场竞争中，专业化是律师团队的生存之道。对于合规业务而言，最重要的一点是律师为客户提供的方案在设计、执行和结果上的有效性。

“有效性”评价是合规业务领域特有的一种考察评价标准，而对于具体合规建设有效性如何达成目前尚无定论。律师团队应当关注国内、国际合规管理的最佳实践，深入了解各类客户的实际业务情况，增强自身对合规管理有效性建设的专业领悟。

（三）提供合规法律服务的产品思维

律师在具体业务的开展过程中需要注意融入“以客户为中心”的商业思维。

首先，律师需要根据不同企业的需求为企业量身定制方案，客户的需求应当成为律师提供服务的根本出发点。

其次，律师应当转变思维模式，从案源思维转向客户思维，抓住企业的“黄金救援期”。案源思维指导下的律师往往当企业被采取刑事强制措施之后才介入，因为此时案源才出现。但合规业务需要律师用客户的思维考虑问题，需要及早介入案件，对客户才是最为有利的。

合规业务的最佳救援时机是行政监管期间，此时可以通过行政和解等方式将违规对企业造成的损失降至最低，一旦进入刑事阶段，企业往往难逃遭受严厉处罚的命运。

最后，律师团队应当要争取成为有能力为企业打造一体化、“一站式”的合规法律服务产品的法律服务团队。企业处于不同发展阶段时所产生的合规法律服务需求不尽相同，因此企业往往更青睐于能够提供“一站式”法律服务的律所或律师团队。

四、未来的挑战

虽然在当前合规法律服务市场的风口已起，国家层面的推动、全国各省市地区的改革试点、中资所在合规领域的布局均已开展，但仍然有许多挑战和问题需要进一步解决。

（一）中国企业的合规文化与价值观需要进一步培育

自合规概念诞生之日起，合规有效性标准的判断就成为一个难题。企业合规改革试点中，涉案企业需要建立和实施有效的合规计划才能得到从宽处理或免除处罚。如何判断涉案企业建立的合规计划是有效合规而不是“纸面合规”，是一个根本性的问题。

在合规概念发展的早期阶段，首先被提出来衡量合规建设有效性的指标是“技术指标”，然而技术层面的指标很容易通过模仿而达成，这样搭建起来的合规管理体系并不能真正降低企业违法违规行为的发生率。随着企业合规的概念进一步发展成熟，衡量合规建设有效性的“文化指标”开始进入人们的视野。

企业处在持续变化的市场环境中，自身也面临多种多样的偶发情形，形式上的合规计划，具体的技术指标是很难跟上这种变化的，而根植于员工内心深处的企业文化，会影响员工在各式各样的情境中作出不偏离法律的选择。企业文化的建立可以抵御市场环境的复杂多变，合规有效性的评价核心应当要落在对“合规的企业文化”是否建立这一问题的评价上。

企业强化合规管理是一个长期的过程，这涉及一个企业的组织结构、制度体系等各个层面的改变。企业文化是企业作为一个组织，长期沉淀下来的行为规范、思维方式与价值观念，融入企业生存的血脉当中，并非抽象而不可感知，而是可以具体体现在企业员工的态度、习惯以及企业整体氛围三个层面。

当律师作为一个企业行为的矫正者试图介入这种企业文化，并尝试帮助其搭建合规管理体系时，往往会感受到来自企业原生文化的对抗力。

企业合规文化的培育需要经过一定的时间，必须通过改革旧有的制度范式，变革落后的管理理念才能实现。律师在推进这种改革的过程中，压缩了违规的空间，必然会触动原有的利益关系，势必面临推进合规建设的巨大阻力。目前国内企业还处在建立完善合规管理体系的起步阶段，其对合规文化价值观的培育有待进一步提升。

（二）合规管理的落地需要获得企业领导层对合规的绝对承诺和率先垂范

企业“一号位”自上而下的模范效应是形成合规企业文化的必要条件。领导作用在合规体系有效落地的过程中是非常重要的。律师必须保证企业中的“一号位”支持合规管理体系的建设，如果企业中的员工看到领导对合规采取消极应付的态度，那么员工心里就会将合规计划判定为应付检查的表面功夫。

领导需要支持企业建立合规方针，同时对合规建设过程中所需要的人财物资源提供支持，只有得到领导的支持，企业的合规建设才能摆脱“纸面合规”的状态，具体切实地落在每一个部门中。

有效的合规计划的创建和执行需要一支精英队伍的持续性付出，持续性推进合规工作的需求意味着企业持续性的成本支出。目前国内企业的合规意识还处在觉醒阶段，距离企业的领导层普遍从企业可持续发展的角度认识到合规建设的必要性还需要时间。在企业的领导层认识到合规建设的必要性之前，说服其进行成本投入可能会遭遇一定的困难。

此外，有效的合规管理离不开组织保障。企业中负责合规管理的工作人员是否有足够的权威与地位，决定了企业中合规管理政策的落实程度。

企业中的合规管理机构必须具备独立性。合规管理机构的报告应当要能够如实地呈递到企业的管理层面前，而不需要经过其他职能部门的转达。合规管理机构应当有权参与公司内部的各项管理工作，并获得足够的运作的资源。

要实现上述设想，企业不仅需要解决管理组织结构的设置、管理人员的岗位、级别与权限等具体问题，还需要为合规管理提供专项资金和资源，并赋予合规管理部门适当的权限。这其中每一个问题都需要经过企业内部复杂的评估与决策，其中的艰难可以想见，企业建立起合规管理的组织保障之路依然任重而道远。

（三）合规业务的形态仍在持续变化，市场竞争将进一步加剧

产品生命周期是产品在市场流通过程中的经济寿命，指的是产品从投入市场到更新换代和退出市场所经历的全过程。一般分为引入期、成长期、成熟期和衰退期四个阶段。引入期的产品只有少量出于猎奇需求的客户会购买；成长期的产品市场逐步扩大，大量客户开始购买；成熟期的产品市场需求趋于饱和，带来的利润增长速度逐渐下降；处于衰退期的产品，市场上已经出现了它的替代品，客户的需求被新的产品所填补。

合规业务目前处于成长期。由于政策的持续性鼓励，合规的热潮在市场上已然掀起，合规法律业务的市场正处于逐步扩大的阶段。这是一个业务利润迅速增长的阶段。竞争者看到有利可图，将纷纷进入市场参与竞争，使合规法律服务产品的供给量增加。竞争加剧，产品更新迭代迅速，最终直至市场趋于饱和，合规法律服务产品到达生命周期利润的最高点。

企业合规改革的试点正在如火如荼地推进，试点结果可能会带来一批新的政策文件的出台，企业合规法律业务从法律法规政策的颁布出台，到具体的业务需求，再到最后的产品形态，仍存在很大的发展变化的空间。这就意味着合规法律业务市场还存在很大的不确定性，律师需具备扎实的业务功底与稳健的心理素质来消化这种不确定性。

结语

从宏观的市场环境来看，针对国企、大型民营企业、中小企业（尤其是“专精特新”）企业的合规管理评价标准，仍然需要跟随国内外环境的变化予以进一步制定和完善。合规是一种企业自我治理的方式，其包含了综合性的法律服务需求，

各种新兴的业务类型未来都将在合规这一领域出现，这是一块正在高速发展的增量市场。

对于有志于此的各家律所和律师们而言，要提供优质的法律服务，帮助企业构建合规文化和行之有效的合规管理体系，殊为不易。这不仅是对律师专业水平的考验，更是对律师商业思维和资源整合能力的考验。合规团队的建设，合规业务的承接也绝非易事。

2022 年的中国合规法律市场，激烈的“厮杀”虽尚未降临，但众多律所已怀揣“利剑”悄然入局。风口已成，谁人又将腾飞?

促进企业合规管理体系建设，破除中小企业发展壮大瓶颈[*]

谢鹏程[**]

《中小企业合规管理体系有效性评价》（以下简称“评价标准”）是由中国中小企业协会组织制定的有关评估中小企业合规管理体系有效性的指标和机制的规范性文件。“评价标准”立足中国国情，遵循国际标准，结合中小企业发展的实际，构建了一套既便于在中国实行又能得到国际认可的评价标准。它不仅能够规范中小企业合规管理体系有效性评价活动，而且能够引导和促进中小企业合规管理体系建设。

一、制定“评价标准”的重要意义

中小企业合规是我国普及合规管理的难点和关键。据统计，我国中小企业超过4000万家，占企业总数的99%，为国家贡献了60% GDP、50%税收和80%城镇就业率。中小企业是国民经济和社会发展的生力军，是企业家和企业家精神的重要发源地，也是企业合规管理规范化、专业化和普及的重要基础。然而，中小企业在合规管理方面基础相对薄弱，困难和问题也比较多。解决了中小企业合规管理的问题，在一定意义上就解决了我国全面推行市场主体合规管理的基本问题。

合规管理的普及将使我国营商环境得到极大改善。大型企业都是从小微企业发展而来的。合规从中小企业做起，形成良好的合规文化和可持续发展的能力，不仅能使企业在发展过程中少受挫折，防止发生颠覆性失误，而且可为将来作为大型企业或者在海外经营打下牢固的基础。大型企业要合规经营，中小企业也要合规经营。绝大多

---

* 本文为国家社科基金“把社会主义核心价值观融入法治建设”重大研究专项《社会主义核心价值观融入检察机关服务保障民营经济健康发展研究》的阶段性成果。

** 谢鹏程，山东大学讲席教授、最高人民检察院理论研究所原所长、《中小企业合规管理体系有效性评价》标准起草核心专家组组长、中国中小企业协会企业合规专业委员会专家委员会主任。

数企业合规经营以后，经济活动的可预期性大大增强，经济交往的成本大大降低。

合规管理的普及将使我国中小企业治理结构和治理能力得到显著改善。到目前为止，绝大多数中小企业采取的是传统的家长式治理结构或者行政命令式治理结构，权利与义务关系不清晰，权力与责任不对称。决策、执行和监督的治理结构尚未建立起来，在经营管理的各个环节都容易发生严重的失误或者失控。这实质上已经构成了我国中小企业发展的内在制约因素，成为中小企业发展壮大的“瓶颈”。将合规管理引入中小企业管理体系，可以优化治理结构，提升管理水平，增强可持续发展能力。

制定和实行“评价标准”正是在中小企业中普及合规管理的重要措施。它将助力国民经济和社会发展，助力中国经济秩序的稳定和现代化经济体系的建设，是一项具有重大战略意义的中小企业管理现代化工程。

二、制定“评价标准”的基本思路

2021 年，国际标准化组织制定的 ISO 37301：2021《合规管理体系要求及使用指南》（以下简称“37301 国际标准”），不仅适用于所有国家和地区，而且适用于大中小微各种规模和类型的企业；不仅适用于合规管理体系的建设，而且适用于合规管理体系的评估。国家标准化管理委员会将把此标准同等转化为中国的国家标准。

企业合规管理体系的建设和评估都具有很强的专业性和规范性。一方面，企业合规管理体系建设是一个长期的、不断改进的过程，而企业合规管理体系有效性评估则是一个时间跨度有限的调查和认定过程；另一方面，企业合规管理体系建设主要是企业的自主行为，是企业内部管理的优化和强化，而企业合规管理体系有效性评估则主要是第三方的调查和认证活动。因此，“评价标准”确立了“以评促建”的基本思路，即通过规范合规管理体系有效性评估活动，推动全国中小企业的合规管理。

第一，“以评促建”的基本思路有助于树立正确的合规理念。从一开始，我们就把标准的重心放在有效性评价上，强调合规管理体系的有效性而不是合规管理体系本身，有助于坚持真合规、反对假合规，扎实推进合规建设。

第二，“以评促建”的基本思路有助于促进合规建设经验的总结和推广。以评估为契机，引导企业在“比学赶帮”中自觉地健全合规制度，规范经营行为。企业类型多样，业务种类繁杂，难以按照统一的模式来建设合规管理体系，但是有效性评价标准就相对简单得多，也便于操作。

第三，“以评促建”的基本思路有助于政府和行业协会建立合规激励机制和约束机制。一方面，我们要鼓励中小企业开展合规建设，为其提供商机和优惠待遇，譬如，实行有效合规管理体系的企业可以获得银行贷款的优先权、简化审批权等；另一方面，我们要防止中小企业在合规建设上走过场，搞形式合规、“纸面合规”，保障合规建设取得切实成效，对那些未获得合规认证的企业，引导其主要负责人参加合规培训，学习合规知识、增强合规意识。

三、“评价标准”的基本内容

从微观看，合规是企业防范合规风险的系统化措施，也是企业治理结构现代化的标志和可持续发展的基础。从宏观看，合规理顺了政府监管与企业自治的关系，是国家治理体系和治理能力现代化的重要标志，也是我国经济社会高质量发展的必然要求。

相对中央企业和大型民营企业来说，中小企业的合规管理体系建设起步较晚。2006 年，原银监会（现中国银保监会）发布了《商业银行合规风险管理指引》；2007 年，原保监会（现中国银保监会）发布了《保险公司合规管理指引》（已失效）。2008 年，财政部联合证监会、审计署、原银监会、原保监会制定了《企业内部控制基本规范》，2009 年在全部上市公司推行，并鼓励非上市的大中型企业执行此规范。2016 年，国务院国资委在中国石油、中国移动等 5 家央企进行合规试点。2017 年，国家标准化管理委员会发布了 GB/T 35770—2017：《合规管理体系指南》。2018 年，国务院国资委制定了《中央企业合规管理指引（试行）》，国家发展改革委等部委联合制定了《企业境外经营合规管理指引》。直到 2020 年 3 月，检察机关推行涉案企业合规改革，适用合规改革的案件大多数是中小企业。这就使中小企业合规建设问题更加凸显，特别是中小企业合规管理体系建设和评价的标准亟待研究制定。

“评价标准”除了有关适用范围，引用文件，术语定义，附录 A、B、C 和表格 A、B、C 外，主文包括：总体原则、评价方法内容和流程、机构设置和职责配置、合规风险识别、合规风险应对和持续改进、合规文化建设。后四项构成了“评价标准”的基本内容。

关于合规管理机构设置和职责配置。合规管理机构的设置在不同的企业可以因业务和规模而各不相同，但是基本标准具有适当性、独立性和权威性。适当性要求合规管理机构设置和职责配置都要从企业实际出发，以足以控制合规风险为原则，多则浪费，少则力量不足。独立性要求合规管理机构设置和职责配置能够保证其独立判断和自主工作的能力。权威性要求合规管理机构设置和职责配置能够保证其意见和建议直达最高管理机构，在决策过程中有充分发表意见的机会。

关于合规风险识别，主要指合规义务识别。合规义务识别包括识别机制和评估机制两个环节。识别机制是指能够识别与企业业务活动、产品和服务相关的自愿性义务和强制性义务的机构、方法、制度和流程。评估机制是指根据风险发生概率和影响程度，对合规风险进行评估和分级的机构、方法、制度和流程。识别机制和评估机制通过动态监控企业内外部环境变化给企业带来的合规风险，随时为企业应对合规风险提出意见建议。

关于合规风险应对和持续改进。合规风险应对是企业根据合规评估结果，设置合规风险应对责任人、应对措施、应对流程、记录与沟通机制、监督与检查机制，以及针对突发合规事件的应对预案。它通常包括日常监测、举报和报告三个主要环节的正常运行。持续改进是指制定合规整改措施和违规问责制度，包括指定人员跟踪和评估合规风险的变化，持续调整或更新管控措施，建立相关机制对管控措施与合规管理目标的偏离进行原因分析，采取相应措施确保合规管理与企业的实际情况相适应。

关于合规文化建设。合规文化建设的有效性评价应以各层级、各领域员工所具备的合规知识、合规意识、合规信念和合规行为为基本标准。主要负责人和管理层的合规承诺和表率作用对合规文化的形成和提升具有重要作用。每一个企业员工都应做出合规承诺，并对其合规职责进行绩效考核。合规信息的沟通与传达，包括合规知识和观念的宣传、培训、沟通等。合规文化的形成，包括对不合规行为的正确反应、行为习惯的改变、顾客或者客户对其合规形象的良好印象。

四、“评价标准”的主要特点

“评价标准”的起草历时 8 个月，共有 50 家单位、1144 位专业人士参与，召开了 4 次专家研讨会，集中了法学、管理学、合规学等专业人员的经验、学识和智慧，是一次比较成功的标准制定实践。该“评价标准”具有如下主要特点：

首先，“评价标准”着眼于合规生态建设，努力调动各方面参与合规建设的积极性。从合规建设的生态看，企业、行业协会、政府监管和司法监督构成了合规建设生态的 4 个“圈”：企业和员工是合规建设的主体，行业协会是推动合规建设的平台和辅助主体，政府是合规建设的监督和管理主体，司法机关是合规建设的激励和监督主体。在合规生态体系中，行业协会具有针对行业特点、总结行业合规经验、建立行业合规标准并推广应用的作用和优势。“评价标准”的制定和推出，不仅贯彻了党和国家有关中小企业发展的政策要求，而且为我国中小企业合规建设、评价、认证提供了基本遵循。

其次，“评价标准”立足中国国情，努力编制一套便于中国人理解和使用，又与国际标准契合的合规有效性标准。该“评价标准”结合中国人的思维方式和语言文化特点，在标准编写体例上进行了创新，突出了中国特色。“37301 国际标准”规定了合规七要素。按照中国人的思维和语言习惯，很难全面理解和把握这七要素的顺序和逻辑关系。为此，“评价标准”先明确提出了评价的原则和方法，然后规定了合规管理机构的设置和职权配置、合规风险识别、合规风险应对和持续改进，最后规定了合规文化建设。既囊括了“37301 国际标准”规定的合规七要素，又便于我们理解和执行。

最后，“评价标准”规定的评价机制和指标具有很大的弹性和普适性。它不仅适用于中小企业自身开展合规管理体系有效性评价，也适用于国家机关、行业协会、认证机构等相关机构对中小企业合规管理体系有效性的评价；不仅适用于中小企业在中国境内的合规管理，而且适用于其在境外的合规管理，为中国企业走出去奠定合规基础。

“评价标准”的制定是在中国中小企业协会合规专业委员会直接组织和领导下，汇聚企业界和法律界力量完成的一项开创性工作。它不仅为合规的国际标准在中国的落地和生根奠定了基础，而且为合规的中国标准在中小企业合规管理中的发展提供了统一、明确的导向。它将为中国中小企业全面实现管理理念、管理制度和管理能力的现代化，推动实现国家治理体系和治理能力的现代化发挥积极作用。

元宇宙热潮下，6 大法律规制问题

董月英 *

如果你看过电视剧《上载新生》，是否也会向往死后能把意识保留在虚拟世界，能与生前的家人继续交流？这是目前美国最为火爆的关于元宇宙题材的电视剧。虽然这部剧的背景年份是 2033 年，然而这样的生活随着科技日新月异的发展，似乎离我们并不遥远。

一、元宇宙的前世今生：从文本概念到实践探索

（一）“前世”：元宇宙的历史沿革

“元宇宙”（Metaverse）一词最早见于 1992 年尼尔·斯蒂芬森（Neal Stephenson）的科幻小说《雪崩》（*Snow Crash*）之中，该书以天马行空的想象力构建了一套现实人类和虚拟空间并存的系统。

此后，1995 年推出的 ActiveWorlds、Worlds Chat，2003 年推出的 Second Life，2006 年推出的 Roblox，2012 年推出的 Minecraft，2013 年推出的 GTV V Online 与 Avakin Life，2016 年推出的 Rec Room，2017 年推出的 VRChat，2018 年推出的 Fortnite Creative 等虚拟游戏或社交、创作平台，均在不同程度上增强了人们对元宇宙的认识深度与探索兴趣。2016 年推出的 Oculus Rift（一款为电子游戏设计的头戴式显示器）[1]，不仅有效强化了人们对虚拟世界的亲身体验，而且也为虚拟现实技术在人类生活中的广泛应用提供了设备基础。

（二）“今生”：元宇宙元年的诞生

历经数十年的实践探索，元宇宙在 2021 年迎来了全新的发展阶段。2021 年 3 月，

---

* 董月英，大成（上海）律师事务所合伙人。

〔1〕 参见 Newzoo、伽马数据：《元宇宙全球发展报告》，载微信公众号“游戏产业报告”2021 年 12 月 25 日；清华大学新媒体研究中心：《2020—2021 年元宇宙发展研究报告》。

被称为“元宇宙第一股”的 Roblox 正式在纽交所上市；10 月，社交媒体巨头 Facebook 宣布将公司改名为 Meta，计划在 5～10 年内转型成为元宇宙公司；11 月，微软在 Ignite 大会上也明确宣布了发展元宇宙的具体举措。

与此同时，腾讯、字节跳动、万兴科技、中青宝、网易等国内企业亦大力加快布局元宇宙的商业步伐，[1]大批互联网公司争相申请注册元宇宙相关商标。[2]高瓴资本、红杉资本、真格基金、五源资本、险峰长青、晨兴资本、星瀚资本等一线投资机构，均已开启元宇宙赛道布局。[3]据不完全统计，仅 2021 年 11 月，国内 VR/AR 投融资就达 12 笔，其中鲲游光电完成近 4 亿元人民币 B + 轮融资。[4]

值得一提的是，元宇宙并未仅仅停留在专业人士的分析语境、资本的开发运用场景中，同时在社会大众中形成了广泛的讨论热潮，引发强烈的传播效应。在 2021 年，“元宇宙”一词几乎占据了各大媒体的年度热词榜单。基于此种现状，2021 年被普遍称作“元宇宙元年”。[5]

二、元宇宙的发展图景：基于法律规制的问题导向展开

值得警惕的是，由于缺乏必要的法律规制，目前各个市场主体围绕元宇宙展开的商业行为在整体上呈现出相对无序的发展状态，其采取的相关举措可能蕴含不同层面的法律风险。对此，本文尝试从法律实践的问题导向出发，对元宇宙可能涉及的法律问题进行一番初步梳理，希望能借此激发更多理性的法律思考。

（一）如何应对虚拟财产的权利归属及流转利用问题

在元宇宙的虚拟世界中，用户身份需要以技术措施实现映射，而用户虚拟财产的归属和利用则涉及诸多规制性问题。

《民法典》第 127 条规定：“法律对数据、网络虚拟财产的保护有规定的，依照其规定。”2020 年修改后的《民事案件案由规定》也明确增加了“网络侵害虚拟财产纠纷”，充分反映出了此种纠纷在实践中的普遍性和典型性。在最高人民法院于 2021 年发布的互联网十大典型案例中，“俞彬华诉广州华多网络科技有限公司网络服

---

〔1〕 参见《最近特火，元宇宙，中国有哪些企业正在布局》，载腾讯网，https://new.qq.com/rain/a/20211212A04W9W00，最后访问日期：2022 年 1 月 1 日。

〔2〕 参见《“元宇宙”商标被上千家公司抢注，最终被深圳某公司率先夺得》，载哔哩哔哩，https://www.bilibili.com/read/cv14364006，最后访问日期：2022 年 1 月 4 日。

〔3〕 参见《Facebook 正式改名为 Meta，要砸 600 亿做这件事》，载新浪财经网，https://finance.sina.com.cn/tech/2021-10-29/doc-iktzscyy2472439.shtml?cre=tianyi&mod=pctech&loc=16&r=0&rfunc=63&tj=cxvertical_pc_tech&tr=12，最后访问日期：2022 年 1 月 7 日。

〔4〕 参见智研咨询：《2022—2028 年中国虚拟现实（VR）行业市场发展潜力及投资前景分析报告》。

〔5〕 参见朱嘉明：《“元宇宙”和“后人类社会”》，载微信公众号“经济观察报”2021 年 6 月 21 日。

务合同纠纷案”为妥善调处网络虚拟财产相关纠纷提供了典型参考，有利于进一步提高对网络虚拟财产的保护水平。[1]

需要说明的是，虽然当前我国不断强化对于虚拟财产的规制，但截至目前，关于虚拟财产的法律属性及交易机制等，立法层面尚无清晰规则。尤其是伴随元宇宙这种新型业态的出现，相关虚拟财产的确权与利用将会呈现出更为复杂的法律问题，有待进一步探索。对于元宇宙运营方而言，其在构建虚拟商业场景的过程中应注重提供一套保障用户虚拟财产的完善体系。

（二）如何确认 NFT 的资产属性及强化 NFT 的产权保护

在 2021 年，非同质化通证（Non – Fungible Token，NFT）引爆了整个国际艺术市场，各类天价艺术作品层出不穷[2]，引发广泛关注。国内不少领域的知名 IP 亦纷纷通过腾讯幻核、蚂蚁链粉丝粒等平台发售，引发数字藏品热潮。但与此同时，业内也存在一些假借数字文创，行炒作、诈骗之实的不规范行为。为了进一步优化数字藏品市场的规范发展，2021 年 10 月 31 日，国家版权交易中心联盟、中国美院、湖南省博物馆、安徽文交所、蚂蚁集团、京东、腾讯等机构共同发布了《数字文创行业自律公约》（以下简称《公约》）。[3]

但是，《公约》毕竟仅仅反映的是一种倡导呼声，并不具有法律约束力，其能在多大程度上遏制数字文创行业的乱象，尚待观察。而且，《公约》所规制的数字藏品，与 NFT 的内在逻辑和发展路径有所不同。

例如，《公约》坚持倡导赋能实体经济、杜绝虚拟货币、防范投机炒作和金融化风险等理念，严格抵制通过份额拆分、标准化合约交易等方式变相发行金融产品；而 NFT 无准入门槛、无实名、公链系统缺乏风险管控机制的特性[4]，则使其不可避免地充斥金融风险与炒作热潮，并且通常而言，NFT 的创立与流通均与智能合约紧密关联[5]。面对将来可能在国内掀起浪潮的 NFT 产业，应做何种规制，显然有必要做进一步的前瞻性思考。

NFT 的法律属性应当如何定位，NFT 的发行者应被如何规制，与 NFT 相关的税

---

〔1〕 参见《互联网十大典型案例》，载最高人民法院官网，http://www.court.gov.cn/zixun-xiangqing-306541.html，最后访问日期：2022 年 1 月 12 日。

〔2〕 具体事件的详细梳理，可参见张纯信、齐超颖：《元宇宙时代，NFT 引领数字文艺复兴》，载魏尚进编：《复旦金融评论—新一轮全球大通胀来袭?》（第十三辑），经济管理出版社 2022 年版。

〔3〕 参见《数字藏品渐热首个行业自律公约出炉》，载《北京青年报》2021 年 11 月 1 日。

〔4〕 参见《数字藏品渐热首个行业自律公约出炉》，载《北京青年报》2021 年 11 月 1 日。

〔5〕 参见申军：《试析 NFT 的技术与法律事宜》，载微信公众号“中国法律评论”2021 年 7 月17 日。

收规则应被如何框定，NFT 涉及的知识产权又该被如何厘清等一系列问题，[1]均尚不清晰。

在海外，涉嫌 NFT 的侵权纠纷已经出现。例如，2021 年 12 月，美国艺术家梅森·罗斯柴尔德（Mason Rothschild）在迈阿密巴塞尔艺术展上推出了 100 个“MetaBirkins”系列 NFT 手袋。随后，法国奢侈品牌爱马仕（Hermès）发表官方声明，指控前者未经其授权进行创作和销售。[2]可以预见，随着国内 NFT 市场的兴起，此类法律问题也将进一步在实践中涌现。从事 NFT 产业的商业主体在推进市场布局的同时，需格外注重对此类侵权现象的规避。

（三）元宇宙运营平台的主体资格及运行机制如何规范

当前各大公司争相推进的元宇宙项目，从本质上来说均是为了服务于获取商业利益的市场需求，这也决定了其与互联网平台经济的规制密不可分。对于元宇宙平台公司而言，其需要严格落实平台治理的相关政策法规，持续强化自身的合规治理体系。

一方面，从平台设立的角度来看，从事电信经营业务的元宇宙平台公司应当严格遵循《电信条例》《电信业务经营许可管理办法》的相关要求，依法申请办理电信业务经营许可证。提供区块链信息服务的元宇宙平台公司应当依照《区块链信息服务管理规定》第 11 条之规定，履行相应备案手续。

另一方面，从平台运行的角度来看，元宇宙平台可能运营多项互联网业务，其不仅需要严格遵循现行法的相应规范，亦需及时跟进最新的立法修法趋势，并据此及时调整自身的合规策略。仅在 2021 年便有大量可能涉及元宇宙平台的立法征求意见稿公开发布，如《禁止网络不正当竞争行为规定（公开征求意见稿）》《关于修改〈中华人民共和国电子商务法〉的决定（征求意见稿）》《市场主体登记管理条例实施细则（征求意见稿）》《中华人民共和国反垄断法（修正草案）》《互联网用户账号名称信息管理规定（征求意见稿）》《互联网平台分类分级指南（征求意见稿）》《互联网平台落实主体责任指南（征求意见稿）》《互联网广告管理办法（公开征求意见稿）》等，需要引起平台方的高度重视。除了及时跟进熟悉草案内容之外，元宇宙平台公司还可以结合自身及行业发展需求，积极向立法机关提出建议，以此方式实质性参与立法。

---

〔1〕 参见申军：《NFT 的法律属性究竟是什么：以法国法和欧盟法为例》，载微信公众号“中国法律评论”2022 年 1 月 7 日。

〔2〕 参见《爱马仕指控美国 NFT 艺术家创作的“MetaBirkins”虚拟手袋侵权》，载腾讯网，https://xw. qq. com/cmsid/20211215A0DEFL00，最后访问日期：2022 年 1 月 13 日。

（四）如何落实监测预警等制度以充分保障数据安全

元宇宙内不同应用之间、元宇宙和外部设备间的数据交互过程，以及外部设备采集、存储、处理、分发、利用和处置个人行为数据的过程，[1]在法律层面上要受到数据安全相关法律法规的严格约束。

早在2015年，《国家安全法》中便已对“数据的安全可控”作出原则性规定。2021年颁布施行的《数据安全法》作为我国数据领域的基础性法律，则系统性地聚焦于数据安全领域的风险隐患，加强国家数据安全工作的统筹协调，确立了数据分类分级管理，数据安全审查，数据安全风险评估、监测预警和应急处置等基本制度。[2]其中，该法于第四章专门规定了数据处理者应当遵循一系列的“数据安全保护义务”。对于开展数据处理活动的元宇宙公司而言，应当依法严格履行此类法律义务。

以《数据安全法》为基础，相关试点工作正在有条不紊地推进。例如，2021年12月10日，工业和信息化部办公厅发布《关于组织开展工业领域数据安全管理试点工作的通知》，致力于通过试点工作探索构建工业领域数据安全管理体系，有效保障数据安全，推动数字经济高质量发展。

此外，我国也在大力推进数据安全的相关配套立法。例如，2021年，工业和信息化部、国家互联网信息办公室等部门先后发布了《工业和信息化领域数据安全管理办法（试行）（征求意见稿）》《数据出境安全评估办法（征求意见稿）》《网络数据安全管理条例（征求意见稿）》《工业和信息化领域数据安全风险信息报送与共享工作指引（试行）（征求意见稿）》《互联网信息服务算法推荐管理规定（征求意见稿）》等。对于开展数据处理活动的元宇宙公司而言，需要及时关注跟进相关数据安全立法，建立健全平台数据合规体系。

（五）如何完善个人信息保护的合规体系

元宇宙基于扩展现实技术提供沉浸式体验，这一特质意味着用户的大量个人信息不可避免地将被导入运营平台。如何有效贯彻落实个人信息保护法律法规的要求，显然是元宇宙项目主体必须高度重视的问题。近年来，我国对于个人信息保护的力度持续加大，法律规制日益精细全面。

在法律层面，《民法典》《消费者权益保护法》《网络安全法》《电子商务法》等均对个人信息保护问题作出规定。在此基础上，2021年颁布施行的《个人信息保护

---

〔1〕 参见李鸣：《元宇宙，以区块链为核心的Web3.0数字生态》，载微信公众号“链新”2022年1月17日。

〔2〕 参见《数据安全法：护航数据安全　助力数字经济发展》，载中国人大网，http://www.npc.gov.cn/npc/c36748/202106/5bb18ae096d540d286df57c5639f035d.shtml，最后访问日期：2022年1月18日。

法》构成了我国个人信息保护领域的基础性立法。

在部门规章层面，《电信和互联网用户个人信息保护规定》《寄递服务用户个人信息安全管理规定》《邮政行业安全信息报告和处理规定》《儿童个人信息网络保护规定》等分别从不同领域细化对个人信息处理活动的规制。

在司法实践层面，一方面，我国积极出台相关司法解释及办案指引，如最高人民法院《关于审理使用人脸识别技术处理个人信息相关民事案件适用法律若干问题的规定》，最高人民法院、最高人民检察院《关于办理侵犯公民个人信息刑事案件适用法律若干问题的解释》，《检察机关办理侵犯公民个人信息案件指引》等；另一方面，司法机关也频频发布个人信息典型案例，[1]为个人信息保护法律的实践适用提供指导。

除了法律、规章、司法解释之外，相关部门针对个人信息保护问题还出台了大量的规范性文件以及国家标准、行业标准等。对于从事个人信息处理的元宇宙运营方而言，一方面应当严格遵循具有强制约束力的相关法律法规，另一方面亦有必要参酌相关标准、指南，不断完善自身个人信息合规的体系构建。

（六）如何避免元宇宙培训及交易过程中的刑事风险

伴随元宇宙元年袭来的东风，不少机构尽管对此尚一知半解，但已经敏锐地嗅到了其中隐藏的巨大利益。在逐利思维的驱使下，各种元宇宙培训班已经遍布互联网。其中，以培训之名行传销之实的现象不乏存在的可能。

根据《禁止传销条例》的相关规定，组织策划传销、参加传销、介绍、诱骗、胁迫他人参加传销等，均为违法行为，将在不同程度上承担相应的法律责任。其中，组织、领导传销活动者，在满足《刑法》第224条之一的要件时，将受到严厉的刑法制裁。最高人民法院、最高人民检察院、公安部《关于办理组织领导传销活动刑事案件适用法律若干问题的意见》对于组织、领导传销活动犯罪的具体适用做了更为清晰具体的阐释。无论是对于培训者还是对于受培训者而言，都需要高度警惕涉嫌传销的元宇宙培训活动。

此外，在NFT的法律属性未得明确的背景下，如果相关平台过于盲目地开展NFT的相关发行、交易活动，不仅可能导致民事与行政责任的追究，严重者亦可能涉嫌侵犯著作权罪、侵犯公民个人信息罪、非法经营罪、集资诈骗罪、洗钱罪等刑事犯罪。这要求商业主体需更为慎重地参与到NFT的市场布局之中，通过构建系统的

---

[1] 2017年5月10日，最高人民法院、最高人民检察院发布7起侵犯公民个人信息犯罪典型案例；2017年5月16日，最高人民检察院发布6起侵犯公民个人信息犯罪典型案例；2021年4月22日，最高人民检察院发布11件检察机关个人信息保护公益诉讼典型案例。

合规体系，以规避相应的法律风险。

结语

在过去的2021年，元宇宙引发了国内外各大互联网平台公司强烈的竞争布局，也激起了众多互联网用户对虚拟世界的无限遐想。

转眼间，元宇宙元年已然呼啸而过，但是，这股元宇宙的东风远远不会停歇。据彭博资讯预测，到2024年，元宇宙的市场规模将达到8000亿美元；普华永道预测，到2030年元宇宙的市场规模将达到1.5万亿美元。[1]

不过，元宇宙并非仅仅是资本竞逐下的经济业态，还涉及技术、伦理、道德、政治等多个维度。随着元宇宙更加深入的发展，还将呈现更多新的业态和新的问题。

作为法律人，我们希望在元宇宙的“热”潮之下，能够进行更多“冷”静的思考，从不同层次的法律视角描述元宇宙发展的规范图景。

---

〔1〕 参见商汤智能产业研究院：《元宇宙“破壁人”：做虚实融合世界的赋能者》。

ESG 评估报告与企业估值，两者的关联是什么*

吴梦奇 | 智合研究院

ESG 投资的增长快了起来。E 指环境（environment），S 指社会（social responsibility），G 指公司治理（governance），作为责任投资中的重要概念的专有名词，ESG 也是衡量上市公司社会责任感的重要标准。

根据万得数据，截至 2021 年 1 月 31 日，国内已有 ESG 投资基金 138 支，仅 2020 一年即新增 ESG 投资基金 24 支，增速已显著高于过往 3 年。[1]

ESG 这一概念最早由联合国环境规划署在 2004 年提出，往后十余年里，ESG 资产管理规模一直以相对稳定的速度保持增长。

按国际评估准则理事会的解释，这三方面分别包含了以下概念：

· 环境：气体水体污染、生物多样性、气候变化以及温室气体排放、森林覆盖、能源使用效率、污染物管理、水资源利用等。

· 社会：地区和社区关系、社区争议问题、客户满意度、数据和隐私保护、员工发展（健康、教育）、员工管理、性别和多元化、员工安全、人权保障、工作环境等。

· 公司治理：审计委员会、董事会结构和多样性、反贿赂及反贪污、治理结构、高管薪酬、机构设置、捐赠和政治游说、法治、治理透明度、检举制度等。

简言之，ESG 本质上是一套有逻辑、可量化的投资方法。

随着投资环境的变化，关注和认同 ESG 的投资机构越来越多——不仅投资机构在基于 ESG 维度对上市公司进行评估，不少上市公司本身也在出具自己的 ESG 评估报告。这种投资风向的变化会给企业估值带来怎样的影响？

---

* 本文首发于“智合”微信公众号 2022 年 2 月 21 日，文中数据收录截至 2021 年 12 月 31 日。

〔1〕 参见木棉花 CVA：《10 个 ESG 及企业估值的常见问题，答案都在这里》，载微信公众号“CNCVA”2021 年 6 月 15 日，https://mp.weixin.qq.com/s/30oad9SKlvPbR2kYMGWdFw。

一、谁在关注 ESG

投资机构对 ESG 的重视程度可以很直观地从以下数据里看出：

2019 年 1 月，安永气候变化与可持续发展服务团队发布了一份针对全球投资机构的调研报告,〔1〕该报告进一步揭示了一个全球公认的结论——企业环境、社会与管治（ESG）信息披露已成为影响投资者决策的关键性因素。报告显示，会针对企业 ESG 表现进行局部、分散估值的投资者占 65%，而采用系统性量化估值方法的投资者占 32%——二者加起来占到了投资者总数的 97%。

无独有偶，全球资管行业龙头贝莱德也曾在 2020 年 12 月进行过一项调查，结果显示掌管 25 万亿美元资产的机构投资者计划在未来 5 年将 ESG 资产翻倍。〔2〕

在新冠疫情中，以 ESG 理念投资的基金取得了亮眼回报：2020 年一季度，94% 的 ESG 主题基金在全球市场震荡的大环境下跑赢大盘。〔3〕

与此同时，监管机构也在加强对企业 ESG 发展情况的关注。在 2021 年 2 月证监会发布的《上市公司投资者关系管理指引（征求意见稿)》中，就首次将 ESG 信息纳入投资者关系管理指引之中；从 2021 年 7 月底举办的“ESG 中国论坛 2021 夏季峰会”上我们了解到，国务院国资委已经将 ESG 纳入推动企业履行社会责任的重点任务，国务院国资委将推动立足中国经济社会全局、顺应全球发展趋势的 ESG 评级体系建设。〔4〕

鉴于 ESG 报告与投资前景正迅速发展，监管机构和投资者近年来积极推动把 ESG 整合纳入企业估值架构。根据联合国可持续证券交易所倡议，全球 110 家证券交易所中已有 60 家发布 ESG 报告指南，要求上市公司进行年度披露。〔5〕

投资者和监管机构外，一些企业也开始系统性开展 ESG 相关工作。这方面国外企业因为起步早，走得相对较快。而企业关注 ESG 的源动力主要还是来自投资者和监管机构的要求，对于 ESG 的价值和重要性认识程度整体还有待提升。

---

〔1〕 参见安永 EY：《【安永观察】投资者亲自答，如何通过 ESG 报告评估企业价值?》，载微信公众号“安永 EY”2019 年 1 月 9 日，https://mp. weixin. qq. com/s/IFjNIgVC0hfyvcl1rrNMPg。

〔2〕 参见缔安资本：《为什么未来投资一定要关注 ESG?》，载微信公众号“缔安资本”2021 年 8 月 31 日，https://mp. weixin. qq. com/s/ETPHYFlSjCpURPeIv 3XZCQ。

〔3〕 参见经纬创投：《【私募名家】经纬创投：一文看懂 ESG，投资机构和创业公司能做什么?》，载微信公众号“陆浦投资”2022 年 1 月 20 日，https://mp. weixin. qq. com/s/JRKFVh80dD3Cno – D – agczQ。

〔4〕 参见安永 EY：《【安永观察】投资者亲自答，如何通过 ESG 报告评估企业价值?》，载微信公众号“安永 EY”2019 年 1 月 9 日，https://mp. weixin. qq. com/s/IFjNIgVC0hfyvcl1rrNMPg。

〔5〕 参见仲量联行 JLL 评估咨询：《ESG 对企业估值的影响》，载微信公众号“仲量联行 JLL 评估咨询”2022 年 1 月 25 日，https://mp. weixin. qq. com/s/s19toO – sYgcRMmUQNY I6fQ。

二、为什么 ESG“异军突起”

2020 年对于 ESG 投资而言是一个重要“窗口期”。这一年，环保压力的增加、国际局势的动荡和新冠疫情的影响分别给企业的“E”“S”“G”三方面带来了重大影响，间接唤起了企业和投资机构对这三方面价值的需求。

资本圈之所以对 ESG 越来越关注，有多方面原因：

其一，ESG 为评估企业风险提供了更多维度。随着气候变化加剧、环境问题频发，全球对于环境保护重要性的认识也不断提升，许多地区已经在环保方面出台针对性政策，如低碳计划、能源革命。在这一大背景下，投资者基于社会责任、自身意识等因素，更倾向于关注企业在环保问题方面的表现。在 ESG 评估的维度下，投资者可以更直观地分析企业在环境方面的投入和成果。

其二，相较于传统估值，ESG 评价体系对公司情况的反映更为全面。许多上市公司花样暴雷，而这类公司往往在合法合规方面有所欠缺，这就和 ESG 强调的“G”，也就是公司治理要素紧密相关。在这一前提下引入 ESG 评价体系，能够更为有效地针对公司情况，对其加强约束，推动其实现规范化管理。

其三，ESG 是检验市场成熟度的重要指标。从 2004 年起，发达国家对 ESG 的应用已持续多年，但在我国，ESG 还处于起步阶段，配套的体系建设也尚不完善，可以说，ESG 既是我国企业发展进入下一个阶段的必经之路，也是资管行业和国际全面接轨的必由之径。

此外，监管环境的变化也是重要因素。目前，国内对于环境、社会以及治理的法律规范主要分为两部分：一是各方都必须遵守的底层法律规范，如《环境保护法》《消费者权益保护法》《劳动合同法》《反不正当竞争法》《公司法》；二是证监会及交易所对上市公司相关非财务报告信息披露的规定。[1]虽然系统整合的 ESG 法律文件尚未出台，但在双碳目标的引导和社会消费理念的更迭下，监管方面对于企业 ESG 的实践情况也会越来越重视。

三、ESG 评估报告对企业估值的影响

从上文可以看出，无论是从响应监管的角度，还是从维持投资方信心的角度，企业都有必要理解和践行 ESG 理念。

---

〔1〕 参见徐劲科、谭邵宣：《中国 ESG 法律规范框架丨大成・策析》，载微信公众号“大成上海办公室”2021 年 12 月 22 日，https://mp. weixin. qq. com/s/mUtly6VEF 70N – PgE8AyjdA。

这里需要引出一个概念，即ESG评估报告。顾名思义，ESG评估报告往往是企业参考第三方评级机构标准，根据自身实际情况出具的，对企业ESG情况进行直观、全面呈现的公开报告。对于上市公司而言，发布ESG报告往往意味着内部ESG管理取得了关键性进展。

在ESG评级指标体系建立后，ESG评价就可以被纳入企业估值分析的基本面，融入和改变企业的估值模型，从而真正为投资服务，而出具评估报告则可以对企业的ESG发展情况进行直观呈现，进而影响企业的估值表现。

比如，在营业收入和营业成本方面纳入ESG因素，就可以对企业面临的ESG风险、企业可能因ESG表现导致的成本增减进行分析，进而对公司的实际股权价值进行更符合实际环境的计算和评估。

根据交银国际的分析，对目前众多ESG指数的成分股进行分析就可以发现，ESG评分较高的公司往往拥有低估值、高净资产收益率（Rate of Return on Common Stockholders' Equity，ROE）、低波动率的特征，其选股策略与价值投资理念部分重合。[1]

如果企业能够充分认识到自身在ESG发展方面的长处和短板，再撰写和出具自身的ESG评估报告，就能够更精准地对投资者、监管部门所关心的问题进行反应，则能提高投资机构对企业的估值和期望。

当前国内上市公司在践行ESG理念、出具ESG评估报告方面做的怎么样呢？

2019年11月，MSCI（明晟/摩根士丹利资本国际公司）宣布公开2800家公司的ESG评级结果，并计划将公开数量提升至7500家。这意味着全球投资者可以通过其官方渠道检索查阅相关公司的ESG评级结果。[2]

MSCI的ESG评级指标体系由3大范畴、10项主题、35个ESG关键议题和上百项指标组成，并会根据议题对不同行业的影响程度，按不同权重进行分配，最终归入AAA到CCC之间的七个序列之一。

从2019年MSCI公布的初级评级结果来看，A股上市公司在非财务方面表现欠佳，低于BBB级的A股公司占到了86%。

即便是当下，A股上市公司在ESG方面做得也还有待提升：一方面，A股上市公司在评级分布方面整体还呈现中偏下的特点；另一方面，A股上市公司发布ESG

---

〔1〕参见缔安资本：《为什么未来投资一定要关注ESG?》，载微信公众号“缔安资本”2021年8月31日，https://mp. weixin. qq. com/s/ETPHYFlSjCpURPeIv 3XZCQ。

〔2〕参见张宇：《一家公司的MSCI ESG评级结果是如何产生的?》，载微信公众号“阿尔法工场ESG”2021年3月12日，https://mp. weixin. qq. com/s/ezBHxq31ydb vysV3nD-8Ng。

报告的比例不算太高，占比30%左右，但数量仍在逐年增长——这种增长的驱动力主要来自监管部门。[1]

以哔哩哔哩（以下简称B站）在2021年7月发布的上市以来首份ESG报告《2020年环境、社会及管治报告》为例，B站参考了香港联交所自2020年7月开始施行的新版ESG指引，还借鉴了MSCI关注的部分议题，最终形成了这份报告。[2]

在ESG的“E”方面，B站对相关议题的管理重点在“影响”，对“风险”的重视程度不足，也没有提及相关风险识别和管理措施；在ESG的“S”方面，报告用了较多篇幅介绍管理情况，但整体而言，B站在信息安全、隐私保护上的整体表现仍处在基础阶段，与国际熟知且公认的最佳实践尚存距离，人才方面则在吸引方面有所忽略；在ESG的“G”方面，B站虽然建立了相对多数中国公司而言较为先进的治理架构，但较成熟的ESG架构仍有距离，在董事会ESG管治、高管薪酬与ESG目标挂钩等方面还有待提升。

报告体现出的情况，也和B站在2020年7月MSCI的评级中所获得的“B级”相一致，因而很难对B站的估值有所增益。

作为业内头部“大厂”，且管理层相对年轻化的B站尚且如此，当前国内企业想要在ESG实践方面有所突破，进而支撑起自身ESG评估报告的价值和可信度，仍然需要进一步努力。

总结

1. ESG正变得越来越热门，仅2020年就新增ESG投资基金24支。在投资者、监管部门越来越关注ESG的当下，企业自身也需要进一步思考其对于自身发展的影响。

2. 对企业ESG情况进行分析评估，不仅是投资者评估和规避投资风险的法门，也能更好地推动企业内部自审、优化管理，这些都会直接或间接作用于企业估值。

3. 企业自身出具的ESG评估报告能够更清晰地反映企业内部ESG发展情况，当前国内企业在这方面仍有很大进步空间。

〔1〕 参见全小景：《中偏下！A股上市公司ESG评级现状曝光！全市场评级偏低原因是……丨全景ESG》，载微信公众号“全景财经”2022年1月7日，https://mp.weixin.qq.com/s/DvK-ivfy7OL1dLAhh3e7gA。

〔2〕 参见Tiny：《解读B站首份ESG报告：中规中矩，无出彩也无过》，载微信公众号“阿尔法工场ESG”2021年8月3日，https://mp.weixin.qq.com/s/S1BKa6Z b4GoMPKmeoOihVg。

榜单研究篇

2022 年中国律所榜单指数报告·上篇（全国）
——“红圈”时代的终结（节选版）*

吴剑霞 ｜ 智合研究院

随着 2018 年中国律师行业进入年均增长“5 万人”的高速发展时代，一些有远见的律所管理者已经开始认识到，律所必须实现“由大到强”的高质量发展。

然而，实践中，很多机构在评价律所时绕开了难以量化的专业服务能力，转而基于律师数量、办公室数量、年度创收等客观数据对其进行排名。这些不能全面反映律所的法律服务水平，对于要筛选合作单位的法律服务需求方而言价值有限。

仅凭律所规模对其评价，不利于律所在业务层面不断精进，律所的榜单表现——获评机构、专业领域、上榜等级、上榜次数、所涉机构数量等方面的综合表现则能在一定程度上体现律所的法律服务水平。

中国法律服务市场上的榜单琳琅满目，单看一家之言或失之偏颇，但综合多家机构的评价结果，则能拨云见日。越来越多的榜单开始关注区域市场和细分榜单，参与榜单评选的过程也进一步激发了中国律所对于业务专业化、品牌影响力、市场竞争力等方面的反思。智合自 2014 年首次将钱伯斯引入中国并独家发布中文榜单，由此展开了对于榜单的持续探索与研究。

基于过往数年研究，智合榜单研究团队以钱伯斯（Chambers and Partners）、亚洲法律杂志（Asian Legal Business，ALB）、The Legal 500、Benchmark Litigation、IP Stars、IFLR 1000、LEGALBAND 七大榜单 2022 年公布的律所成绩为数据基础，结合不同榜单进入中国的时间、覆盖的业务领域和区域市场、评选体系和研究方式、市场影响力、行业反馈、发榜周期等多维度参数，通过对前述参考要素进行赋值及计算公式，最终得出“中国律所榜单指数”，并以此为核心发布《2022 年中国

* 本文为报告《2022 中国律所榜单指数报告·上篇（全国）——“红圈”时代的终结》的节选版，完整版报告共计 2.2 万字，于 2023 年 1 月发布。

律所榜单指数报告》。

本报告的目的在于帮助中国律所不断提升专业服务能力。智合榜单研究团队通过综合梳理近500家中国律所2022年在七大榜单（含综合性榜单、专业领域榜单）上的成绩，分析得出国际专业榜单机构对于律所业务实力的认可度——“2022年中国律所榜单指数”及具体排名，为中国律所认识自身专业服务能力、制定下一阶段工作规划提供参考。

表1为2022年中国律所榜单指数排名（综合性榜单指数排名·总榜）前100名。

表1　2022 中国律所榜单指数排名（综合性榜单指数排名·总榜）

排名	律所名称	总部所在地	钱伯斯指数	The Legal 500 指数	ALB 指数	LEGALBAND 指数	综合性榜单指数
1	北京市中伦律师事务所	北京	205.45	122.00	133.60	61.40	522.45
2	北京市金杜律师事务所	北京	198.45	122.00	125.20	58.20	503.85
3	北京市君合律师事务所	北京	131.25	89.56	126.40	40.60	387.81
4	北京市环球律师事务所	北京	102.55	94.89	101.20	51.60	350.24
5	北京大成律师事务所	北京	136.15	90.44	75.20	34.20	335.99
6	上海市锦天城律师事务所	上海	80.15	68.44	107.20	36.50	292.29
7	北京市竞天公诚律师事务所	北京	60.20	68.89	82.00	48.80	259.89
8	北京德恒律师事务所	北京	72.10	74.67	83.60	24.70	255.07
9	上海市方达律师事务所	上海	120.05	95.33	0	33.30	248.68
10	北京市汉坤律师事务所	北京	68.95	75.78	70.80	30.00	245.53
11	北京观韬中茂律师事务所	北京	65.80	51.11	68.40	24.80	210.11
12	北京金诚同达律师事务所	北京	64.75	69.11	56.80	18.90	209.56
13	北京市天元律师事务所	北京	52.50	48.67	56.40	42.50	200.07
14	北京市通商律师事务所	北京	21.70	40.67	90.80	27.40	180.57
15	上海市通力律师事务所	上海	42.00	67.78	36.40	34.00	180.18
16	国浩律师事务所	北上深等地	78.05	38.00	43.60	19.70	179.35
17	北京市海问律师事务所	北京	25.55	58.44	50.40	19.90	154.29
18	泰和泰律师事务所	四川	28.00	40.67	61.60	13.30	143.57
19	北京安杰世泽律师事务所	北京	40.60	54.22	16.40	24.00	135.22
20	北京达辉律师事务所	北京	29.50	62.67	14.80	13.50	120.47
21	北京天达共和律师事务所	北京	20.65	38.44	34.80	22.70	116.59
22	北京世辉律师事务所	北京	11.50	41.56	29.20	18.90	101.16

续表

排名	律所名称	总部所在地	钱伯斯指数	The Legal 500 指数	ALB 指数	LEGALBAND 指数	综合性榜单指数
23	上海市汇业律师事务所	上海	4. 75	17. 11	52. 80	12. 70	87. 36
24	北京市奋迅律师事务所	北京	14. 25	43. 33	6. 80	6. 40	70. 78
25	北京浩天律师事务所	北京	21. 25	18. 67	5. 60	22. 80	68. 32
26	北京植德律师事务所	北京	4. 00	31. 78	12. 80	16. 10	64. 68
27	北京市君泽君律师事务所	北京	16. 00	11. 56	14. 80	10. 10	52. 46
28	北京市康达律师事务所	北京	15. 25	24. 00	8. 80	3. 70	51. 75
29	昭胜年利达联营办公室	北京	11. 75	37. 11	0	0	48. 86
30	北京市嘉源律师事务所	北京	16. 75	11. 56	6. 80	10. 60	45. 71
31	北京市权亚律师事务所	北京	16. 00	12. 44	2. 80	11. 00	42. 24
32	北京市天同律师事务所	北京	11. 25	12. 89	11. 20	6. 40	41. 74
33	北京市炜衡律师事务所	北京	21. 00	6. 22	12. 40	2. 00	41. 62
34	北京市盈科律师事务所	北京	17. 50	10. 22	11. 60	1. 40	40. 72
35	广东敬海律师事务所	广东	14. 00	7. 11	16. 00	3. 60	40. 71
36	北京国枫律师事务所	北京	5. 00	4. 67	18. 80	11. 40	39. 87
37	上海邦信阳中建中汇律师事务所	上海	7. 00	3. 11	24. 40	5. 30	39. 81
38	上海元达律师事务所	上海	5. 00	21. 78	5. 20	6. 90	38. 88
39	北京市立方律师事务所	北京	8. 75	13. 78	10. 40	5. 40	38. 33
40	上海市建纬律师事务所	上海	19. 00	4. 89	10. 80	3. 60	38. 29
41	上海市华诚律师事务所	上海	7. 75	13. 56	13. 20	3. 70	38. 21
42	上海市协力律师事务所	上海	9. 25	12. 00	12. 40	3. 70	37. 35
43	上海中联律师事务所	上海	14. 70	10. 67	8. 80	1. 40	35. 57
44	浙江阳光时代律师事务所	浙江	17. 00	7. 78	6. 80	3. 60	35. 18
45	北京市铸成律师事务所	北京	9. 25	9. 33	10. 40	5. 00	33. 98
46	上海瀛泰律师事务所	上海	11. 00	10. 67	7. 60	3. 60	32. 87
47	北京市安理律师事务所	北京	7. 00	10. 89	8. 40	6. 40	32. 69
48	北京市万商天勤律师事务所	北京	3. 50	0	23. 60	3. 20	30. 30
49	浙江六和律师事务所	浙江	4. 00	2. 67	22. 80	0	29. 47
50	北京市中伦文德律师事务所	北京	11. 00	6. 22	5. 60	6. 20	29. 02
51	北京德和衡律师事务所	北京	3. 00	13. 11	10. 00	0	26. 11
52	广东广和律师事务所	广东	3. 00	3. 11	20. 00	0	26. 11

续表

排名	律所名称	总部所在地	钱伯斯指数	The Legal 500 指数	ALB 指数	LEGALBAND 指数	综合性榜单指数
53	浙江天册律师事务所	浙江	4.00	3.56	18.40	0	25.96
54	北京市道可特律师事务所	北京	2.50	5.78	10.00	6.60	24.88
55	上海正策律师事务所	上海	2.50	3.56	18.80	0	24.86
56	北京市京都律师事务所	北京	15.50	3.56	5.60	0	24.66
57	上海虹桥正瀚律师事务所	上海	8.75	6.67	6.80	2.00	24.22
58	北京海润天睿律师事务所	北京	0	15.11	0	8.70	23.81
59	浙江京衡律师事务所	浙江	8.00	0	14.80	0	22.80
60	北京市柳沈律师事务所	北京	10.25	4.22	2.80	4.60	21.87
61	北京市天地和律师事务所	北京	7.00	4.44	6.00	4.10	21.54
62	上海融力天闻律师事务所	上海	7.25	4.22	10.00	0	21.47
63	上海汇衡律师事务所	上海	3.00	11.33	6.40	0	20.73
64	北京天驰君泰律师事务所	北京	8.75	0	6.00	5.70	20.45
65	广州金鹏律师事务所	广东	0	0	19.60	0	19.60
66	北京已任律师事务所	北京	0	4.67	6.00	8.90	19.57
67	北京中银律师事务所	北京	7.00	3.11	2.80	6.40	19.31
68	北京市百宸律师事务所	北京	3.50	3.11	3.60	8.70	18.91
69	上海市海华永泰律师事务所	上海	3.00	4.22	11.20	0	18.42
70	广东广信君达律师事务所	广东	3.00	2.67	11.60	0	17.27
71	上海江三角律师事务所	上海	4.00	3.56	7.60	2.00	17.16
72	广东华商律师事务所	广东	4.00	3.11	10.00	0	17.11
73	北京市隆安律师事务所	北京	7.75	3.11	2.00	4.20	17.06
74	广东广悦律师事务所	广东	3.00	10.44	3.60	0	17.04
75	山东文康律师事务所	山东	7.00	3.56	6.00	0	16.56
76	北京卓纬律师事务所	北京	3.00	3.56	5.60	3.00	15.16
77	上海汉盛律师事务所	上海	0	0	14.40	0	14.40
78	上海澄明则正律师事务所	上海	3.50	0	2.00	8.80	14.30
79	北京恒都律师事务所	北京	5.00	0	2.80	6.20	14.00
80	陕西稼轩律师事务所	陕西	5.60	0	7.60	0	13.20

续表

排名	律所名称	总部所在地	钱伯斯指数	The Legal 500 指数	ALB 指数	LEGA LBA ND 指数	综合性榜单指数
81	辽宁恒信律师事务所	辽宁	11.20	0	0	1.60	12.80
82	天津金诺律师事务所	天津	12.60	0	0	0	12.60
83	中豪律师事务所	重庆	4.00	2.67	5.60	0	12.27
84	北京采安律师事务所	北京	3.50	7.11	0	1.60	12.21
85	北京市兰台律师事务所	北京	3.00	3.11	2.80	3.20	12.11
86	北京市高朋律师事务所	北京	10.50	0	0	1.60	12.10
87	江苏法德东恒律师事务所	江苏	4.00	0	8.00	0	12.00
88	湖南华夏方圆律师事务所	湖南	0	0	12.00	0	12.00
89	北京达晓律师事务所	北京	11.55	0	0	0	11.55
90	北京尚伦律师事务所	北京	5.60	0	0	5.80	11.40
91	上海申浩律师事务所	上海	3.50	2.22	5.60	0	11.32
92	上海瀚一律师事务所	上海	5.60	3.56	0	2.10	11.26
93	上海建领城达律师事务所	上海	4.00	7.11	0	0	11.11
94	北京市集佳律师事务所	北京	8.75	0	0	2.10	10.85
95	北京高文律师事务所	北京	10.85	0	0	0	10.85
96	江苏世纪同仁律师事务所	江苏	3.00	2.22	4.00	1.60	10.82
97	广东金桥百信律师事务所	广东	0	0	10.80	0	10.80
98	福建拓维律师事务所	福建	0	0	10.80	0	10.80
99	北京市海通律师事务所	北京	5.60	3.56	0	1.60	10.76
100	北京柯杰律师事务所	北京	0	0	0	10.60	10.60

一、中伦、金杜第一梯队，君合、环球等 6 家律所第二梯队

100 家律所的梯队分布没有悬念，呈现典型的“正金字塔结构”，不同律所的综合专业水平差距较大，综合性榜单指数高者达 500 分以上，低者不足 10 分（如表 2 所示）：

- 第一梯队律所最少，仅中伦、金杜 2 家；
- 第二梯队有 6 家，分别为君合、环球、大成、锦天城、竞天公诚、德恒；
- 第三、四梯队仍以北上律所为主，排名在全国前 35；

· 第五、六梯队涌现了一批区域强所、精专律所，亦有不少北上律所居于这一序列。

表2　2022年中国律所榜单指数排名（综合性榜单指数排名·总榜）六大梯队　　单位：家

律所梯队	律所数量	上榜律所
第一梯队	2	中伦、金杜
第二梯队	6	君合、环球、大成、锦天城、竞天公诚、德恒
第三梯队	14	方达、汉坤、观韬中茂、金诚同达、天元、通商、通力、国浩、海问、泰和泰、安杰世泽、达辉、天达共和、世辉
第四梯队	13	汇业、奋迅、浩天、植德、君泽君、康达、昭胜年利达、嘉源、权亚、天同、炜衡、盈科、敬海
第五梯队	29	国枫、邦信阳中建中汇、元达等29家律所
第六梯队	36	金鹏、已任、中银等36家律所
总计	100	

从梯队分布来看，浙江、广东、四川等区域律所，以及深耕资本市场、新经济、争议解决、海商海事、房地产与建设工程、能源环境等领域的精专律所，不再满足于偏安一隅，正在跃跃欲试进入全国前列。而原来有先发优势的律所在这场不进则退的竞争中稍显乏力，不少老牌律所已经掉出50强。

二、"200+律所圈"新格局形成，"红圈所"已成过去式

榜单指数200+（200分以上）的律所共有13家，分别为中伦、金杜、君合、环球、大成、锦天城、竞天公诚、德恒、方达、汉坤、观韬中茂、金诚同达、天元，它们形成了新格局——"200+律所圈"。

值得注意的是，2家"红圈所"已不在其列，取而代之的是另外7家律所：或是曾经仅作为规模所的代表，如大成、锦天城，或是整体实力与品牌影响力总觉"稍差一口气"；但是现在，这些律所都成功拿到"200+律所圈"的入场券。

是时候淘汰2014年由境外机构提出的"红圈所"概念了，其已经不能反映中国律师行业的实际发展情况，新一批奋楫者正立当下的浪潮之巅。

当然，同处于"200+律所圈"，13家律所间仍有差异：

· 中伦、金杜分别摘得状元、榜眼之位，彼此分数咬得较紧，中伦以微弱优势领先金杜——榜首的变动是值得欣喜的现象，有竞争才有进步。

· 君合以近40的指数差超越同一梯队的环球，紧随第一梯队之后，但与金杜的指数差超过100——第一、二梯队的差距不小，实现梯队升级的压力不小。

·同一梯队中的环球、大成，二者律师人数规模是众所周知的悬殊（大成是环球的近19倍），但在以专业为衡量核心的本榜单指数中，环球高于大成——过程中“大”和“强”孰先孰后不重要，终点才关键。

·大成、锦天城、德恒、汉坤、观韬中茂、金诚同达、天元7家律所作为新兴势力，其中有几家已经赶上部分“红圈所”成员。

我们期待2023年有更多律所能进入“200+律所圈”，甚至是“500+律所圈”。这代表中国律所专业服务能力正在不断升级。

三、资本市场业务强所受榜单青睐，区域所、专精所可适度规模化

一个有意思的现象是：前述13家“200+律所圈”均在资本市场领域表现优异，9家榜单指数“100+”律所中的通商、国浩、海问也以资本市场业务见长，这批律所榜单指数均居于前列；而以争议解决著称的律所如康达、天同、虹桥正瀚等，都排在第30名之后。

从结果来看，各家榜单排名机构在对律所进行专业服务能力评价时，资本市场业务强所更受其青睐。这与市场关注度、受众广度等密切相关，但未来随着其他经济活动、交易类型的活跃度上升，或会有新的改变。

榜单指数100以下的共有78家律所，此时区域律所、专精律所的身影多了起来，前者如浙江天册、广东广和，后者如建纬、阳光时代。这些律所在某一区域或领域范围内取得了客户的高度认可。

若想获得更高的榜单指数，区域律所、专精律所需考虑适度规模化——不仅仅是人员数量、分所数量维度，更是业务的横、纵向拓展，横向是与现有业务前后相关联部分，纵向是与现有客户上下游相关联部分——以拓宽律所的服务能力边界，更便利地服务于客户。

当然，并不是说业务线完整、分所数量多等同于服务品质，否则塔尖上聚集的就都是规模大所。规模不是万能的，但对于有发展潜力的律所而言，完全没有规模也有一定阻碍。

2022 年中国律所榜单指数报告·下篇（区域）
——本地所中流击楫，全国所规模化路在何方（节选版）*

吴剑霞 ｜ 智合研究院

除了全国法律服务市场层面前 100 名律所在专业服务水平方面的综合表现外，区域法律服务市场层面的竞争同样是《2022 年中国律所榜单指数报告》的关注重点。本文我们将聚焦区域法律服务市场层面，探讨同一区域内不同类型律所的业务发展情况与当地影响力。

基于各大榜单的律所分类标准、律所总部所在地及其实际布局情况，我们将同一区域内的律所划分为区域本地所和全国布局所两类：

·区域本地所（以下简称本地所）指以省内或邻省布局为主、极少涉足其他非北上广深之外省市的律所，如广东广信君达、广东国信信扬、广东信达、山东德衡、浙江京衡、浙江天册等律所，虽有省外分所，但数量极少且个别位于北上广深。

·全国布局所（部分榜单也称为非本地所，以下简称全国所）指已经开启全国布局的律所，如广东华商、广东广和、广东敬海、广东卓建、重庆坤源衡泰、贵州贵达等律所，除本省及北上广深外，还在其他多省市开设分所。

同时，鉴于区域经济及法律服务市场发展的不均衡性，过于精细的地域划分会让律所的榜单数据失去可比性与可探讨性，故我们以“东部—南部—西部—北部”作为观察维度，具体分布如下：

·东部：包括山东、江苏、安徽、浙江、福建；

·南部：包括广东、广西、海南、湖北、湖南、河南、江西；

---

* 本文为报告《2022 中国律所榜单指数报告·下篇（区域）——本地所中流击楫，全国所规模化路在何方?》的节选版，完整版报告共计 1.5 万字，于 2023 年 1 月发布。本文仅统计我国大陆地区区域市场，不包含我国港澳台地区。

·西部：包括宁夏、新疆、青海、陕西、甘肃、四川、云南、贵州、西藏、重庆；

·北部：包括天津、河北、山西、内蒙古、辽宁、吉林、黑龙江。

论律所规模，本地所不一定是全国所的对手，但论专业实力，本地所与全国所在区域法律服务市场正面交锋，谁会是赢家？

一、2022 年中国律所榜单指数排名（区域）—本地所

以下为“东部—南部—西部—北部”本地所在区域市场的综合表现（见表 1 至表 4）。

（一）东部：浙江有天册，山东有文康，江苏有法德东恒，福建有拓维

在东部地区的 20 强中，浙江表现强劲，7 家本地所占比 35%；其次是并列第二的山东、江苏，各有 5 家律所；福建 3 家。安徽无缘 20 强（见表 1）。

表 1　2022 年中国律所榜单指数排名（区域）—本地所—东部地区

排序	律所名称	总部所在地	榜单指数
1	浙江天册律师事务所	浙江	337.71
2	浙江阳光时代律师事务所	浙江	330.86
3	浙江六和律师事务所	浙江	301.71
4	浙江京衡律师事务所	浙江	259.71
5	山东文康律师事务所	山东	159.43
6	江苏法德东恒律师事务所	江苏	141.43
7	江苏世纪同仁律师事务所	江苏	111.43
8	浙江金道律师事务所	浙江	106.29
9	浙江泽大律师事务所	浙江	92.57
10	福建拓维律师事务所	福建	92.57
11	山东德衡律师事务所	山东	90.86
12	江苏新高的律师事务所	江苏	77.14
13	江苏益友天元律师事务所	江苏	68.57
14	山东国曜琴岛律师事务所	山东	68.57
15	浙江智仁律师事务所	浙江	51.43
16	山东众成清泰律师事务所	山东	46.29
17	江苏亿诚律师事务所	江苏	34.29
18	山东康桥律师事务所	山东	34.29

续表

排序	律所名称	总部所在地	榜单指数
19	福建天衡联合律师事务所	福建	34.29
20	福建信实律师事务所	福建	34.29

浙江强所多，已经是行业共识，有天册、阳光时代、六和、京衡、金道、泽大等。例如，天册，2008 年第一次创收过亿元，十年之后这个数字达到了 6.8 倍，“保持市场敏感度”和“新生力量的持续成长”是其两大秘密武器。再如，阳光时代，聚焦行业做能源环境领域的先行者，确立“专业化定位、团队化运作、公司化管理”的“三化”发展战略。

正如谈浙江法律服务市场绕不开天册，看山东法律服务市场绕不开文康——作为首批“全国优秀律师事务所”之一，在其发展过程中曾因全国所布局青岛而历经一批核心合伙人离职，好在虽然伤筋动骨，但文康的专业基因与业务积累仍在，很快就重整旗鼓，再现实力。

江苏的代表律所是法德东恒——2019 年 6 月法德永衡与东恒合并，区域定位是覆盖全江苏。为了精进业务，法德东恒以业务研究会为载体进行业务模式和产品类型的融合与改革，并且推行“一主两辅”制度，卓有成效。

伴随福建经济发展的本地律所，也在积极选择差异化发展策略，例如，拓维采取公司化运营模式，集全所之力推动专业发展，形成业务优势。

无论是从始至终对目标客户的精准锚定，还是对变化与危机的快速响应，东部地区的本地所都交出了漂亮答卷。

（二）南部：广东有广悦，湖南有天地人，湖北有中礼和，江西有豫章

在南部地区的 20 强中，广东以 11 家律所的压倒性优势独占鳌头，次之是 5 家律所上榜的湖南，湖北、江西并列第三，广西、海南、河南无缘 20 强（见表 2）。

表 2　2022 年中国律所榜单指数排名（区域）—本地所—南部地区

排序	律所名称	总部所在地	榜单指数
1	广东广悦律师事务所	广东	187.71
2	湖南天地人律师事务所	湖南	142.07
3	广州金鹏律师事务所	广东	126.00
4	广东广信君达律师事务所	广东	109.29

续表

排序	律所名称	总部所在地	榜单指数
5	湖南华夏方圆律师事务所	湖南	77.14
6	广东敦和律师事务所	广东	72.00
7	广东晟典律师事务所	广东	52.71
8	广东卓信律师事务所	广东	52.07
9	广东华进律师事务所	广东	51.43
10	广东固法律师事务所	广东	43.07
11	广东保信律师事务所	广东	41.14
12	湖南人和人律师事务所	湖南	39.86
13	湖南启元律师事务所	湖南	36.00
14	广东恒运律师事务所	广东	35.36
15	湖北中礼和律师事务所	湖北	30.86
16	湖南湘军麓和律师事务所	湖南	27.00
17	湖北得伟君尚律师事务所	湖北	25.71
18	广东方图律师事务所	广东	25.71
19	江西豫章律师事务所	江西	22.50
20	江西秦风律师事务所	江西	22.50

一直以来，广东都走在全国律师行业改革发展的前列，受其滋养的广东本地所也独具活力。从“广悦鸿鼎”到“广悦”，律所合并与名称变化是表象，内里是对在细分领域——高端商事业务占据头部并保持市场份额的清醒认知。此外，老牌所如金鹏（1993年）、卓信（1999年），年轻律所如固法（2012年）、敦和（2015年）——前者擅长劳动法、后者专注知识产权也竞相而上。

天地人在湖南法律服务市场起步较早，初期主攻经济、刑事案件，而后不断拓宽服务领域，与此同时也不断优化管理结构、管理机制，如“动态股份制”、聘请执行主任和市场总监等，通过业务和管理两手抓提升自己的竞争力。

湖北中礼和的特点是一体化运营和定位专精律所，本质上都是为了提升机构客户的服务品质。值得注意的是，在2022年榜单成绩方面，其律所指数略微领先得伟君尚——在原两家律所合并前一年，中礼和刚刚成立。本地所之间的竞争不可谓不激烈，“辈分”都要靠后站。

江西有豫章、秦风，前者是江西省首家“全国优秀律师事务所”，后者专注于企业法律风险管理，各有能百舸争流的特点。

（三）西部：重庆有中豪，陕西有稼轩，四川有明炬，其他五省各有1家

在西部地区的20强中，陕西本地所最多，有陕西稼轩、锦路、永嘉信等8家律所；接着是四川、重庆，四川有明炬、致高、恒和信、发现4家律所，重庆有中豪、百君、志和智3家律所；甘肃、贵州、宁夏、青海、云南各有1家律所上榜，分别是甘肃正天和、贵州惟胜道、宁夏宁人、青海树人、云南澜湄。新疆、西藏无缘20强（见表3）。

表3　2022中国律所榜单指数排名（区域）—本地所—西部地区

排序	律所名称	总部所在地	榜单指数
1	中豪律师事务所	重庆	279. 37
2	陕西稼轩律师事务所	陕西	200. 02
3	重庆百君律师事务所	重庆	176. 51
4	四川明炬律师事务所	四川	159. 84
5	贵州惟胜道律师事务所	贵州	110. 25
6	青海树人律师事务所	青海	108. 01
7	陕西锦路律师事务所	陕西	105. 80
8	四川致高律师事务所	四川	56. 25
9	陕西永嘉信律师事务所	陕西	36. 00
10	宁夏宁人律师事务所	宁夏	33. 47
11	四川恒和信律师事务所	四川	24. 29
12	重庆志和智律师事务所	重庆	20. 25
13	陕西丰瑞律师事务所	陕西	18. 37
14	四川发现律师事务所	四川	18. 37
15	甘肃正天合律师事务所	甘肃	14. 06
16	陕西至正律师事务所	陕西	10. 33
17	陕西海普睿诚律师事务所	陕西	10. 33
18	陕西博硕律师事务所	陕西	10. 33
19	陕西标典律师事务所	陕西	10. 33
20	澜湄律师事务所	云南	10. 33

在陕西的8家律所中，陕西稼轩、锦路的成立时间都不算很久。陕西稼轩刚刚过完第一个十年，但在公司商事、能源环境等领域已有良好口碑。陕西锦路也是2010年之后设立的律所，其在2021年年底和同为精品所的北京安生签署合并协议，进行非诉与诉讼业务方面的互补。

明炬是由30家律所合并而成的“航母型”律所，其推行业务“一拖三”模式、业务强制转介制度等一系列业务制度，开创了“明炬模式”；致高的发展定位是成为区域市场的领先者，以“全所要综合，团队要精专”的理念进行所内资源整合。中豪是中西部律所中最先实行公司制管理和全员授薪、最先实行专业化分工、最早实行服务标准化和一体化管理的律所；百君以职业化、专业化为品牌主旨，包括利益分配在内的制度也都是为促进专业化分工而服务。它们都展现了川渝法律服务圈的水平。

（四）北部：天津有金诺，辽宁有恒信，山西有中吕，吉林有功承，内蒙古有建中

在北部地区的10强中，天津、辽宁、山西、吉林、内蒙古五个省市均匀分布，各有2家律所在榜，如以公司化管理为特色的天津金诺、“专业化分工、规范化管理”的辽宁恒信、专注于能源领域的山西中吕、“律企学”三位一体公司制管理的吉林功承、连续十数年担任国家特大型企业包钢集团常法的内蒙古建中，每家律所各有笑傲当地的资本。河北、黑龙江无缘20强（见表4）。

表4　2022年中国律所榜单指数排名（区域）—本地所—北部地区

排序	律所名称	总部所在地	榜单指数
1	天津金诺律师事务所	天津	103.32
2	辽宁恒信律师事务所	辽宁	75.23
3	山西中吕律师事务所	山西	50.63
4	吉林功承律师事务所	吉林	32.40
5	天津四方君汇律师事务所	天津	26.57
6	辽宁同方律师事务所	辽宁	22.50
7	内蒙古建中律师事务所	内蒙古	7.35
8	山西华炬律师事务所	山西	7.35
9	吉林瀛庆律师事务所	吉林	5.95
10	内蒙古若辉律师事务所	内蒙古	4.13

二、2022中国律所榜单指数排名（区域）—全国所

以下为全国所在“东部—南部—西部—北部”区域市场的综合表现（见表5至表8）。

（一）东部：国浩、锦天城等律所领跑

在东部地区的20强中，国浩、锦天城、大成、金杜、中伦等律所的榜单指数名列前茅（见表5）。

表 5　2022 中国律所榜单指数排名（区域）—全国所—东部地区

排名	律所名称	分所所在地	榜单指数
1	国浩律师事务所	济南、青岛、南京、苏州、合肥、杭州、宁波、福州	421.20
2	上海市锦天城律师事务所	济南、青岛、南京、合肥、杭州、福州、厦门、苏州	383.15
3	北京大成律师事务所	济南、青岛、南京、常州、南通、无锡、合肥、杭州、宁波、温州、舟山、福州、厦门、苏州	326.88
4	北京金杜律师事务所	济南、青岛、杭州、南京	309.80
5	北京市中伦律师事务所	青岛、南京、杭州	243.03
6	北京观韬中茂律师事务所	济南、青岛、南京、合肥、杭州、福州、厦门、苏州	162.46
7	北京金诚同达律师事务所	济南、青岛、南京、合肥、杭州	155.46
8	北京德恒律师事务所	济南、青岛、南京、苏州、无锡、合肥、杭州、宁波、温州、福州、厦门	152.89
9	北京市君合律师事务所	青岛、杭州	110.50
10	北京天达共和律师事务所	南京、杭州	108.97
11	上海市汇业律师事务所	青岛、南京、常州、连云港、南通、无锡、合肥、杭州、宁波、浙江自贸区、厦门、苏州	99.68
12	泰和泰律师事务所	济南、南京、福州	90.96
13	北京市天同律师事务所	南京	88.39
14	北京恒都律师事务所	济南、青岛、日照、南京、昆山、丹阳、杭州、泉州	84.11
15	北京市竞天公诚律师事务所	南京、杭州	73.11
16	上海市建纬律师事务所	济南、青岛、南京、合肥、杭州、福州	68.86
17	北京市天元律师事务所	南京、苏州、杭州、合肥	51.61
18	北京市通商律师事务所	杭州	48.00
19	北京市隆安律师事务所	青岛、南京、苏州、扬州、南通、合肥、芜湖、杭州、湖州、厦门	46.48
20	北京市万商天勤律师事务所	南京、杭州	40.25

这在一定程度上与其分所布局有关，国浩、锦天城分别设有 8 家分所，大成设有 14 家分所，金杜、中伦分别设有 4 家分所。取 5 家律所分所布局的最大公约数，是青岛、南京、杭州，这 3 座城市的竞争不可谓不激烈；取国浩、锦天城、大成 3 家律所的落子城市，是济南、青岛、南京、苏州、合肥、杭州、福州；此外，宁波、厦门也是热门城市。

有布局密的，也有布局疏的，君合、天达共和、天同、竞天公诚、通商、万商天勤等律所仅布局 1～2 地，其业务实力也值得肯定；尤其是天同、通商仅在东部五省中设立 1 家分所，律所榜单指数仍在 80 以上。

（二）南部：金杜、大成等律所领跑

在南部地区的 20 强中，居于前列的为金杜、大成、中伦、国浩、君合、德恒 6 家律所，其在当地分所数量少则 3 家——布局公约数是广州、海口、深圳，多则 11 家——南宁、长沙、武汉、郑州、南昌等也是热门城市（见表 6）。

表 6　2022 年中国律所榜单指数排名（区域）—全国所—南部地区

排名	律所名称	分所所在地	榜单指数
1	北京市金杜律师事务所	广州、海口、三亚、珠海、深圳	264.09
2	北京大成律师事务所	洛阳、长沙、广州、海口、三亚、南宁、南昌、深圳、武汉、郑州、珠海、宜昌	257.39
3	北京市中伦律师事务所	深圳、广州、武汉、海口	247.75
4	国浩律师事务所	深圳、广州、南宁、长沙、武汉、郑州、海口、南昌	205.33
5	北京市君合律师事务所	深圳、广州、海口	199.61
6	北京德恒律师事务所	海口、广州、深圳、长沙、武汉、郑州、珠海、东莞、三亚、南宁、南昌	192.92
7	北京市竞天公诚律师事务所	深圳、广州、三亚	185.87
8	上海市锦天城律师事务所	前海（联营）、广州、深圳、郑州、南昌、武汉、海口、长沙	177.39
9	北京市盈科律师事务所	广州、深圳、武汉、长沙、佛山、南宁、郑州、南昌、东莞、珠海、海口、荆州、惠州、宜昌、中山、江门、洛阳、汕头、商丘、湛江、茂名、肇庆、南阳、河源	156.00
10	北京市天元律师事务所	广州、深圳、海口、武汉	145.24
11	广东敬海律师事务所	广州（总部）、深圳	130.00
12	北京市通商律师事务所	深圳、武汉、海口	125.20

续表

排名	律所名称	分所所在地	榜单指数
13	广东华商律师事务所	深圳（总部）、广州、汕头、珠海、惠州、东莞、佛山、揭阳、深圳龙岗区、深圳光明区、深圳龙华区、深圳盐田区、武汉、长沙、南昌、郑州、柳州、赣州、三亚、永州、海口（联营）、前海（联营）、前海·广州（联营）、前海·坪山（联营）	120.00
14	上海市方达律师事务所	广州、深圳	114.00
15	泰和泰律师事务所	广州、深圳、武汉、海口、南昌、郑州	108.69
16	北京天达共和律师事务所	广州、深圳、武汉	105.37
17	北京市君泽君律师事务所	广州、深圳、珠海、长沙、海口、郑州、南昌	102.14
18	广东广和律师事务所	深圳（总部）、广州、珠海、东莞、中山、前海、深圳龙岗区、深圳龙华区、茂名、深汕、佛山、深圳光明区、武汉、长沙、赣州、海口	100.43
19	北京市环球律师事务所	深圳	90.50
20	北京观韬中茂律师事务所	广州、深圳、武汉、海口、郑州	90.00

从广东走出来的敬海、华商、广和，以及从四川迈向全国的泰和泰，因其布局广泛，不局限于省内、邻省，已经被归入全国所的行列。从数量上而言，华商、广和在南部地区网络较广，敬海、泰和泰相对“收敛”，尤其是敬海。

业务实力与分所数量之间并没有直接的线性关系，如敬海、方达、环球等仅布局1~2地的律所，其专业水平亦不容小觑。

（三）西部：中伦、泰和泰等律所领跑

在西部地区的20强中，排名第一的中伦在当地的分所数量反而最少，仅2家；紧跟其后的泰和泰、大成、国浩、中联、金杜均有5家及以上的分所——回到自家地盘的泰和泰，用专业实力表现地主之谊；组建不久的中联也迅速发挥其积攒多年的专业与品牌能量，快速在业务维度取得上游成绩（见表7）。

表7 2022中国律所榜单指数排名（区域）—全国所—西部地区

排名	律所名称	分所所在地	榜单指数
1	北京市中伦律师事务所	成都、重庆	377.39
2	泰和泰律师事务所	成都、重庆、贵阳、昆明、拉萨、西安、西宁、乌鲁木齐、壤塘	349.87

续表

排名	律所名称	分所所在地	榜单指数
3	北京大成律师事务所	成都、重庆、西安、乌鲁木齐、昆明、贵阳、兰州、银川、拉萨、西宁	261.70
4	国浩律师事务所	成都、重庆、西安、乌鲁木齐、昆明、贵阳、银川、拉孜	241.50
5	上海中联律师事务所	成都、重庆、贵阳、昆明、兰州	236.00
6	北京市金杜律师事务所	成都、重庆、西安、拉萨、昆明、乌鲁木齐、西宁	197.39
7	重庆坤源衡泰律师事务所	成都、昆明、贵阳	139.87
8	北京德恒律师事务所	成都、重庆、贵阳、昆明、西安、乌鲁木齐、银川、兰州、西咸新区	137.39
9	上海市锦天城律师事务所	成都、重庆、西安、乌鲁木齐	134.39
10	北京市炜衡律师事务所	成都、重庆、贵阳、昆明、西安、延安、兰州、乌鲁木齐	119.39
11	北京金诚同达律师事务所	成都、西安	92.39
12	北京市环球律师事务所	成都	71.00
13	中豪律师集团	成都、重庆、贵阳	42.00
14	北京市康达律师事务所	成都、重庆、西安	42.00
15	贵州贵达律师事务所	贵阳、重庆、西安、贵安新区、遵义、六盘水、毕节、都匀、贵定、铜仁、兴义、金沙、凯里	35.00
16	上海市汇业律师事务所	成都、重庆、兰州、贵阳、昆明、西安、乌鲁木齐	29.39
17	北京观韬中茂律师事务所	成都、西安、重庆、洛隆	29.39
18	北京市天元律师事务所	成都、昆明、西安	18.00
19	北京天达共和律师事务所	成都、西安	18.00
20	北京市天同律师事务所	重庆、西安	15.00

在城市选择上，除了贵州贵达、天同没有布局成都外，其他18家律所均把成都视为必争之地；其次是重庆、西安、昆明、贵阳、乌鲁木齐等地。此外，金诚同达、环球、观韬中茂、天达共和、天同等律所仅布局1～2地——环球、天同的布局向来更加谨慎。

值得注意的是，继东部、南部地区后，大成又在西部地区名列前茅；此外，锦天城、国浩、观韬中茂、金诚同达、德恒等律所也是多区域表现优异。这和报告上篇结论一致，原“红圈所”格局已被打破，曾经的圈外律所不断进击。

（四）北部：大成等律所领跑

在北部地区的10强中，大成以明显优势领跑，与国浩、中伦文德拉开较大差距；敬海、中联、盈科、金诚同达榜单指数相同，不过分所数量上差异较大，敬海1家、中联2家、盈科15家、金诚同达2家。（见表8）

表8　2022年中国律所榜单指数排名（区域）—全国所—北部地区

排名	律所名称	分所所在地	榜单指数
1	北京大成律师事务所	天津、石家庄、太原、内蒙古、大连、吉林、沈阳、长春、哈尔滨	178.32
2	国浩律师事务所	天津、石家庄、太原、大连	72.32
3	北京市中伦文德律师事务所	天津、石家庄、太原、沈阳、大连	60.00
4	广东敬海律师事务所	天津	47.29
5	上海中联律师事务所	天津、大连	42.00
6	北京市盈科律师事务所	天津、石家庄、沈阳、大连、长春、呼和浩特、太原、晋城、鄂尔多斯、包头、邯郸、唐山、哈尔滨、营口	42.00
7	北京金诚同达律师事务所	沈阳、大连	42.00
8	上海市锦天城律师事务所	太原、天津、长春	24.32
9	北京德恒律师事务所	长春、天津、大连、太原	18.00
10	北京市安理律师事务所	天津、呼和浩特	18.00

小结：论专业实力，本地所、全国所旗鼓相当

从“2022年中国律所榜单指数排名（区域）”的结果来看，全国所有“规模”，但本地所有专业和区域影响力——在东南西北四大区域，本地所的榜单指数不可谓不亮眼，尤其是名列前茅的律所。

本地所有一以贯之的目标客户定位，有深耕多年的专业实践，有持续经营的区域品牌，并且仍在不断加强区域竞争优势。如果全国所不能意识到当前形势的变化，在这场面对面的博弈中，不一定能争得上风。

全国所有毋庸置疑的品牌优势——尤其在其刚刚下沉二、三线城市时，对于当地客户与人才而言，外来的和尚似乎更好念经，这种压力曾让本地所精神紧绷；但无论是全国所还是本地所，最后拼的还是服务客户的能力。

随着本地所的专业度越来越强，全国所规模化路在何方？在本地所实力犹存并奋发图强的当下，那些还在规模化之路上的全国所应该如何布局？那些早早就下沉区域市场的全国所，其当地分所还能一直保有先发优势吗？

在律所的区域布局与发展战略方面，按设立方式可以分为直投直营、加盟两大类，按布局区域范围可以分为全国性布局、区域型布局两大类，按做大路径可以分为开设分所、合并做大、联盟做大三大类。但这些方式似乎并没有以“专业”为关键要素，在前十年或许奏效——至少在规模方面，但再接下来呢？

中国律师行业经过前十年的规模化浪潮后，有一定经济水平或政策扶持之地基本都有全国所的布局身影；往后十年，全国所若想要进一步规模化，尤其想在浙江、广东、湖南、山东等地深度下沉，难度加大。

评价规模化是否成功有三个标准：第一，能否服务好客户；第二，能否让员工受益；第三，能否被市场认可。新形势下，市场对规模化的需求正逐步转向规模化的质量，在纯粹的“人员叠加”之外，更要看是否能通过“内部整合”来发挥规模优势，提高专业资源利用效率、降低客户服务边际成本。

除了考虑扩大规模的方式、寻找合适的团队之外，律所需要认真地研究同行优势——不仅仅是该区域内全国所的影响力，更是本地所的发展情况——这股力量越来越不能被忽视，在此基础上仔细思考自身定位与业务布局，将规模优势转化为业务能力。

只有专业层面的核心竞争力，才能让律所在客户争夺战中持续获胜。

法律服务评级时代开启，律所如何在招投标竞争中拔得头筹

许雪欣　于　虹 | 智合研究院

2022 年 6 月，南方电网发布《哥伦比亚—巴拿马某直流输电换流站 EPC 项目招投标联合体法律顾问招标公告（招标编号：0002200000088709）》（以下简称招标公告）。在这份招标公告中，我们看到对于投标人的资格要求，除了基本的执业情况和排除规则等常见内容外，还对专用资格做了限定，具体要求如图 1 所示。

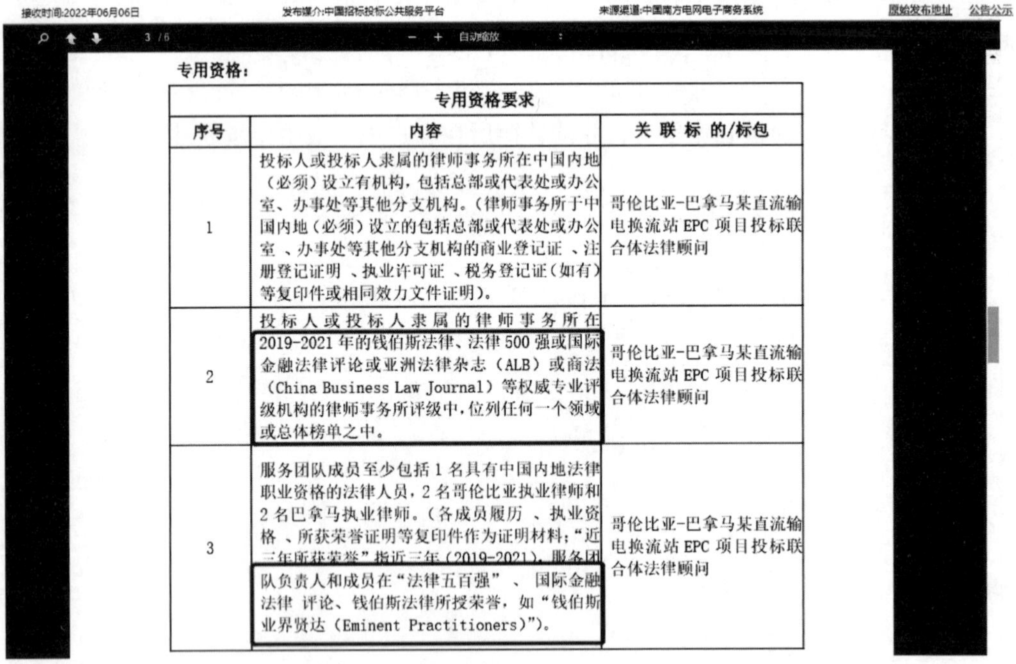

接收时间:2022年06月06日　发布媒介:中国招标投标公共服务平台　来源渠道:中国南方电网电子商务系统　原始发布地址　公告公示

3 / 6　－　＋　自动缩放

专用资格：

专用资格要求		
序号	内容	关 联 标 的/标包
1	投标人或投标人隶属的律师事务所在中国内地（必须）设立有机构，包括总部或代表处或办公室、办事处等其他分支机构。（律师事务所于中国内地（必须）设立的包括总部或代表处或办公室 、办事处等其他分支机构的商业登记证 、注册登记证明 、执业许可证 、税务登记证（如有）等复印件或相同效力文件证明）。	哥伦比亚-巴拿马某直流输电换流站 EPC 项目投标联合体法律顾问
2	投标人或投标人隶属的律师事务所在 2019-2021 年的钱伯斯法律、法律 500 强或国际金融法律评论或亚洲法律杂志（ALB）或商法（China Business Law Journal）等权威专业评级机构的律师事务所评级中，位列任何一个领域或总体榜单之中。	哥伦比亚-巴拿马某直流输电换流站 EPC 项目投标联合体法律顾问
3	服务团队成员至少包括 1 名具有中国内地法律职业资格的法律人员，2 名哥伦比亚执业律师和 2 名巴拿马执业律师。（各成员履历 、执业资格 、所获荣誉证明等复印件作为证明材料；"近三年所获荣誉"指近三年（2019-2021），服务团队负责人和成员在"法律五百强" 、 国际金融法律 评论、钱伯斯法律所授荣誉，如"钱伯斯业界贤达（Eminent Practitioners）"）。	哥伦比亚-巴拿马某直流输电换流站 EPC 项目投标联合体法律顾问

图 1　哥伦比亚—巴拿马某直流输电换流站 EPC 项目投标联合体法律顾问招标公告

招标公告中提及的包括钱伯斯（Chambers and Partners）、法律500强（The Legal 500）、国际金融法律评论（IFLR 1000）、亚洲法律杂志（ALB）以及《商法》杂志（China Business Law Journal）都是目前法律行业中广受关注与讨论的法律评级机构。其中，各机构具体的研究侧重与专业性对比我们先暂时按下不表，但招标公告中所特别提及的专业资格要求已说明了前述机构在法律行业的影响力以及评级荣誉本身为律所/律师带来的明显的商业价值。

类似的要求在招投标公告中屡见不鲜，我们梳理了自2019年9月至2022年9月涉及评级荣誉的招投标公告文件（共40份，以下简称样本），下文相关数据均以前述文件为样本展开论述。本文将以招投标公告为例，从三个方面即**内容类型、内容设置、机构选择偏好**，对企业在律所/律师选聘过程中关于评级荣誉的看法进行深度剖析与解读。

一、内容类型：87.5%的企业均将评级荣誉作为投标人的准入条件

在前述样本中，涉及法律评级机构的内容大致可分为三类，第一类如前文所述，直截了当地将律师/律所应当具有的法律评级荣誉作为专用或特定资格要求，从“投标门槛”处便开始做严格限制。

而在40份样本中，**将评级荣誉作为准入条件的企业占样本总数的87.5%（共35次），是三种内容类型中占比最高的（见图2）**。可见大部分企业对于评级荣誉所展现出的律所专业实力以及影响力持有极高的肯定态度，故而更倾向于直接将“是否具备此类荣誉”作为律所/律师参与招投标的准入条件，力求从源头上便对投标人进行把控，为后续进一步选择中标人奠定夯实基础。

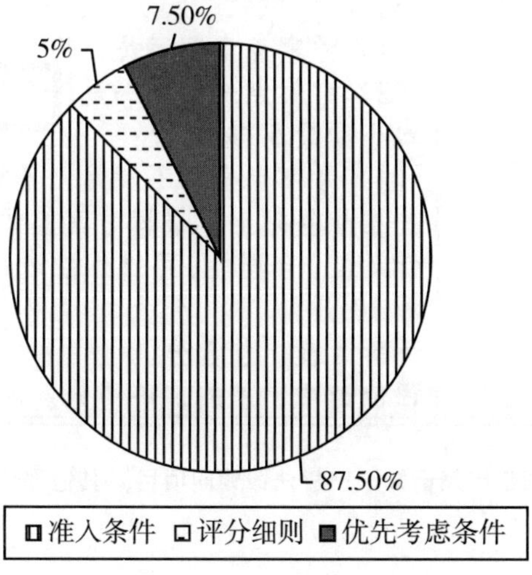

图2　三种评级荣誉内容类型在样本中的比例

第二类则是将评级荣誉纳入评分细则中，以计分的方式决出最终的中标人。尽管从整体分值来看荣誉总分占比或许并不算高，但在单项得分的比重上它却往往占据举足轻重的地位，如在深圳博物馆发布的《深圳博物馆聘请知识产权法律顾问项目》（具体要求见图3）。

2	投标人获奖情况	10	（一）评分内容： 获得《法律500强》、《亚洲法律杂志》(Asian Legal Business)、LEGALBAND、钱伯斯(Chambers and Partners)法律评级机构排名认证 投标人获得相关奖项及法律机构排名认证1个得3分，最高得10分。(重复获得不再累计) （二）评分依据： 1. 要求提供奖项照片或获奖（荣誉）证书等证明材料作为得分依据。 2. 以上资料均要求提供扫描件，并加盖公章，原件备查。评分中出现无证明资料或专家无法凭所提供资料判断是否得分的情况，一律作不得分处理。

图3 《深圳博物馆聘请知识产权法律顾问项目》评分内容展示

获奖情况整体占分为10分（满分100），在总分中的占比并不算高，但是该细分项下获得一个奖项的认可便能够累计3分，相较于该招标文件中的其他评分内容是单项得分最高的，详细对比可见图4至图6。

			评分标准： 1. 投标文件满足评审内容情况，本项最高得15分。 （1）考察点全部满足，得15分； （2）考察点未全部满足，每满足1点得2分，本小项最高得10分； （3）考察点全部不满足，不得分。 2. 在此基础上，根据方案整体全面性、具体性、针对性、合理性、可操作性进行评分，评价为优，加10分。 评价为良，加5分。 评价为中、差的，不得分。	

图4 《深圳博物馆聘请知识产权法律顾问项目》其他评分内容展示之一

			1. 投标文件满足评审内容情况，本项最高得10分。 （1）考察点全部满足，得10分； （2）考察点未全部满足，每满足1点得1.5分，本小项最高得5分； （3）考察点全部不满足，不得分。 2. 在此基础上，根据方案整体全面性、具体性、针对性、合理性、可操作性进行评分，评价为优，加5分。 评价为良，加3分。 评价为中、差的，不得分。

图5 《深圳博物馆聘请知识产权法律顾问项目》其他评分内容展示之二

1	投标人同类项目业绩情况	8	（一）评分内容： 1. 投标律师事务所具有知识产权法律顾问服务经验，得1分 2. 投标律师事务所近三年的服务知识产权领域项目或诉讼业务量20件以上，得1分

图6 《深圳博物馆聘请知识产权法律顾问项目》其他评分内容展示之三

第三类虽然未将评级荣誉作为准入资格或是高占比计分项，但若是投标人曾获得过相关荣誉，就相当于在竞争的赛道上获得了提前起跑的权利，也即通常所说的“优先考虑条件”。

例如，在中国诚通控股发布的《中国诚通控股集团有限公司关于动态调整外聘非诉律师库的公告》中即标明，“对于律所或团队连续两年以上获得ALB或钱伯斯排名的，可优先入选”（见图7）。

（二）优先入选条件

1、近三年曾被司法部、中华全国律师协会评选为全国优秀律师事务所。

2、律所或团队连续两年以上进入国际知名排行前25名（包括《亚洲法律事务》(ALB)或钱伯斯(Chambers and Partners)等）。

3、熟悉有关业务特点，有为其他中央企业、外资公司、上市公司服务的成功经验。

4、有良好的社会公共关系。

5、能主动为中国诚通提供国家相关政策法规解读与咨询，开放讲座培训等其他增值服务。

图7 《中国诚通控股集团有限公司关于动态调整外聘非诉律师库的公告》优先入选条件展示

在中国建设银行发布的《中国建设银行私人银行财富架构法律顾问（私人财富管理领域）咨询服务采购项目候选供应商征集公告》中也有类似的内容（见图8）。

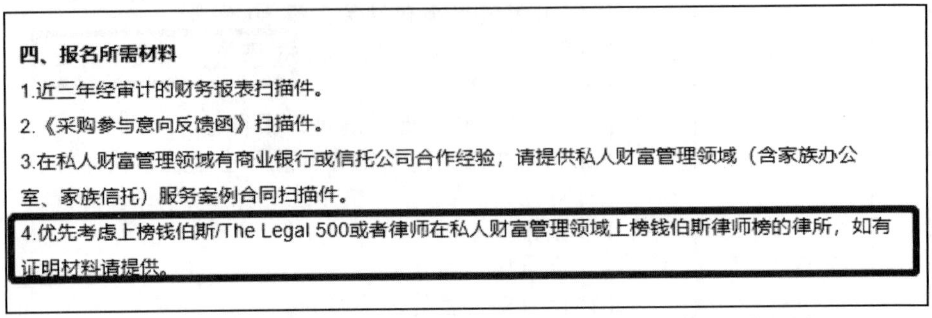

四、报名所需材料

1.近三年经审计的财务报表扫描件。

2.《采购参与意向反馈函》扫描件。

3.在私人财富管理领域有商业银行或信托公司合作经验，请提供私人财富管理领域（含家族办公室、家族信托）服务案例合同扫描件。

4.优先考虑上榜钱伯斯/The Legal 500或者律师在私人财富管理领域上榜钱伯斯律师榜的律所，如有证明材料请提供。

图8 《中国建设银行私人银行财富架构法律顾问（私人财富管理领域）咨询服务采购项目候选供应商征集公告》报名所需材料展示

评级荣誉无论是作为准入条件还是评分项，抑或是优先考虑条件，在律所/律师参与招投标过程中所带来的竞争优势可见一斑。而带有评级荣誉的项目在盈千累万的招投标项目中却仍属于少数，在标书中明确相应内容的项目尚将评级荣誉作为选择中标人的重要参考要素，那么对于未标明此类内容的项目而言，评级荣誉则在无形中更成为律所/律师能够从一众投标人中脱颖而出的有利条件。尤其是**在当下诸多企业偏好将“是否具备该荣誉”作为投标必备资质的情况下，评级荣誉将越来越成为律所/律师获取业务机会的“撒手锏”之一**。

二、内容设置：95%的企业在标书中会对评级机构做出限定

尽管各标书在评级荣誉的类型设置上存在较大的共同之处，但在具体内容上却各有千秋，对于评级荣誉的其他附加限制也迥然不同。

（一）评级机构还是获评等级？企业对于评级荣誉究竟有何要求

整体而言，涉及评级荣誉的标书一般会从四个方面对评级荣誉做进一步限制，即**评级机构、获评年份、获评领域、获评等级**。其中，限定评级机构是各类企业筛选投标人的首要及主要方式。

经统计与分析，我们发现，在样本中，**有95%的企业均在标书中对评级机构做出了明确限定**，如深农集团在其发布的《深农集团聘请常年证券法律服务机构项目询价采购公告》中明确于资格条件板块提到了需要“取得 Chambers、LEGALBAND、《商法》等法律评级机构的认可”。

除评级机构外，超过半数的企业还对获评年份做出限定，如四川省宜宾五粮液集团有限公司发布的《四川省宜宾五粮液集团有限公司外聘律师库遴选公告（公司法

律事务律师库)》中提及“上榜钱伯斯《2021年度亚太法律指南》、《亚洲法律杂志》(ALB)2021年度中国法律大奖或2021年度The Legal 500亚太地区中资律所榜单”。将获评时间限定至2021年当年；同时，部分企业也会将时间限制放宽至“近三年”“近五年”等。(见图9)

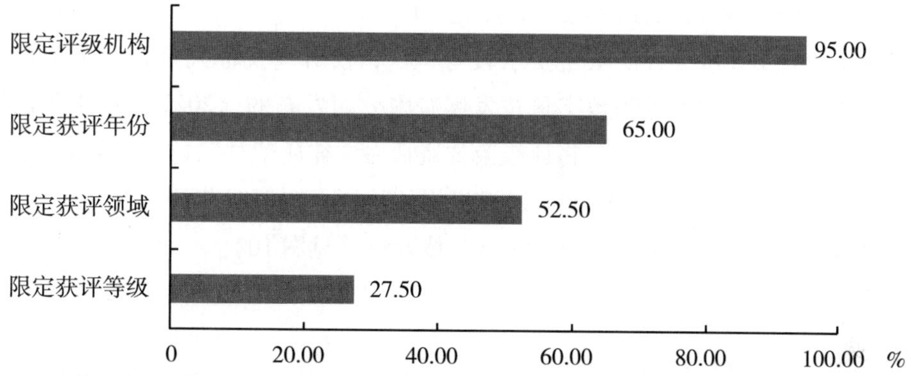

图9 标书中对于评级荣誉的各项限定条件的占比情况

此外，还有超过半数的企业对获评的具体专业领域做出了明确要求，以对专业有一定要求的项目为主。例如，在南方电网国际（香港）有限公司发布的《智利某高压直流输电绿地投资项目法律顾问招标公告》中就限定了“投标人代表的律师事务所在2018—2021年的钱伯斯法律、法律500强或国际金融法律评论等权威专业评级机构的律师事务所评级中，位列投资、能源、电力、项目或基础设施领域榜单”；又如，在中国建设银行发布的《中国建设银行私人银行财富架构法律顾问［资本市场（境外）领域］咨询》中要求投标人为在“资本市场领域上榜钱伯斯或The Legal 500或者律师在资本市场领域上榜钱伯斯律师榜的律所”。

同时，也有27.5%的企业对具体获评的等级予以限定。例如，云南省投资控股集团有限公司在《云投集团设立云投“一带一路”美元基金项目事项选聘法律服务机构项目竞争性谈判公告》中提出，需要投标人“近三年曾入围《钱伯斯亚太》第一梯队榜单，《国际金融法律评论》(IFLR 1000) 等国际知名权威机构律所排名第一梯队榜单”，明确表达了不止要获评，更要获评第一梯队的要求。

除上述四项占比较大的限定条件外，也不乏部分企业对获评次数、所涉及评级机构数量提出更高要求。例如，在《中国移动投资公司股权投资项目境外法律顾问采购项目》中便要求，“应答方在2019年至2021年钱伯斯（Chambers）全球律所公司并购领域名单中，应连续三年均名列第一等至第四等之内”。《某公司股权融资法律服务机构选聘项目竞争性谈判采购公告》中也提及投标人需为在“《钱伯斯亚太

2021》中国地区资本市场境内发行排名和2021 The Legal 500 亚太地区资本市场排名均在 Band/Tier 3 及以上级别的律师事务所”。

（二）宽泛还是严格？企业对于评级荣誉的内容限定程度如何

对于企业比较重视的前述四项限定条件有了一定了解与分析后，我们进一步发现，各企业对于评级荣誉的内容限定程度也有所不同。

部分企业对于评级荣誉的限定要求较为宽泛，仅对“投标人是否获奖”做了最为基础的要求，如四川大熊猫数字科技发展有限公司发布的《2022 年度常年法律顾问服务机构公开比选公告》中，将评级荣誉概括为“律所荣誉”，要求则为“是否入围权威榜单”，但对于具体受到哪个评级机构的认可，在何时获评、在何领域获评、获评何种等级等更为细致的要素上均未做具体要求（见图 10）。

三、参选文件

参选单位应就本次服务报送相关参选文件，包括：

（一）**机构实力**：包括但不限于营业执照、资质证明、律所荣誉（是否入围权威榜单，比如钱伯斯榜单、ALB亚洲法律杂志排名等）、人员规模等；

（二）**机构历史业绩**：所参选的成都分所或办事处过去自近三年至少具有【1】个为同类大型国有企业，需提供顾问合同复印件、顾问单位规模相关佐证材料；

图 10　《2022 年度常年法律顾问服务机构公开比选公告》参选文件展示

但在涉及评级荣誉的标书中，如此简单、宽泛的投标条件仅占少数，大部分企业仍偏向于对评级机构、获评领域、获评等级、获评年份的一项或多项做出各方面的限制，诸多条件也不尽相同。上述情况在下方示例（见图 11）中即有所体现。

一、基本情况

（一）标的：新区国资委2021年度常年法律服务项目。

（二）内容：对履行国有出资人职责和城镇集资集企指导监管过程中的重大决策、规范性文件和文书审核以及相关法律事项的处置等提供法律服务，并按照国资委工作需要由负责律师在指定的时间、场所提供法律支持。

（三）期间：2021年7月1日至2022年6月30日。

二、投标条件

（一）遵守宪法，坚持党的领导，拥护社会主义法治；

（二）律师事务所在中华人民共和国境内合法成立，年检正常并在上海有常设机构，为权威法律评级机构钱伯斯榜单上的知名律所；

（三）律师事务所须有担任过政府部门法律顾问、熟悉国资国企和城镇集资集企政策法规以及具备政策法规制定、政务公开、法治建设、涉法涉诉事项和历史遗留问题的处理等相关法律事务处理经验的律师团队；

（四）近两年内没有违法违规或违约行为；

（五）在合同履行期限内，须遵守相关工作纪律，严格保守国家秘密和工作秘密。

图 11　《浦东新区国资委 2021 年常年法律服务公开招标公告》投标条件展示

从项目类型来考虑，不难看出企业对于常法或专项在荣誉的限定条件上存在明显的不同：对于综合性较强的境内常年法律顾问类的项目而言，企业往往偏好在评级机构上做文章；而在企业处于特殊行业或是项目涉及跨境业务、专项法律服务、特别事项等情况下，则会在前述限定机构的基础上对荣誉做出更进一步的限制。

如徽商银行在其发布的《徽商银行关于境外常年法律顾问采购项目招标公告》中，对于投标人所获得荣誉的评级机构以及获评等级均做出了要求（见图 12）。

徽商银行关于境外常年法律顾问采购项目招标公告

接收时间:2019年09月27日　　发布媒介:安徽省招标投标信息网　　来源渠道:安徽省招标投标信息网

2 / 4　　自动缩放

三、投标人资格要求

1、投标人必须是在中华人民共和国香港合法成立的律师事务所，具有合法经营资格，成立时间 5 年以上（含）有独立承担民事责任的能力。

2、投标人在行业内具有较高知名度，综合实力排名靠前，至少一个业务领域在《钱伯斯亚太》中排名第一等级，提供证明材料并加盖公章。

3、投标人需提供近三年来（2017 年 1 月 1 日以来），有担任境内 H 股上市公司及金融行业上市公司常年法律顾问的业绩，需提供合同证明材料并加盖公章。

图 12　《徽商银行关于境外常年法律顾问采购项目招标公告》投标人资格要求展示

中国葛洲坝集团海外投资有限公司的《葛洲坝海投公司印尼棉兰项目法律服务采购招标公告》中则是从机构、领域、获评年份三个角度对此做了限定（见图 13）。

三、投标人资格要求

标段1：葛洲坝海投公司智利普尼亚水库项目法律服务采购

该标段（包）中投标人资格能力要求:

1.为集团合格供应商;

2.熟悉与外商投资和水电水利行业相关的智利法律;

3.具有境外水电项目相关业务法律服务经验，智利水电水利行业项目相关经验尤佳;

4.投标律所或团队负责人在海外投资/能源自然资源/项目与基础设施领域处于钱伯斯亚太2021或LEGALBAND 2021榜单中。

图 13　《葛洲坝海投公司印尼棉兰项目法律服务采购招标公告》投标人资格要求展示

此外，也有部分企业从前述四个方面对投标人所获得的评级荣誉提出了极为严苛的要求。华能国际电力股份公司发布的《2021 至 2025 年中国境内证券事务常年法律顾问选聘招标公告》中，对企业从评级机构到获奖等级均有特殊规定（见图 14）。

3. 投标人资格要求

3.1 通用资格条件

（1）投标人为中华人民共和国境内合法注册的独立企业法人或其他组织，具有独立承担民事责任能力，具有独立订立合同的权利；

（2）具有有效的质量管理体系认证证书（证书应能从相关网站查询，否则视为无效）；

（3）投标人财务、信誉等方面应具备下列条件：

1）没有处于被责令停产、停业或进入破产程序，且资产未被重组、接管和冻结，也未被司法机关采取财产保全或强制执行措施；

2）没有处于行政主管部门或 系统内单位相关文件确认的禁止投标的处罚期间内；

3）近三年没有骗取中标或严重违约，没有经有关部门认定的因其施工引起的重大质量或安全事故；

4）未被人民法院纳入“失信被执行人”名单或其有关信息已从失信被执行人名单库中删除；未被工商行政管理机关在国家企业信用信息公示系统中列入严重违法失信企业名单；

（4）与招标人存在利害关系可能影响招标公正性的法人、其他组织或者个人，不得参加投标。

（5）单位负责人为同一人或者存在控股、管理关系的不同单位不得参加同一标段的投标或者未划分标段的同一招标项目的投标。

3.2 专用资格条件

（1）在中华人民共和国境内依法注册，具有合法经营资格并提供相应的《执业许可证》；

（2）国际知名法律评级机构《国际金融法律评论》(IFLR 1000)或钱伯斯(Chambers and Partners)公布的2020年排名中，在《国际金融法律评论》的“资本市场”领域或钱伯斯的“资本市场：国内发行”领域被推荐为中国律师事务所“第一级别”（Tier 1或Band 1）；

图 14 《2021 至 2025 年中国境内证券事务常年法律顾问选聘招标公告》投标人资格要求展示

综上，无论是综合性较强的一般类常年法律顾问，还是专项法律服务、特殊事项法律顾问，企业都**更倾向于对标书中评级荣誉部分做出更为具体、细致且明晰的要求**，而非以“是否获得荣誉”概括之，此类“要素叠加式”的投标人筛选法无疑是对当下评级机构及荣誉在中国法律市场研究越发下沉以及影响力日趋扩大的最佳反映，故而律所/律师在思考如何能从商业招投标的竞争中脱颖而出时，**不仅要关注是否已获得了相应的评级荣誉，而且要提升对荣誉所属的评级机构、领域以及荣誉获得的等级、时间等要素的重视程度，并可将其作为未来发展的风向指标之一在业务上做深远筹划**。

三、机构偏好：钱伯斯是97.5%的企业在设置评级荣誉内容时的最优先选择

承前文，样本中 97.5% 的企业均乐于在设定评级荣誉时限定相应的评级机构，从知名度较广、综合性较强的钱伯斯、ALB，到较为小众的、专注于知识产权项下专利领域的 IAM（《知识产权资产管理》）均有涉及。然而，钱伯斯作为最早对中国法律市场进行研究的国际评级榜单，其社会影响力与受认可程度、知名度均呈现出一骑绝尘的态势，故其在样本中被提及的比例较其他榜单而言则是“最高”级别的；而 The Legal 500 与 ALB 尽管进入中国市场的时间稍晚，但前者以其调研的严谨性与榜

单结果的客观性快速在中国市场也站稳了脚跟，后者则以覆盖面极广的调研范围以及频繁的评级活动敏锐地反映法律服务市场的变化，遂前述两个机构也在行业内获得了较高的认可度。

除此之外，其余如《商法》杂志、LEGALBAND、《中国法律商务》（CLP）等一众机构又是在哪些方面展现出了其特殊之处的，本文对此不展开具体论述。但从样本来看，企业对于评级机构的选择也有较为明显的偏好。样本中企业对于评级荣誉的机构选择情况占比如图 15 所示。

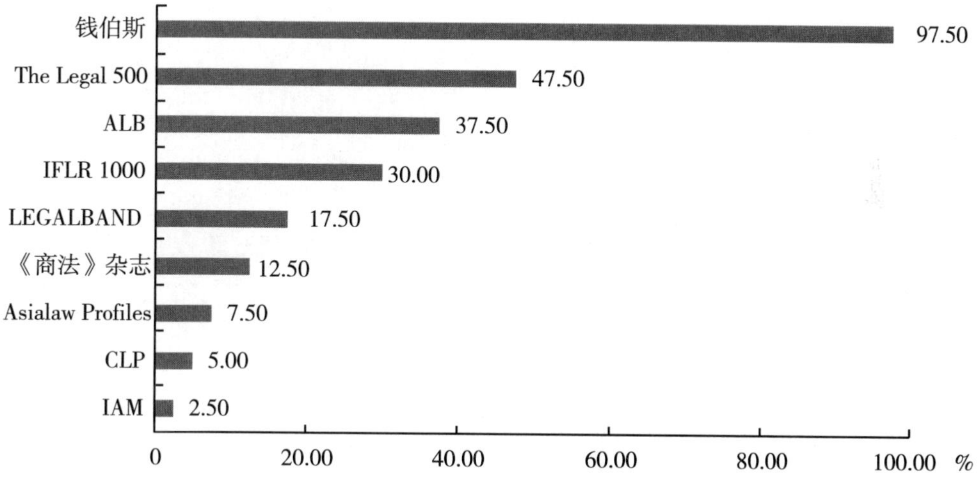

图 15　各评级机构在样本中的被提及次数占比

其中，部分企业对于选择哪些评级机构也有明显的倾向。抛开钱伯斯不谈，葛洲坝海投在样本中共有 3 个项目，均提及了 LEGALBAND 这一评级机构；而南方电网则对 The Legal 500 以及 IFLR 1000 情有独钟，在样本所涉及的 6 个项目中均提及了前述两个评级机构。

结语

上文中，我们通过对样本进行统计，对企业在招投标时如何将评级荣誉嵌入标书、具体内容为何、偏好的评级机构有哪些进行了归纳与剖析。尽管由于各项目本身的特殊性以及企业自身的考量，标书中涉及评级荣誉的部分可谓各有千秋，但从中透露出的信息及趋势却是高度统一的，也即**企业在进行法律服务选择的过程中越发重视律所/律师的业务实力，而能否获得境外评级荣誉则成为评估他们实力的最佳参考要素之一**。

未来，随着境外评级机构对中国法律市场调研的不断深入，以及境外律所在中国设置办公室数量的不断攀升，中国律所/律师与境外律所/律师的壁垒将被进一步打破，市场竞争的激烈程度势必有增无减；加之大型国企乃至知名的民营企业对境外评级机构的重视程度也逐年提升，**若律所/律师希望能够持续在商业招投标的竞争中脱颖而出，加深对评级机构的了解、主动出击申报各类榜单、更有针对性地进行申报规划，无疑是律所/律师凸显自身优势、大幅增加商业竞争力的极佳途径。**

2023年钱伯斯榜单三大关键词：突破、超越、创新[*]

杨　丹　章耀云 | 智合研究院

2023年1月13日，《钱伯斯大中华区法律指南2023》（Chambers Greater China Region Legal Guide 2023，以下简称2023年指南）正式公布。在最新的指南中，律所榜和律师榜的上榜总数均爆发式地增长，较2022年有多项突破。

进入中国多年，钱伯斯不断贴近市场，无论是对更多元的细分领域的聚焦与研究，还是对更广泛的区域市场的关注与重视，都更清晰地展示了中国法律服务市场的新形态，而最新的榜单也体现了其独特的视角和用心。2023年是大中华区指南独立发布的第二年，但这或许才是该指南真正意义上的"元年"。

一、榜单表现概览

（一）业务领域与榜单容量实现"双增长"，调研覆盖面进一步铺开

在2023年指南中，共有220家律所在62个领域获得认可，上榜总次数共计641次；有1138位律师在69个领域获得认可，人次较往年增长迅猛（见图1）。

究其原因，一方面，调研领域数量显著增加，2023年较2022年新增6个业务领域，分别为"通信媒体：股权融资""通信媒体：科技与通信""证券：诉讼""公司/商事：河南""公司/商事：海南""公司/商事：河北"；另一方面，近年来申报人数大幅增加，在带来激烈竞争的同时使更多优质律所和律师从市场中脱颖而出。但

* 本文首发于"智合"微信公众号2023年1月15日，《钱伯斯大中华区法律指南2023》仅统计我国大陆地区数据，不含我国港澳台地区。

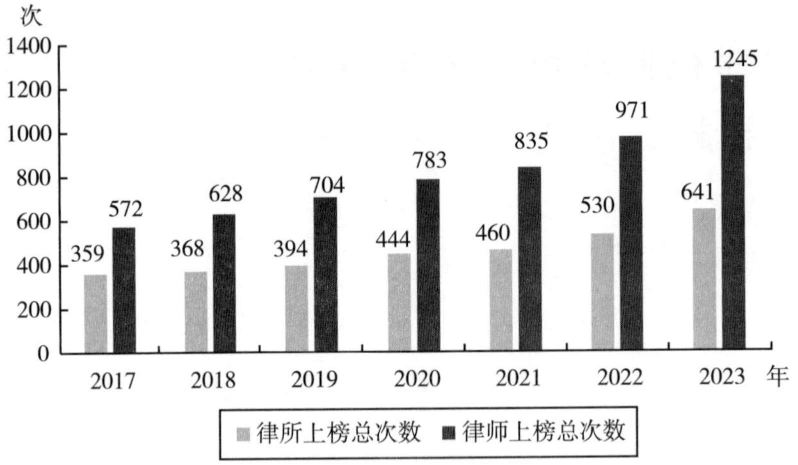

图1　2017～2023年钱伯斯大中华区指南中国律所、律师上榜次数

榜单扩容的根源还是中国法律市场的进一步成熟、新兴业务的崛起以及区域市场的进一步活跃，钱伯斯对中国区域市场和专业细分领域的调研进一步深入。

（二）大成和盈科跃升显著：规模和专业，如何衡量律所的综合实力

在钱伯斯此前发布的排名中，部分律所上榜次数长期占据头部地位，在律所榜和律师榜的上榜总次数占比均超半数，这也就形成了榜单排名中常见的“15所效应”。在此前发布的文章中，我们曾对这15家律所近三年的上榜次数进行了统计。而在2023年最新榜单中，“15所”却发生了细微的变化（见表1）。

表1　2023年“15所”上榜领域总数排名情况

律所	2023年上榜次数	较2022年变动	位次变动	上榜律师人次
中伦律师事务所	35	+3	-	108
大成律师事务所	35	+10	↑1	68
金杜律师事务所	32	+2	↓1	84
方达律师事务所	23	+5	↑1	56
君合律师事务所	22	+1	↓1	54
国浩律师事务所	21	+6	↑2	40
锦天城律师事务所	20	+5	-	36
环球律师事务所	20	+3	↓2	41

续表

律所	2023 年上榜次数	较 2022 年变动	位次变动	上榜律师人次
德恒律师事务所	17	+4	–	28
汉坤律师事务所	14	+2	↑1	32
金诚同达律师事务所	13	+2	↑1	34
竞天公诚律师事务所	13	+3	↑1	36
天元律师事务所	12	+3	↑1	21
盈科律师事务所	12	+6	↑5	17
观韬中茂律师事务所	11	–1	↓5	10

资料来源：钱伯斯（Chambers and Partners）。

在上榜领域的数量方面，中伦、金杜、大成继续占据榜首位置。但值得一提的是，大成首次摆脱长期“第三”位次，以 35 个领域获评的成绩与中伦比肩，金杜紧随其后。

事实上，在“智合”微信公众号于 2023 年 1 月 12 日发布的“2022 中国律所榜单指数排名”中，大成就表现不俗，而本次在钱伯斯榜单上的进一步提升，很大程度上得益于其各地分所的快速发展，仅公司/商事领域，其就在 14 个领域获得了推荐，相较上一年新增 5 个。

无独有偶，盈科也于 2022 年顺利进入钱伯斯上榜次数的 15 强，并且相较于 2022 年在上榜次数以及上榜次数排名中均实现了显著跨越。

当然，各家律所的上榜表现还需要综合考虑律所在榜单中的位次、可持续性、上升趋势以及律师表现等。但不得不承认，随着区域市场的进一步发展，提升区域律所实力，无论对于传统头部律所还是规模律所而言都愈加重要。

（三）“Band 1”角逐：中伦成绩反超金杜，“三巨头”仍遥遥领先

2023 年榜单中，共有 69 家律所在不同领域获评“Band 1”（该领域最高位次）共计 165 次，其中，中伦、金杜和方达均获评 10 次以上，遥遥领先。而金杜和中伦的“首位”之争多年拉锯，2023 年中伦反超金杜，以 26 次获评“Band 1”的成绩领先金杜。

此外，三家律所全领域成绩均在“Band 3”及以上，可见其综合实力之强劲（见图 2）。

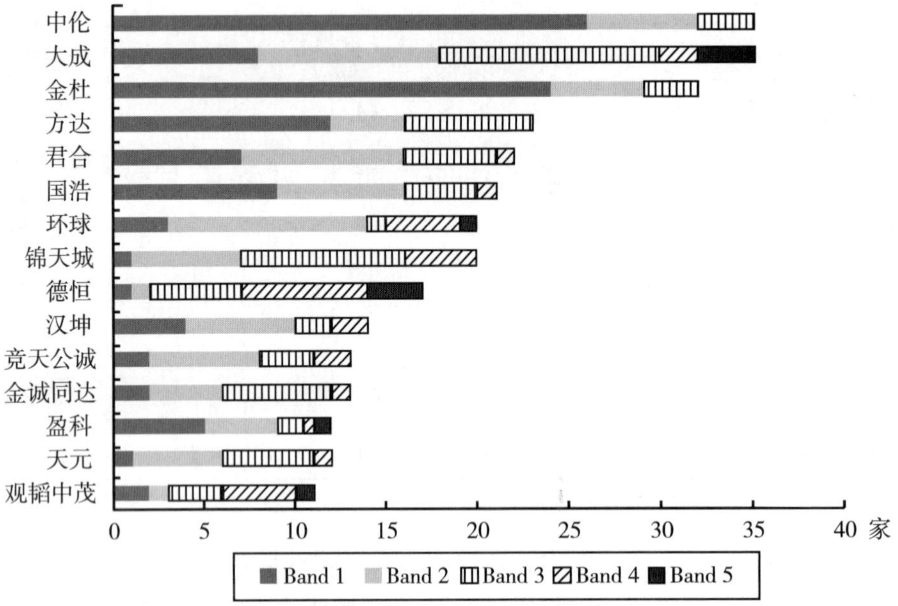

图 2　2023 年钱伯斯“15 所”上榜领域数量排名

二、业务领域观察

（一）公司/商事领域进一步扩大，更多区域市场情况逐渐清晰

2022 年，钱伯斯进一步扩大了调研范围，增加了河北、河南和海南三省领域榜单，尤其对海南表现出极大的兴趣与关注，并特别提到“海南是《中华人民共和国海南自由贸易港法》颁布后具有巨大增长潜力的法律市场”。

随着 2023 年指南的公布，钱伯斯对中国区域市场的调研正式覆盖除新疆、广西、西藏、黑龙江以及港澳台地区以外的地区。其也成为目前在中国区域市场调研中较为全面的国际评级榜单。而随着钱伯斯调研结果的发布，区域法律服务市场的竞争形态逐渐清晰，“沉默”许久的区域市场和律所开始得到更多关注。

提到区域市场，便不能不提本地所与规模所的竞争。据数据统计，在钱伯斯 27 个公司/商事领域中，律所榜上榜总次数共计 225 次，其中本土所上榜次数达 127 次，占比约 56.4%，似乎体现了本土所仍占据明显优势。但若排除“公司/商事：北京”和“公司/商事：上海”两个领域的上榜情况，结果则略有不同，律所榜上榜总次数共计 182 次，其中本土所上榜次数 89 次，占比为 48.9%，则全国规模大所略胜。其中，福建、湖南、湖北、内蒙古等本地律所拥有更强的竞争实力。

（二）钱伯斯首开“证券：诉讼”领域，为专业化增添新注脚

在证券和其他金融产品的纠纷频发、金融监管的加强以及中国现代金融审判体系

不断完善的大背景下，钱伯斯对于证券诉讼业务发展的关注成为本次榜单的一大亮点，其也成为首次对该领域进行调研的榜单机构。

根据钱伯斯官方解释，该领域覆盖与内幕交易、虚假陈述、证券欺诈和相关行政诉讼、投资者起诉、中介机构责任、公司治理纠纷、信息披露问题以及其他与不合规问题相关的调查、诉讼、辩护和合规咨询。

该领域首次开榜后，律所榜分为三个等级，共计 6 家律所上榜（见表 2）；而律师榜上榜律师 9 位，其中 2 位律师同时上榜“争议解决：诉讼”榜单。

表 2　钱伯斯大中华区指南 2023“证券：诉讼”领域律所榜

位次	律所
Band1	中伦律师事务所
	金杜律师事务所
Band 2	通商律师事务所
	竞天公诚律师事务所
Band 3	方达律师事务所
	国浩律师事务所

（三）通信媒体领域重组，新增领域上榜者众多

2023 年，钱伯斯在“通信媒体”（TMT）领域变化明显，上榜者众多，打破了其对新调研领域一贯审慎的态度，看似大胆，其实也是钱伯斯长久积蓄后的成果展示，并非无迹可寻。

近年来，钱伯斯在“通信媒体”（TMT）领域的研究不断深入，先后增设了“TMT：媒体娱乐”“TMT：数据保护与隐私”领域。2023 年的调研计划又进一步新增“TMT：股权融资”和“TMT：通信技术”两个独立领域。

随着 2023 年新榜单的公布以及 2024 年调研计划的公开，钱伯斯正式对该领域进行了重组，即不再对“通信媒体”（TMT）综合领域进行排名，而细分为“TMT：数据保护和隐私”“TMT：股权融资”“TMT：媒体娱乐”“TMT：科技与通信”四个领域，形成更为清晰的格局。新榜单虽然都是在“通信媒体”（TMT）领域表现卓越的律所，但是整体业务情况各有侧重，对于律所各细分领域的竞争优势展示也更清晰。

结语

2023 年钱伯斯指南的突破不止于此，还包括“私人客户/财富管理”领域的破

局，即大成、方达、盈科的获评打破了“中伦”长期以来在该领域独领风骚的局面；“公司/商事：甘肃”领域原老牌本土所被全国性大所替代，成为唯一获评的律所；“航空金融”领域“二进二出”的变化；等等。然而，不可否认的是，钱伯斯榜单的变化不仅为中国律所和律师带来更多的上榜机会，更为律所的专业化之路带来了一些审视和反思。

坚持与创新：评级热潮下，法律行业的主旋律

章耀云 | 智合研究院

2022 年 10 月，备受瞩目的党的二十大报告出炉，其中“坚持”一词共出现 173 次，成为报告中名副其实的高频词之一。近年来，疫情影响下的中国法律市场不可避免地存在市场环境低迷、业务发展受限甚至部分律师业务量总体下降等客观状况，存在一定的悲观情绪。然而，跳出“当下”视野，用历史的、发展的眼光看待和判断未来，“坚持”更应该成为行业的主旋律。

“明者因时而变，知者随事而制”，当前律师行业的发展，既要坚持，也需创新，更宜坚持创新，而创新必然会成为突破壁障的有效契机。事实上，律师行业的创新趋势早已涌现，并持续影响始终关注律师行业的国际法律评级机构，换个角度，近年来这些法律评级机构在业务领域上的更新和调研区域的细化或扩大，也一定程度上反映了法律市场的发展和走势。

以法律评级更为成熟的美国法律市场为例，国际权威法律评级机构钱伯斯（Chambers and Partners）就针对近年来“金融科技”（Fintech）相关概念和业务的迅速发展发布了专门的排名指南——《钱伯斯金融科技指南》（*Chambers FinTech Guide*），将涉及区块链、加密货币等类别的新兴业务与其他传统业务区分开来，呈现了律师行业在涉高科技业务领域的突出发展表现。又如，环境、社会和治理（ESG）作为 2021 年的一个关键主题，也迅速获得了法律评级机构的关注，对此，《法律 500 强》（The Legal 500）推出了涉及欧洲、中东和非洲法律市场的首个绿色指南——《全球绿色指引》（*Global Green Guide*），积极反映相关行业发展情况。

而针对中国法律市场的快速发展，这些评级机构也先后涌入中国并根据市场环境做出了积极反应。近年来钱伯斯榜单的划分进一步由区域细分到省份、Benchmark Litigation 根据区域申报活跃度新增调研地区、LEGALBAND 新增“数字经济”等新兴领域的律师推荐榜单等，都体现了评级机构对于中国市场的长线关注。同时，进一

步成熟和市场化的中国法律行业也一定程度上对法律服务评价体系的形成产生了推力，律师乃至客户对于法律服务评级榜单的关注度持续提升。即便是在当前的市场环境下，中国法律市场也可谓百舸争流、千帆竞发，因此近年来大部分评级机构也都表现出了调研区域、业务领域不断细分的趋势，这也为大量亟待发展的律所和律师提供了一些机遇和契机。本文将基于当前的榜单评级热潮，谈一谈律所和律师可以做的“坚持”和“创新”。

一、坚持：以长线思维推动律所和律师发展

一般而言，进入国际法律评级机构发布的榜单最直观的作用便是印证律所的综合实力和律师的专业水平。但事实上，法律榜单申报的价值远不止如此：

首先，最符合当下律所和律师需求的价值必然是帮助维系和拓展客户。对于有法律服务需求的客户而言，业务、区域罗列分明的法律评级榜单，对其在律所和律师的选择上具有极大的参考价值。值得一提的是，近年来还有大量企业客户将评级荣誉作为投标人的准入条件，因此入选榜单显然对于律所和律师拓展和争取潜在客户具有一定帮助。

但除此之外，我们还了解到，**榜单的受众不仅仅限于客户，青年律师也越来越关注榜单情况**。和客户一样，青年律师对于行业的了解基础有限，对于团队氛围、成长空间等因素也愈加重视，这也间接导致了部分律所和团队人员流失严重等情况，而律所和律师一旦上榜，不仅能够使团队现有成员对团队发展产生一定信心，也能给其他优秀青年律师形成良好的初步印象，进一步吸引人才加盟，这对于当下亟须招募有经验的青年律师的团队也不失为有效的助力。

其次，国际榜单往往采取一年一评的方式，因此需要**律所和律师对过往一年的业务进行详细的梳理和总结**。但即便是在普遍重视归纳梳理的律师行业，从宏观角度对业务发展情况进行回顾的习惯却也因人而异。但毋庸置疑的是，梳理和总结是律所和个人长远发展的必要措施。机构的评判恰恰是基于对客户全面、细致的了解，因此，对于申报者而言，一方面多数机构的信息收集表需要收集的信息并不简便，另一方面如何在有限的表格中全面展示自己的优势和价值，也需要律师进行充分考虑和准备。

以钱伯斯为例，据专业申报机构的不完全统计，一份律师的申报材料制作的预计用时可达 40～60 小时，在此基础上，一份完整的申报文件无异于律师过往一年的业绩答卷，业绩成果和增长幅度均跃然纸上。因此，无论是律所还是律师，都将对自身

的业务发展情况、突出特色以及需强化发展之处形成更加全面的了解，特别是律所层面也借此机会对律师的整体业务水平有更好的了解。

待放榜之后，无论是否上榜，律师都将从中获取一定的标准参考，如果成功上榜，便可大致了解自己过去一年在同行中的发展情况，即便未上榜，律师也可主动与机构联系，获取机构方及其收集到的客户对于律师的反馈与评价。因此，榜单申报对于律所和律师而言都具有特殊价值，但比起只关注最终结果，其**更宜作为律所和律师发展的长期战略**。

（一）“凡百事务都应先立定规模”：制定长期申报策略

借用曾国藩先生的一句话，“凡天下庶事百技，皆先立定规模，后求精熟”。律所发展如此，律师发展如此，榜单申报也是如此。作为律所和律师发展道路上的助推器，榜单的申报需要**制定长期的战略规划，而不只关注即将到来的研究周期**。诚然，评级机构十分重视和关注申报者过去一年的业务成绩，但在横向比较的过程中必然会对律师整体发展情况和此前表现有所考量，对于更加成熟的评级机构而言，在充分积累数据和信息的基础上，对律所和律师作出评价显然更为客观。因此，我们可以明确的是，国际评级机构对于中国律所和律师的了解是持续增加的，主动进入机构的研究视野并持续更新自己的状况，无论对于在榜者还是未在榜单者都是有价值的。

（二）“规模远大与综理密微，二者缺一不可”：坚持日常积累

凡事成非一日之功，法律行业尤是。如前文所述，榜单的申报是需要花费大量时间的耗时工程，需重新梳理好过去一年的庞杂业务，提取信息、整理数据，更有细致者会总结自己执业以来的发展成就。因此，除了制定好目标和方向，还可重视细微之处，将这些略显烦琐的工作落实到日常。例如：

1. 做好日常的积累与梳理，建立自己的案例库

在榜单申报过程中，“前 12 个/18 个月内最突出业绩成果”，也即申报案例，目前几乎是每个榜单申报项目必须提供的内容，也是机构评选当年度上榜律师的重要依据。然而，如何从大量的业务中有效选出最适合申报的案例？如何短时高效地集齐申报所需的基本信息？这成为大多律师在申报过程中较为头疼的事项。通过与大量律师沟通与合作，我们发现，少数律师通过日常规范化的信息梳理、汇总，专门为榜单申报建立起了自己的案例库（见表 1）。如此一来，在进行案件筛选时，就能够更为直观地进行对比和选择，所需的案例信息也不必再翻查一年前的文件。

表1　20××年××律师业绩回顾

序号	客户名称	涉及金额	是否涉外	案件亮点	牵头律师	其他参与律师	对方律师/律所	完成日期	保密内容	相关链接
1	某股份有限公司	1亿元人民币	否	略	某律师	某律师	某律师，某律师事务	20××年10月10日	否	/
2										
3										

2. 加强与客户的沟通，建立客户反馈机制

客户的反馈也是榜单关注的重点内容，因为客户的反馈能够更直观地体现律师的专业能力和服务水平。麦肯锡的创始人马文·鲍尔在20世纪50年代曾提出“我们没有顾客（customers），我们只有客户（clients）”。单纯从文义解释出发，“顾客”是消费者，购买某种普通产品或服务，双方建立某种短暂性的买卖关系；而“客户”则不然，他们要求专业服务的提供者照料和保护他的利益，双方建立起较长时间的稳定关系和联系。而长期、稳定的交互关系，显然是律师更为理想的合作关系，但这也对客户维系能力提出了较高的要求。

目前，律所和律师普遍倡导“以客户为中心”，并且逐步建立更多的日常反馈机制、提供增值服务等方式来维系客户的稳定性。而在申报榜单过程中，机构往往需要律师的客户推荐人提供较为积极的反馈，此时恰恰是考验律所和律师客户维系水平的时候了。一些律师在刚遇到这个问题的时候可能会感到为难，既出于对客户不打扰、不麻烦的心理，也考虑到在申报结果未知的情况下提前“通知”客户关注自身情况的“潜在风险”。

事实上，律师完全可以建立起日常化的客户反馈机制来避免这样的尴尬。例如，在一项服务项目完成后，及时收集客户的评价和反馈，并与反馈较为积极、质量较好的客户做好联系，若成功上榜，也能以感谢的方式向其“报喜”，不仅能够提高双方的联络度，律师也有了更好的理由直接将喜讯通知到客户。

3. 了解榜单特性，恰当选择达到事半功倍

值得一提的是，在了解榜单特性的基础上坚持会更有意义。当前针对法律市场的国际评级榜单各具特色，也各有侧重。例如，分层级的榜单往往对专业和领域的划分更加细致，需要经历更长时间的积累和完善，在足够样本量的基础上，才能做出客观

的层级划分，对于上榜者在整体行业水平中居于的位次有相对更加明确的认知。而没有等级划分的榜单则动态更替性更强，更依赖于与竞争者在过去一年的比较，这类在概念上往往更加宽泛，对于竞争上榜者过去一年的综合方面的表现相应的也有更多的关注。因此，选择适合自己的榜单往往能够使申报工作发挥更大的价值。

二、创新：主动发掘潜在可能，打破榜单申报现有壁障

（一）支持律师主动申报，形成战略梯队

前文已经阐明榜单申报是一个长期的过程，那么，从长远的角度来看，律所也需要一定程度上考虑对新人的培养。在榜单申报过程中，不要忽视资历相对较浅和看似代表性不足的合伙人、法律顾问或资深律师。虽然更有经验的律师可能会有更多的值得注意的成就，但提交具备实力的初级合伙人实际上也从某种程度上有助于提升律所竞争力，一方面能够体现律所后续人才力量的增长，另一方面也为律所的长期在榜策略形成有效的梯队，更有助于避免将律所荣誉系于“一身”的风险。

值得注意的是，由于榜单的申报要求不同，律所申报时可采取的策略也需要进行一定的调整。例如，部分榜单对申报人数有明确的限制，如 ALB 的“十五佳”系列奖项均明确要求“每一家律师事务所最多能提名 2 位满足条件的”律师，在此情况下，毋庸置疑需选择律所内最具竞争力的律师，必要时还可以根据律师提供的材料进行对比筛选。但对于像钱伯斯等拥有更多推荐律师名额的榜单，律所则可以充分鼓励已经积累了一定能力和水平的律师积极申报，主动进入榜单机构的调研视线。申报准备、机构反馈以及自主与当年度上榜者进行了解比较等，不仅在榜单申报层面，甚至在职业发展层面，都能够为律师提供一定的指引。

（二）鼓励律师打破标签，实现业务突破

虽然目前律师行业在快速朝业务专精化的方向发展，各大榜单对于律师行业业务领域的划分愈加细致，但实际上当前律师们对于业务的涉猎未必仅限于某一领域，在当前市场环境下，多领域的涉猎也未必不是优势。因此，律师自然可以积极尝试有相关性的榜单，尤其是对于期待在另一领域有所拓展的律师，在申报该类榜单的过程中，区分现有不同领域相关业务，通过榜单申报和反馈评断业务现状，一定程度上也有助于律师确定自己的业务定位，并挖掘更多可能性。另外，一些大规模团队出于业务拓展或者是长远发展布局的目的，也可有意识地培养不同细分领域的律师，并鼓励律师在可能的基础上考虑多领域的申报，为之后的发展奠定一定的可能性。

（三）主动探索新机遇，完成提前布局

目前榜单研究的领域和地区均逐渐细化，这不仅基于境外榜单机构对于中国市场

的进一步了解，也源于中国区域市场、行业领域的不断崛起，和评级对于市场影响力的持续扩大。然而，当前榜单调研并未实现对中国律师市场的全覆盖，对于部分区域市场也未开放调研。可以明确的是，榜单机构与中国法律市场是共同成长的关系，随着市场活跃度的提高对更多的区域市场展开了解。

在此情况下，律所和律师及时了解新开榜单，尽早入局，有利于充分掌握先发优势。除此之外，律所也可以发挥主观能动性，通过积极申报和沟通，助推中国区域市场获得榜单机构的关注，从而纳入榜单机构的调研范围。

以 Benchmark Litigation 为例，目前对于中国的调研就正处于成长期，在覆盖地域与领域上都具有较大的发展空间，除北京、上海、广东、浙江以及江苏外，此前只额外涵盖了重庆和四川，并统一概括为“中国西部”。但事实上，官方明确表示，榜单的调研对中国法律市场秉承积极、开放的了解态度，如果某一地区申报律所和律师达到足够的评选基数，官方将极有可能进一步开放该地区的榜单。2022 年，陕西省就率先进行了示范。

结语

在当前的市场环境下，律所和律师能做的无外乎坚持与创新，更宜借助法律评级热潮，确立长期目标，提前做好准备，勇于主动尝试，方能在潮水退去之时有力迎接新的发展。